의사결정분석을 중심으로 한 제3판

새 경영과 수학

의사결정분석을 중심으로 한 제3판

새 경영과 수학

노형봉 · 김형욱 · 이정호 지음

Σ 시그마프레스

의사결정분석을 중심으로 한
새 경영과 수학 제3판

발행일 | 2005년 3월 10일 초 판 1쇄 발행
2005년 7월 20일 수정판 1쇄 발행
2008년 3월 2일 개정판 1쇄 발행
2008년 9월 2일 개정판 2쇄 발행
2010년 1월 25일 개정판 3쇄 발행
2012년 3월 2일 제3판 1쇄 발행
2014년 8월 2일 제3판 2쇄 발행
2020년 1월 20일 제3판 3쇄 발행

저자 | 노형봉, 김형욱, 이정호
발행인 | 강학경
발행처 | Σ시그마프레스
편집 | 김경임
교정 · 교열 | 안진숙

등록번호 | 제10-2642호
주소 | 서울특별시 영등포구 양평로 22길 21 선유도코오롱디지털타워 A401~402호
전자우편 | sigma@spress.co.kr
홈페이지 | http://www.sigmapress.co.kr
전화 | (02)323-4845, (02)2062-5184~8
팩스 | (02)323-4197

ISBN | 978-89-5832-901-5

:: 머리말

기존의 대부분의 경영수학(또는 경영경제수학) 교재들은 한결같이 수학적 지식만을 전달하기 위하여 저술되었다. 어느 경영수학 교재들을 보아도 목차가 거의 대동소이하다는 사실이 이를 입증한다. 이는 경영수학 강좌가 기초 수학적 지식을 전달하되, 경영학 전공과목을 이해하기 위함이라는 본연의 목적을 망각했기 때문이라고 생각한다. 이에 경영수학 강의를 듣는 저학년 학생들은 도대체 이렇게 배운 수학 지식들이 어디에 어떻게 쓰이는지도 모르면서 무작정 수강하게 된 것이다. 그렇지 않아도 수학 강의를 싫어하는 학생들이 더욱 흥미를 잃게 만든 주요 요인이 되지 않았나 생각한다. 이것이 저자들로 하여금 새로운 방식으로 경영수학 교재를 집필하게 만든 계기가 되었다.

저자들은 본서를 저술하면서 다음과 같은 특성을 부여하고자 노력하였다.

첫째, 경영학 강의에서 수학적 지식이 활용되는 응용영역별로 각 장을 구성하였다. 즉, 과거와 같이 대수이론, 미분, 적분 등과 같이 수학적 지식별로 목차를 구성하는 대신, 경영학 전공강의에서 수학 지식을 필요로 하는 응용영역, 즉 손익분기점 분석, 시계열분석과 예측, 재무분석, 의사결정분석 등으로 목차를 구성하였다. 그리고 각 응용영역을 다루는 장에서는, 우선 해당 응용영역에 대하여 간단히 설명하고 이를 이해하기 위하여 필요한 수학적 지식을 소개하였다.

이와 같이 목차를 구성한 결과, 기존의 경영수학 교재에서 다루지 않았던 많은 응용영역(예 : 시계열분석과 예측, 재무분석 등)이 추가되었고, 이에 따라 많은 새로운 수학 지식을 소개하였다. 예를 들면, 시계열분석에 필요한 지수평활, 재무분석에 필요한 복리이자의 계산과 할인(discounting) 등이다.

둘째, 응용영역별로 수학 이론을 설명할 때는, 기존의 경영수학 교재에서와 같이 수학 지식을 무미건조하게 이론적으로 설명하는 대신, 많은 응용사례를 위주로 설명하였다. 이는 수강학생들이 수학적 지식을 배워야 하는 의미를 전달하는 데 가장 쉽고 적절한 방법이기 때문이다. 이에 각 장은 우선 사례를 소개하고, 이 사례를 통하여 관련 분석기법(예 : 재무분석), 수학 도구(예 : 복리이자의 계산)들을 설명하는 순서로 구성하였다. 응용사례들은 다른 문헌을 참고하여 작성한 것도 있지만, 저자들이 직접 작성한 것들도 많이 있다.

셋째, 응용사례들은 경영학의 다양한 전공분야를 이해하는 데 도움이 될 만한 사례들로 구성하였다. 즉, 생산경영과 경영과학뿐만 아니라 마케팅, 인사관리, 재무관리, 관리회계, 경영정보시스템, 경영전략 분야에서도 사례를 발췌하려고 노력하였다.

이는 경영수학 강의를 수강하는 학생들이 주로 1학년(또는 2학년)이어서, 본격적으로 경영학 전공강의를 수강하기 전에 각 전공분야를 간단하게나마 소개받음으로써 경영학 전반을 이해할 수 있도록 하기 위함이다.

관련 분석기법(예 : 재무분석)들은 각 전공강의(예 : 재무관리)에서 소개할 내용이어서 다소 중복되는 의미가 있다. 하지만 최근에 많은 대학들이 필수과목을 대폭 축소하면서 학생들이 기초 전공과목(예 : 재무관리)을 수강하지 않은 채 고급과목(예 : 투자론)을 수강하는 사례가 많아졌다. 이 경우 기초 전공과목에서 다루어야 할 기초 지식을 모르는 채 수강하게 되는데, 이런 경우를 대비하기 위해서 경영수학 강의에서 기초적인 전공지식을 소개하는 것도 의미가 있다고 생각한다.

넷째, 본서에서 소개하는 수학 지식의 수준은 가장 기초가 되는 개념, 용어 및 수식 정도에 그친다. 하지만 학부 전공강의의 이해를 위해 필요한 최소한의 수준과 범위는 포함시키려고 노력하였다.

다년간 경영수학과 관련 과목들을 강의한 저자들의 경험에 의하면, 경영수학 교재에서 다루어야 할 수학 지식의 수준은 기존의 경영수학 교재들이 채택하고 있는 수준만큼 높을 필요가 없다고 생각한다. 이는 학부의 여타 전공강의에서 필요로 하는 수학 지식의 수준을 살펴보면 쉽게 알 수 있다(물론 대학원 강의를 위해서는 그렇지 않다). 또한 높은 수준의 수학 지식은 수학을 기피하려고 하는 독자, 주로 경영학과 학생들에게 흥미를 잃게 만드는 주요 요인이기 때문이기도 하다.

그럼에도 불구하고 고급 수학 지식을 원하는 독자들을 위해서 많은 장에는 마지막 부분에 부록을 첨부하였는데, 여기에는 고급 수학 지식이 간단히 소개되어 있다. 따라서 고급 수학 지식을 원하는 학생들은 부록을 읽기를 권한다.

다섯째, 응용영역 중 다소 복잡하고 고등수학을 사용하는 것들은 제3부에서 별도로 다루었다. 따라서 강의교수가 이 중 필요한 부분만 선택하여 강의할 수 있도록 하였다.

여섯째, 최근 고교 수학교육 과정에 변화가 있었는데, 미분과 적분이 일반 수학 강의에서 분리되어 신청학생에 한하여 별도의 강의에서 수강된다는 것이다. 따라서 본서에서 미분과 적분의 개념을 소개할 때는, 독자들이 미적분에 대하여 아무런 기초 지식이 없다는 가정 하에서 설명하려고 노력하였다. 이는 대학에서 경영수학을 강의하는 모든 교수들이 참고해야 할 사항이다.

일곱째, 본서에는 다양한 연습문제를 수록하도록 노력하였다. 각 장의 마지막 부분에는 두 유형의 문제들이 수록되어 있다. 첫째 유형의 문제들은 '토론문제'라고 명명하였는데, 이들은 본문에서 소개하지 못한 부문을 다룬 문제로, 교수의 보충설명이 필요하거나 또는 강의시간에 토론의 대상으로 채택할 수 있도록 하였다. 둘째 유형의 문제들은 '연습문제'라고 명명하였는데, 본문과 토론문제의 이해를 점검하는 데 사용할 수 있는 문제들이다.

토론문제와 연습문제들도 되도록 간단한 사례를 통하여 작성하였다. 이는 독자들이 본문의 사례 외에도 더 많은 사례를 접할 수 있도록 하기 위함이다. 부록이 있는 경우에는 부록의 토론문제 또는 연습문제를 별도로 첨부하였다.

마지막으로, 각 장의 끝부분에는 해당 장의 학습내용을 보충하는 데 필요한 참고문헌들을 제시하였다. 본서의 내용이 부족하다고 생각하는 학생들은 참고하길 바란다.

본서에는 부족한 점이 많을 것이다. 이처럼 부족한 점이 많음에도 불구하고 저자들이 본서를 출판할 용기를 갖게 된 것은, 본서가 채택한 특성을 갖춘 경영수학 교재가 시급히 필요하다는 점 때문이다. 앞으로 저자들은 본서의 부족한 점을 보완할 교정판을 내놓을 예정이다. 한편 본서의 부족한 사항이나 오류 부분에 대한 독자들의 적극적인 충고와 조언을 부탁한다.

마지막으로 본서를 발간하는 데 적극적으로 도움과 용기를 주신 (주)시그마프레스 관계자 여러분에게 감사의 뜻을 전하고 싶다.

2012년 1월

저자 노형봉 · 김형욱 · 이정호

:: 차례

제1부 확정적 의사결정

제2부 불확정적 의사결정

제3부

고급 분석

제10장 고급 재무분석 209

제11장 고급 행렬이론 221

제12장 선형계획법 239

제13장 최적화 분석 267

제1장

의사결정과 경영수학

이 장에서는 학생들이 경쟁력 있는 관리자로 성장하는 과정에서 경영수학 지식이 어떻게 그리고 얼마나 많이 도움을 주는지를 소개하고자 한다. 우선 관리자들이 일상적으로 수행해야 하는 경영의사결정에 대하여 살펴보고, 의사결정에서 경영수학의 기능이 무엇인지를 소개한다.

다음으로는 의사결정이 체계적으로 이루어지려면 어떠한 절차를 거쳐야 하는지를 기술하고, 이 절차 상에서 경영수학이 작동하는 단계를 살펴본다. 마지막으로 경영의사결정을 몇 가지 유형으로 분류하고, 각 유형에서 경영수학이 활용되는 예를 기술한다. 마지막으로 집합에 관련된 기초 지식을 부록 1A에서 소개한다.

1. 과학적 의사결정과 경영수학

20세기 중반까지만 해도 기업의 **경영의사결정**(decision making)은 그다지 어렵지 않았다. 기업의 경영환경이 그다지 복잡하지 않았기 때문이다. 가장 중요한 요인으로는 제품의 공급량이 수요량보다 대개 적었다는 것을 들 수 있다. 즉, 제품의 가격, 품질, 다양성 등이 합리적이지 않아도 제품의 판매에는 큰 지장을 받지 않았던 것이다. 따라서 기업의 관리자들은 어려운 의사결정 없이도 관리활동을 영위할 수 있었다.

그러나 20세기 후반에 들어서는 상황이 바뀌어 공급 과잉 현상을 보이게 되었고, 기업들은 한정된 시장에서 치열한 경쟁을 하게 되었다. 또한 기업의 경영환경이 너무 급속하게 변하여서, 이전에 최선이라고 생각되어 채택되었던 의사결정 대안이 미래에는 더 이상 최선이지 않은 상황이 된 것이다. 따라서 기업들은 더 많은 매출과 이익을 올리기 위하여 더 합리적인 경영 활동을 해야만 했고, 이는 곧 관리자들이 매 상황에서 최선의 의사결정을 내려야 함을 의미한다.

기업들의 이러한 욕구에 대응하여 20세기 후반부터 많은 의사결정기법이 발전하게 되었다. 이는 과거와 같이 관리자의 경험에 의한 의사결정, 몇 개의 핵심적 자료만을 고려한 의사결정 등으로는 더 이상 경쟁에서 이길 수 없게 되었음을 의미한다. 따라서 경쟁력 있는 관리자들은 바로 이러한 분석기법을 이해하고 자유자재로 활용할 수 있는 능력을 보유해야 한다.

과학적 의사결정이란 '주어진 의사결정 환경 하에서 관련된 **계량적 요소**를 모두 고려하여 **과학적 분석기법**에 의하여 내리는 의사결정'을 말한다. 여기서 계량적 요소란 생산량, 수익, 비용, 자원 가용량 등을 일컫는다. 자원에는 자금, 인력, 설비, 자재 등이 포함된다. 그러나 합리적인 의사결정을 내리기 위해서는 계량적 요소뿐만 아니라 비계량적 요소도 고려하여야 한다. 비계량적 요소에는 환경(정치, 경제, 사회 등) 변화에 대한 예측, 기업 이미지, 경쟁 관계, 법규, 자원의 획득 가능성, 경쟁자의 행태 등이 포함된다.

그런데 계량적 요소만을 고려하여 최선의 의사결정을 내리는 것도 용이하지 않다. 왜냐하면 고려해야 할 요소들이 너무 많고, 이들이 서로 복잡하게 연관관계를 가지고 있기 때문이다. 따라서 과학적 의사결정을 내리기 위해서는 계량적 요소들을 체계적으로 다룰 수 있는 지원도구인 과학적 분석기법이 필요하다. 경쟁력 있는 관리자는 과학적 분석기법을 충분히 이해하고 활용할 수 있어야 한다. 본서의 저자들은 독자들이 바로 이러한 경쟁력 있는 관리자가 되기를 희망한다고 생각한다.

과학적 분석기법의 근간에는 경영수학이 내재되어 있다. 따라서 이러한 기법들을 효과적으로 활용하려면 내재된 수학의 이해가 우선적으로 필요하다. 본서에서 소개하고자 하는 것도 바로 과학적 분석기법에 내포된 기초 수학 지식인 것이다.

그런데 대학원이 아닌 학부수준에서 사용되는 분석기법을 이해하기 위하여 필요한 지식은 수학에서도 상당히 기초적인 것에 불과하다. 대개 고등학교에서 배우는 수학 지식에서 크게 벗어나는 것이 없다. (그럼에도 불구하고 기존의 경영수학 교재들은 상당히 어려운 수준까지 다루었다.) 따라서 경영수학 강의에서 새롭게 배워야 하는 수학 지식 자체는 그다지 많지 않다. 하지만 반드시 새롭게 배워야 하는 것이 하나 있는데, 바로 기초 수학 지식을 현실의 의사결정에 직접 활용할 수 있는 응용능력이다. (그럼에도 불구하고 기존의 경영수학 교재들은 이를 다루지 않거나 부분적으로만 다루었다.)

본서의 저자들은 바로 이 점을 중시하여 본서를 집필하였다. 따라서 ① 모든 수학 지식은 사례를 통하여 소개하였다. ② 많은 의사결정의 특성과 상황을 소개하기 위하여 다양한 사례를 본문에서 다루었다. (다양한 분석기법뿐만 아니라 다양한 경영학 분야, 즉 경영과학, 생산관리, 재무관리, 관리회계, 마케팅, 인사관리, 경영전략 등에 해당하는 사례를 기술하였다.) ③ 경영학도는 많은 산업에 속한 기업들을 이해할 필요가 있기 때문에 사례도 서비스산업을 포함하여 다양한 산업 분야에서 발췌하도록 노력하였다.

한편 능력 있는 관리자는 계량적 요소뿐만 아니라 비계량적 요소도 효과적으로 고려하여 의사결정을 내릴 수 있어야 한다. 따라서 본서에서는 계량적, 비계량적 요소들을 모두 고려하여 의사결정을 내리는 데 자주 사용되는 의사결정 기법도 소개한다.

2. 체계적 의사결정의 절차

경쟁력 있는 관리자들은 의사결정을 내리는 데 있어서 의사결정의 **체계적 절차(시스템 접근방법)**를 따른다. 즉, 세심한 자료의 수집, 의사결정문제의 모형의 개발 및 검정, 올바른 논리적 분석 등의 단계를 밟는다. 본 절에서는 체계적 의사결정의 절차를 하나의 사례를 통하여 살펴보고, 경영수학이 사용되는 단계와 방법을 설명하기로 한다.

〈CAL 항공사 사례〉 비행기 구입문제

CAL 항공사는 소형과 대형 비행기로 승객과 화물을 운송하는 회사이다. 최근 수요가 크게 증가하여 현재 보유하고 있는 비행기로는 부족한 상태이다. 이에 기존 항공노선에 새로이 투입할 비행기를 추가로 구입하고자 한다.

그런데 사장인 박종필 씨는 국내 노선에 투입할 소형 비행기를 구입할 것인지, 아니면 국제 노선을 보강할 대형 비행기를 구입할 것인지를(또는 두 가지 모두를 구입할 것인지를) 망설이고 있다. 왜냐하면 비행기 구입에 할당할 수 있는 자금이 한정되어 있고, 또한 비행기 규모별 운영이익이 각기 다르기 때문이다.

박 사장은 최선의 의사결정은 연간 총운영이익을 최대로 하는 대안이라고 생각하며, 그러한 대안을 찾고자 고심하고 있다.

풀이 이 사례의 최선의 대안을 찾기 위하여 체계적 의사결정 절차를 밟아보자.

단계 1 : 문제를 정의하고 자료를 수집한다.

이 단계에서는 우선 대상 문제를 명확히 정의하고, 분석 목적을 확실히 한다. 위 문제를 간략히 정의하면, 주어진 예산 하에서 운영이익을 최대로 하는 비행기 구입계획을 수립하는 것이다. 비행기 구입계획은 구체적으로 소형과 대형 비행기 구입대수이다. 여기에서 한 가지 가정할 사항은, 항공 운송 수요가 충분해서 비행기를 추가로 구입하더라도 신규 비행기의 평균 운영이익은 기존의 것과 동일하다는 점이다.

다음에는 상당히 많은 시간을 문제분석에 필요한 자료수집에 할애한다. 그런데 중요한 자료임에도 불구하고 구체적이지 못하거나 아예 없는 경우도 많다. 이러한 경우에는 관리자 스스로가 추정할 수밖에 없다. 다행스럽게도 최근 정보기술의 발전은 관리자가 활용할 수 있는 자료의 양과 질, 그리고 계산기능을 상당히 개선시켰다.

위 사례의 분석에 필요한 자료를 조사(또는 추정)한 바에 의하면 다음과 같다고 가정한다. 대당 비행기 가격은 소형이 5백만 달러, 대형은 5천만 달러이다. 현재 비행기 구입에 사용할 수 있는 총예산은 1억 달러이다. 그리고 비행기 운영에 따른 대당 연평균 운영이익은 소형의 경우 1백만 달러, 대형은 5백만 달러이다. 여기서는 편의상 조사결과만을 간단히 언급하였지만, 실제로 이 자료들을 구체적으로 도출하는 과정은 복잡하고 그 시간도 상당히 소요될 것이다.

단계 2 : 문제를 표현하는 모형(특히 수리모형)을 정립한다.

모형은 대상 의사결정문제의 핵심을 표현하고 상호 관련성을 보여주는 것으로서, 분석을 용이하게 하는 데 매우 중요한 역할을 한다. 따라서 관리자는 의사결정모형을 사용하면 관리 의사결정을 매우 효과적으로 내릴 수 있다.

모형 정립 과정은 하나의 진화 과정이다. 즉, 처음에는 문제의 핵심을 묘사하는 단순한 구술(verbal) 모형(단계 1에서 고딕체로 쓰여진 부분)으로부터 출발하지만, 나중에는 복잡하고 완벽한 수리모형(문제의 핵심을 기술하는 수리적 표현들로 구성된 시스템)으로 진화되기 때문이다. 본 문제의 수리모형은 바로 다음에 기술하기로 한다.

모형의 정립은 창조적인 작업이다. 일반적으로 현실의 관리 문제는 단 하나의 완벽한 모형으로 묘사해야만 하는 것이 아니라, 문제를 바라보는 시각이나 문제를 어느 정도 구체적으로 표현할 것인가에 따라서 상당히 다양한 모형으로 표현 가능하기 때문이다. 따라서 유능한 관리자는 고려대상 문제를 분석 목적에 적합한 모형으로 정립할 수 있는 능력을 보유해야 한다.

위 사례문제를 **수리모형**(mathematical model)으로 정립해보기로 하자. 수리모형을 정립하기 위해서는 우선 분석 목적을 달성하기 위하여 의사결정자가 실질적으로 결정해야 할 사항인 **의사결정변수**(decision variable)를 선정해야 한다. 본 문제의 결정사항은 소형 및 대형 비행기의 구입 대수이다. 의사결정변수가 결정되면 이들의 조합으로 하나의 **의사결정대안**[또는 **해**(solution)]을 구성할 수 있는데, 여기서는 소형과 대형 비행기 구입 대수의 조합이다. 서술의 편의상, 의사결정대안을 (대형비행기 수, 소형비행기 수)로 기술한다. 예로써 대형비행기를 1대, 소형비행기를 5대 구입하는 대안은 (1, 5)로 표현할 수 있다.

다음은 최선의 의사결정대안이 될 수 있는 후보 대안들을 결정해야 한다. 후보 대안들은 문제에 주어진 **제약조건**을 모두 만족하는 것들이다. 위 사례에서 고려해야 하는 제약조건은 비행기 구입에 투입되는 금액이 총예산 1억 달러보다 커서는 안 된다는 것이다. 이 외에 다른 제약조건은 없다. 이렇게 제약조건들을 모두 만족하는 후보대안들을 **가능대안**(또는 **가능해**)이라고 칭한다.

이제 가능대안들을 도출해보자. 대형비행기만 구입한다면 최대 2대(=1억/5천만)까지 구입 가능하다. 또한 소형비행기만 구입한다면 최대 20대(=1억/5백만)까지 구입 가능하다. 한편 대형비행기를 1대 구입하면, 소형비행기는 10대(= [1억 − 5천만]/5백만)까지 구입 가능하다. 이러한 관찰로부터 가능한 대안들을 모두 도출하면 다음과 같다.

대형비행기 수가 0인 경우 : (0, 0), (0, 1), ···, (0, 20)	21개	
대형비행기 수가 1인 경우 : (1, 0), (1, 1), ···, (1, 10)	11개	(2-1)
대형비행기 수가 2인 경우 : (2, 0)	1개	

따라서 선택 가능한 대안은 모두 33개이다.

가능 대안들은 위와 같이 제약조건을 만족하는 모든 것들을 나열하는 방법 외에 달리 표현할 수 있다. 즉, 가능대안들이 만족해야 하는 모든 제약조건을 일반적인 수식으로 표현하는 것이다. 이를 위해 다음 기호를 정의하기로 한다.

L = 대형비행기 구입대수

S = 소형비행기 구입대수

제약조건은 대형과 소형 비행기를 구입하는 데 필요한 비용은 예산보다 커서는 안 된다는 것이다. 이를 수식으로 표현하면

$$50L + 5S \leq 100(\text{백만 달러}) \qquad (2\text{-}2)$$

여기서 L, S는 비행기 구입대수이므로 정수값을 가져야 한다.

마지막으로 결정해야 할 사항은 최선의 대안을 여러 가지 가능 대안 중 무엇을 기준으로 선정할 것인가이다. 이를 보통 **성과척도**(또는 **평가척도**)라고 칭한다. 본 사례에서는 박 사장이 총운영이익을 최대로 하는 대안을 선정하고 싶다고 하였으므로, 성과척도는 연간 총운영이익이다.

경영진이 (2-1)의 한 대안인 (1, 10)을 대안으로 선택했다고 가정하자. 그러면 CAL 항공사가 비행기를 추가로 구입함으로써 추가로 벌어들일 수 있는 연간 총운영이익은

$$연간\ 총운영이익 = 5 \times 1 + 1 \times 10 = 15(백만\ 달러) \quad (2\text{-}3)$$

이를 이용하여 연간 총운영이익을 일반적으로 표현하면,

$$연간\ 총운영이익 = 5L + S \quad (2\text{-}4)$$

전술한 모든 사항들을 종합하여 하나의 수리모형으로 표현하면 다음과 같다.

$$최대화 \quad Z = 5L + S \quad (2\text{-}5)$$

$$제약조건 \quad 50L + 5S \le 100 \quad (2\text{-}6)$$

$$L,\ S \ge 0, \quad 정수 \quad (2\text{-}7)$$

Z는 연간 총운영이익을 나타내는 값으로 변수 L, S의 값에 따라서 변하게 된다. 따라서 위 모형은 Z 값을 가장 크게 만드는 (L, S)를 찾되, 제약조건 (2-6)과 (2-7)을 만족하는 것 중에서 찾아야 함을 나타낸다. 식 (2-5)를 수리모형에서는 **목적함수**라고 칭한다.

단계 3 : 모형으로부터 최선의 대안 또는 최적해(optimal solution)를 도출하기 위하여 컴퓨터 기반 해법을 개발 및 적용한다.

위 모형에서 제약조건을 만족하는 가능대안 (L, S)는 모두 33개이다. 따라서 각 대안을 식 (2-5)에 대입하면 대안별 총운영이익을 산출할 수 있고, 따라서 최선의 대안은 그중 Z 값(총운영이익)을 가장 크게 하는 것이다. 이 모형에서는 최적대안을 도출하기 위한 계산이 수작업으로도 가능하다(시간은 다소 걸리지만).

그런데 만일 가능 대안이 백만 개라면 어떠할까? 만일 무한히 많다면 어떻게 하겠는가? 바로 이러한 경우에는 컴퓨터의 도움을 받을 수밖에 없다. 컴퓨터는 프로그램에 의하여 작동한다. 따라서 위 문제를 풀기 위해서는 위 문제에 적합한 프로그램이 있어야 한다. 보통의 관리자들은 이러한 프로그램 작성에 익숙하지 않다. 따라서 이러한 요구에 부응하여 최근에는 다양한 관리문제를 풀 수 있는 많은 컴퓨터 프로그램, 즉 소프트웨어들이 개발되어 있다.

현재 개발되어 있는 소프트웨어 중 가장 손쉽게 이용할 수 있는 것이 마이크로소프트사의 엑셀이다. 이 소프트웨어는 이용자가 스프레드시트상에 수리모형을 입력하기만 하면(모형의 표현방법은 전술한 것과 다소 상이함), 내장되어 있는 알고리즘이 자동적으로 최적해를 도출하여 준다. 따라서 수리모형, 알고리즘 등에 익숙하지 않은 관리자들도 쉽게 사용가능하다.

그런데 엑셀을 포함한 상용 소프트웨어들은 많은 관리자들이 필요로 하는 대표적인 관리문제들만을 위하여 개발되어 있기 때문에, 소수의 관리자들이 필요로 하는 특수한 문제에 대해서는 적용할 수 없다. 이러한 경우에는 특별히 훈련된 전문가에 의하여 소프트웨어를 개발할 수밖에 없다.

본 사례문제의 수리모형은 다행스럽게도 엑셀에 의하여 쉽게 풀 수 있는 일반적인 모형에 해당한다. 엑셀에 의하여 도출된 최적해는 (0, 20)이다. 즉, 소형비행기만 20대를 구입하는 대안이다. 이때 연간 총운영이익은 20백만 달러이다. 이 해는 33개 가능 대안의 총운영이익을 모두 비교해도 구할 수 있다.

단계 4 : 모형을 시험하고 수정한다.

모형을 푸는 해법을 확정한 다음에는, 정립한 모형이 현재 고려하고 있는 문제를 충분히 묘사하고 있는지를 재검토할 필요가 있다. 이를 위해서는 많은 의문점을 도출하여 자문해보거나, 경우에 따라서는 해당 의사결정에 익숙한 사람들의 도움을 받을 수도 있다.

의문사항의 예를 들면 다음과 같다. 문제의 모든 관련 요인들과 상호연관성이 모형에 잘 표현되어 있는가? 모형은 합리적인 해를 발견하는가? 과거의 실제 상황에 적용했을 때 그 당시 선택했던 대안보다 좋은 대안을 도출하는가? 비용과 수익에 대한 자료(또는 가정)가 변하여도 해가 그럴듯하게 변화하는가?

본 사례문제에서는 한 가지 가정을 하였다. 즉, 항공 수요가 충분히 커서 대형 또는 소형 비행기를 추가로 많이 구입하여도 대당 운영이익에는 영향이 없다는 것이다. 그러나 실제로 최적 대안에서와 같이 소형비행기를 20대 추가로 구입하였을 때, 과연 대당 운영이익이 그대로 유지될지는 의문이다. 왜냐하면 비행기가 많아지면 대당 운영이익이 감소할 수 있기 때문이다. 그런데 CAL 항공사의 전문가의 말에 의하면, 현재 국내 노선의 수요는 소형비행기 40대를 추가로 투입해야 겨우 충족시킬 수 있는 정도라고 한다. 따라서 소형비행기 20대를 추가로 구입할 경우 현재의 대당 운영이익을 그대로 사용하여도 무방할 것이다.

그러나 최적해에서 소형비행기 구입대수가 40대를 넘어서면 목적함수에 있는 대당 운영이익 자료는 더 이상 유효하지 않다. 그러면 당연히 현재의 최적해도 유효하지 않을 것이다. 이때는 이러한 사항을 반영할 수 있는 다른 수리모형을 정립하여 사용해야 한다.

단계 5 : 문제를 분석하고 추천 대안을 도출한다.

문제분석을 위하여 다양한 가정에서 모형을 푼다. 예를 들어서 비행기 구입예산이 당초와 달리 9천만 달러라면 최적해인 (0, 20)이 더 이상 가능대안이 아니다.

반면에 1억 1천만 달러라면 (0, 20)보다 총운영이익을 더 크게 할 수 있는 대안이 존재할지도 모른다. 이 경우 소형비행기 구입대수를 조금 더 늘리는 것이 새로운 최적대안이라면 기존의 최적해 (0, 20)을 사용하여도 별 문제가 없을 것이다. (물론 차후에 소형비행기를 추가로 구입해야 할 것이다.) 그러나 대형비행기를 구입하는 것이 새로운 최적대안으로 판명되면 기존의 최적해(소형비행기만 구입하는 것)를 그대로 시행하는 것은 큰 문제가 될 수 있다.

바로 이러한 다양한 분석과정을 거친 다음에야 비로소 최종적인 추천 대안을 결정하는 것이다.

단계 6 : 추천 대안의 결과를 검토하고 차후 의사결정에 반영한다.

관리자는 일단 의사결정을 하고 나면 그 결과를 관찰해야 한다. 예상했던 결과가 나오지 않으면 그 원인을 파악하여 의사결정모형에 반영해야 한다. 차후 의사결정 시에는 수정된 의사결정모형을 활용한다. ■

전술한 의사결정의 **체계적 절차**를 그림으로 표현하면 다음 <그림 2-1>과 같다. 그러나 이 의사결정 절차가 모든 의사결정에 획일적으로 적용되어야 하는 것은 아니다. 매 의사결정마다 그 특성을 고려하여 다소 변화시킨 절차가 더 유용할 수도 있음을 밝힌다.

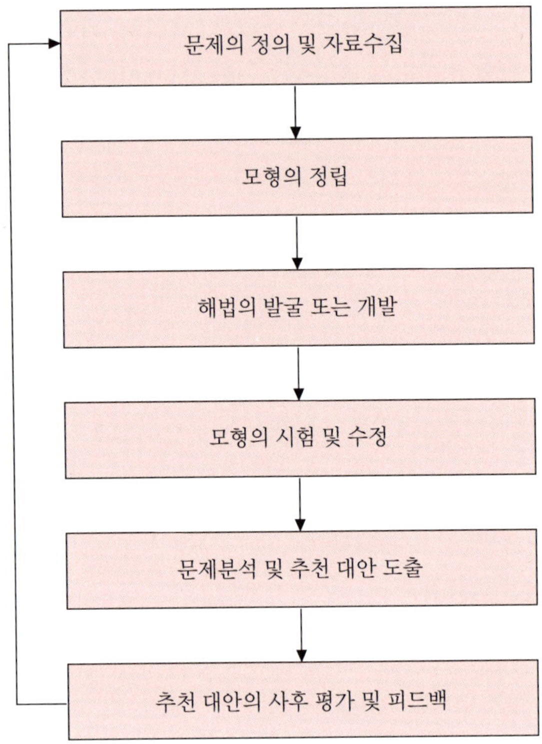

〈그림 2-1〉 의사결정의 체계적 절차

3. 의사결정의 유형

이제는 경영의사결정의 유형에 대하여 살펴보기로 한다. 의사결정의 유형을 분류하는 기준에는 여러 가지가 가능하다. 본서에서는 두 가지 분류기준만을 사용하기로 한다.

첫째 분류기준은 미래 상황의 확정성이다. 즉, 미래의 상황이 확정적인가 또는 불확정적인가에 따라서 분류하는 것이다. 여기서 미래 상황이 확정적이라 함은 일단 한 의사결정 대안이 선택되면 그 대안의 시행 성과가 확정적으로 결정됨을 의미한다. 반면에 불확정적이라 함은 그 시행 성과가 미래의 상황에 따라서 다양하게 나타날 수 있음을 나타낸다.

예를 들어서, 확정이자 5%를 지급하는 정기예금을 할 것인가 또는 안 할 것인가를 결정하는 의사결정이 있다고 하자. 여기서 저금을 하는 대안을 선택하면 1년 후의 성과는 5%의 이자일 것이고 저금을 안하는 대안을 선택하면 1년 후의 성과(이자)는 0이다. 그러므로 이 의사결정은 **확정적 의사결정**이다.

만일 투자이익에 따라서 배당금을 지급하는 신탁예금이 있다고 하자. 이 예금을을 들지 않으면 1년 후의 배당금은 물론 0이다. 반면에 예금을 든 경우에는 투자금 운영이 흑자인가 또는 적자인가에 따라서 수령하는 배당금은 양수 또는 음수가 될 수 있다. 따라서 이 경우 예금을 하는 대안을 선택할 때 미래에 받을 배당금이 얼마인지, 그리고 예금을 하는 것이 유리한지를 사전에 확실히 알 수 없다. 이러한 의사결정을 불확정적 의사결정이라고 한다. **불확정적 의사결정**의 특징은 같은 상황하에서 동일한 대안을 선택했더라도 의사결정 시점과 미래 상황에 따라서 그 대안의 성과가 각기 달라진다는 점이다.

본서의 구성은 크게 둘로 분류된다. 제1부에서는 확정적 의사결정을 소개하고, 제2부에서는 불확정적 의사결정에 대하여 기술한다.

둘째 분류기준은 선택 가능 **대안의 수**이다. 즉, 의사결정 대안의 수가 유한한가 또는 무한한가에 따라서 분류하는 것이다. 물론 대안의 수가 무한한 의사결정문제가 대체로 어렵다. 그러나 반드시 그렇다고 볼 수는 없는데, 왜냐하면 대안의 수가 적더라도 불확정적인 의사결정이 어렵기 때문이다. 대안이 유한하던 무한하던 관계없이, 특정 의사결정의 모든 대안들은 하나의 **집합(set)**으로 표현 가능하다. 집합에 관련된 개념과 용어들은 이 장 부록 1A에 수록하였으니 참조하길 바란다.

3.1 확정적, 유한 대안 의사결정

미래 상황이 확정적이며 대안이 유한한 의사결정문제의 예로는 앞 절에서 소개한 CAL 항공사의 비행기 구입문제를 들 수 있다.

풀이 앞 절에서는 이 문제의 가능대안 33개를 도출한 바 있다. 이들 가능대안들을 원소로 하는 가능대안 집합 A를 표기하면 다음과 같다.

$$A = \{(0, 0), (0, 1), \cdots, (0, 20), (1, 0), (1, 1), \cdots, (1, 10), (2, 0)\} \qquad (3\text{-}1)$$

집합 A의 원소 수는 유한하므로, A는 **유한집합**이다.

가능대안 집합 A는 식 (3-1)과 같이 모든 원소를 나열하는 방법과 달리 표현할 수 있는 방법이 있다. 즉, 집합 내의 모든 원소가 가져야 하는 공통 특성을 명확히 정의함으로써 집합을 표현할 수 있기 때문이다.

집합 A는 가능 대안들의 집합이다. 따라서 집합의 요소들이 갖는 공통 특성은 제약조건을 충족시키는 것인데, 대형과 소형 비행기를 구입하는 데 필요한 총비용은 예산보다 커서는 안 된다는 것이다. 또한 대형과 소형 비행기의 구입 대수는 음이 아닌 정수값이어야 한다는 것이다. 이를 수식으로 표현하면,

$$A = \{(L, S) | 50L + 5S \leq 100,\ \ L, S\text{는 음이 아닌 정수}\} \qquad (3\text{-}2)$$

만일 경영진이 집합 A의 한 원소인 (L, S)를 최종 대안으로 선택했다고 가정하자. 그렇다면 CAL 항공사가 비행기를 구입함으로써 추가로 벌어들일 수 있는 연간 총운영이익은

$$\text{연간 총운영이익} = 5 \times L + 1 \times S\ (\text{백만 달러}) \qquad (3\text{-}3)$$

즉, 대안이 결정되면 의사결정의 **성과**가 하나로 확정되므로 이는 확정적 의사결정이라고 할 수 있다. 따라서 앞의 두 결과를 종합하면 CAL 항공사의 비행기 구입문제는 **확정적, 유한 대안 의사결정**문제라고 볼 수 있다. ■

이 의사결정문제는 비록 강의용으로 간단히 만든 것이지만 항공사의 의사결정문제 중 가장 중요한 것에 해당한다. 경우에 따라서는 항공사의 운명을 좌우할 정도로 중요하다. 항공사를 포함하여 대형 생산/서비스 시설을 사용하는 기업의 투자결정부문의 관리자는 이러한 의사결정시 과학적 분석기법을 사용할 수 있어야 한다.

3.2 확정적, 무한 대안 의사결정

확정적이며 대안이 무한한 의사결정문제의 사례를 하나 들기로 한다.

〈Notte 제과 사례〉 광고매체별 광고수준 결정문제

Notte 제과에서는 새로운 아이스크림 '마뚜르' 제품을 내놓으면서 대대적인 광고 캠페인을 벌이기로 하였다. 광고 효과를 높이기 위하여 광고 매체로는 아이스크림 광고에 가장 적합한 TV, 잡지, 신문 등 세 가지를 선택하였는데, 연간 광고비 예산으로 기획실은 3억 원을 책정하였다. 광고 효과를 측정하는 척도로는 기대 광고노출치를 사용하기로 하였다. 기대 광고노출치의 한 단위는 광고의 긍정적인 효과를 정량화한 것으로서, 광고를 접한 사람의 숫자, 그들의 특성, 광고 유발 구매 가능성 등에 기초하여 만들어진 것이다. 이 수치는 마케팅기획실에서 산출하였다.

현재 광고 담당 관리자가 결정할 사항은 광고 효과를 가장 크게 하는 각 매체별 연간 광고 수준이다. 과연 각 매체별로 연간 광고를 몇 회씩 시행해야 할까? (광고횟수는 반드시 정수일 필요가 없다. 왜냐하면 연 2.4회는 매 5개월마다 한 번씩 광고함을 의미하기 때문이다.)

이 의사결정문제와 관련된 자료는 <표 3-1>에 기술하였다. 각 매체별로 광고 한 단위에 필요한 비용(단위 : 백만 원)은 둘째 행, 광고 1회당 기대 광고노출치는 셋째 행에 기술되어 있다.

〈표 3-1〉 Notte 제과 광고 관련 자료

항목	TV	잡지	신문	예산
광고비(백만 원)	30	15	10	300
기대광고노출치	130	60	50	

풀이 의사결정자가 구체적으로 결정해야 할 사항은 광고매체별로 연간 몇 번씩 광고할 것인가이다. 따라서 의사결정변수는 광고매체별 광고횟수이며, 의사결정 대안은 (T, M, N)으로 표기할 수 있다. 여기서

$$T = \text{TV 광고횟수}$$
$$M = \text{잡지 광고횟수}$$
$$N = \text{신문 광고횟수}$$

특정대안 (T, M, N)의 총광고비는 매체별 광고비의 합과 같으며 광고예산 3억

원보다 작거나 같아야 하므로, 제약조건은

$$총광고비 = 30T + 15M + 10N \leq 300(백만\ 원) \tag{3-4}$$

Notte 제과 의사결정문제에 대한 모든 가능 대안들을 집합으로 표현하면

$$B = \{(T, M, N) \mid 30T + 15M + 10N \leq 300 \text{ and } T, M, N \geq 0\} \tag{3-5}$$

변수 T, M, N이 전술한 바와 같이 실수이므로, 집합 B의 원소(즉, 가능 대안)는 무수히 많다. 따라서 집합 B는 **무한집합**이다.

특정대안 (T, M, N)의 성과척도는 매체별 기대광고노출치의 합계인 총기대광고노출치이다. 그리고 최선의 대안은 총기대광고노출치를 최대로 하는 대안이므로, 목적함수는

$$최대화 \quad Z = 130T + 60M + 50N \tag{3-6}$$

여기서 Z는 총기대광고노출치이다. 따라서 이 의사결정문제는 집합 B의 원소 중 총기대광고노출치를 가장 크게 하는 한 대안 (T, M, N)을 찾는 문제이다.

이 문제를 수리모형으로 정립하면 다음과 같다.

$$최대화 \quad Z = 130T + 60M + 50N \tag{3-7}$$

$$제약조건 \quad 30T + 15M + 10N \leq 300 \tag{3-8}$$

$$T, M, N \geq 0 \tag{3-9}$$

만일 경영진이 집합 B의 한 원소인 (5, 5, 5)를 최종 대안으로 선택했다고 가정하자. 이를 식 (3-8), (3-7)에 대입하면

$$총광고비 = 30 \times 5 + 15 \times 5 + 10 \times 5 = 275(백만\ 원)$$

$$총기대광고노출치 = 130 \times 5 + 60 \times 5 + 50 \times 5 = 1200$$

총광고비가 예산 300백만 원보다 작으므로 가능 대안이다. 또한 이 대안의 목적함수값인 총기대광고노출치는 1200으로 확정된다. 즉, 대안이 결정되면 의사결정의 성과가 하나로 확정되므로 **확정적 의사결정**이라고 할 수 있다. 따라서 위의

두 결과를 종합하면 Notte 제과의 광고매체 선정문제는 **확정적, 무한 대안 의사결정**문제이다.

다른 대안 (0, 0, 30)을 들어보자.

$$\text{총광고비} = 30 \times 0 + 15 \times 0 + 10 \times 30 = 300(\text{백만 원})$$

$$\text{총기대광고노출치} = 130 \times 0 + 60 \times 0 + 50 \times 30 = 1500$$

이 대안은 제약조건을 만족시키므로 가능 대안이며, 총기대광고노출치가 커서 대안 (5, 5, 5)보다 좋은 대안이다. 그렇다면 최선의 대안일까? 독자는 이에 확실히 대답할 수 있는가?

만일 의사결정변수가 *T*, *M*, *N* 3개가 아니고 10개라면 어떻겠는가? 이토록 대안이 무수히 많은 문제에서 최선의 대안을 찾는 것은 상당히 어렵다. 아무리 오랜 경험이 있는 의사결정자라도 통찰력에 의해서 찾는 것은 거의 불가능하다고 볼 수 있다. 이러한 경우를 위하여 과학적 분석기법이 필요한 것이다. 이러한 과학적 분석기법에는 경영수학이 내재되어 있다. 마케팅 기획부문의 유능한 관리자가 되려면 이 정도의 분석은 할 수 있어야 한다. ■

3.3 불확정적, 유한 대안 의사결정

이제는 불확정적이며 대안이 유한한 의사결정문제의 사례를 하나 들기로 한다.

〈공범의 딜레마 사례〉

어떤 사기사건의 용의자로 김씨와 이씨가 체포된 후 이들은 각기 다른 방에서 심문을 받게 되었다(두 사람은 실제로 공범이었다). 만약 두 사람이 모두 자백을 하지 않으면 모두 1년형을 선고받을 것이고, 둘 다 자백하면 모두 5년형을 선고받을 것으로 예상된다. 하지만 둘 중 한 사람만 자백하면, 자백한 사람은 6개월형, 나머지 사람은 10년형을 선고받는다고 한다. 그렇다면 김씨는 자백해야 할까, 또는 끝까지 자백하지 말아야 할까?

풀이 두 공범의 행동에 따라서 부여될 형량을 표로 표현하면 다음과 같다.

〈표 3-2〉 두 공범의 자백 여부에 따른 형량

김 \ 이	자백함	자백 안 함
자백함	5 \ 5	0.5 \ 10
자백 안 함	10 \ 0.5	1 \ 1

표 안의 숫자는 각 사람에게 부여될 형량을 나타낸다. 예로써 김씨는 자백을 하고 이씨는 자백하지 않는다면, 김씨는 0.5년형, 이씨는 10년형을 받는다는 것을 나타낸다.

이 사례에서 김씨가 선택할 수 있는 의사결정 대안은 '자백함'과 '자백 안 함' 단 두 가지이므로, 이 문제는 **유한 대안 의사결정문제**라고 볼 수 있다. 가능 대안 집합 C는

$$C = \{자백함, 자백 안 함\} \tag{3-10}$$

만일 이씨가 자백한다는 것을 전제로 해보자. 김씨는 자백을 하면 5년형, 그렇지 않으면 10년형을 선고받으므로, 자백을 하는 것이 좋다고 생각할 것이다. 한편 이씨가 자백을 하지 않을 것이라고 전제해보자. 이 경우에도 자신이 자백을 하면 0.5년형, 그렇지 않으면 1년형을 선고받으므로, 자백을 하는 것이 좋다고 생각할 것이다. 그러므로 김씨의 입장에서는 이씨가 자백을 하든 안 하든 관계없이 자백을 하는 것이 유리하다. 이는 이씨의 입장에서도 마찬가지일 것이다. 아마도 둘 다 자백하여 각각 5년형을 선고받을 것으로 예상된다. 물론 이와 같은 결론은 두 공범이 합리적인 사고능력을 가지고 있다는 가정 하에서만 성립한다.

만일 두 사람이 체포되기 전에 자백하지 않기로 단단히 결의했다고 가정하자. 그렇다면 둘 다 자백하지 않을 것이고, 결과적으로 5년형이 아닌 1년형을 각각 선고받을 것이다. 따라서 사전에 결의를 하지 않은 경우보다 훨씬 유리한 결과가 나온다.

그런데 이러한 사전 결의가 없었다면, 그리고 있었다고 하더라도 서로 신뢰하지 못한다면, 김씨는 이씨의 행동을 예측할 수 없는 상황에서 우선 자신의 자백 여부를 결정해야 한다. 그러고 난 연후에 이씨의 자백 여부는 법정에서야 비로소 알 수 있다. 따라서 김씨의 의사결정 측면에서 보면 이씨의 행동은 미래의 상황이라고 볼 수 있다. 김씨가 어느 대안을 선택하더라도 미래 상황, 즉 이씨의 행동에 따라서 선고 형량이 달라지므로, 의사결정의 성과는 대안 선정에 의하여 하나로 확정되지 않는다고 볼 수 있다. 따라서 김씨의 의사결정은 불확정적 의사결정이라고 볼 수 있다. (단, 두 공범이 확실히 합리적인 사고능력을 가지고 있는 경우에는 둘 다 자백을 할 것이므로 불확정적 의사결정이라고 단언할 수 없다.) ■

토론문제

1. 뉴월드 할인점은 올해 안에 새로운 매장과 대형 물류센터를 건립하기로 결정하였다. 기존에 진출해 있는 지역을 검토한 결과, 강원도의 강릉과 충청북도의 충주가 새로 진출할 지역으로 적절하다는 결론을 내렸다. 그러나 현재 투자할 수 있는 예산이 그다지 많지 않아서 두 지역 모두에 매장과 물류센터를 모두 건설하는 것(4개의 시설을 설치하는 것)은 불가능할 것으로 생각한다. 또한 각 지역의 현재 수요를 검토한 결과 한 지역에 동일 시설을 2개 이상 설립하는 것(예 : 충주에 창고 2개 설립)은 의미가 없을 것으로 보인다.

한편 각 지역에 각 시설을 건립하는 데 필요한 투자비용은 각기 다르다고 한다. 그리고 각 지역에 매장이나 물류센터를 설치하였을 때 얻을 수 있는 이익의 현재가치[1]도 모두 상이하다고 한다. 각 지역에 각 시설을 건립하였을 때 발생하는 이익의 현재가치와 투자비용은 다음 <표 E-1>과 같다. 이 회사의 경영진은 총이익을 최대로 하는 대안을 찾고자 한다.

(1) 뉴월드 할인점의 경영진이 고려할 수 있는 대안에는 어떠한 것들이 가능할까? 모든 가능 대안들로 구성된 집합을 구체적으로 기술하시오. (힌트 : 지역별 시설별로 설치하면 1, 아니면 0으로 표기함.)

1) 현재가치란 미래에 발생할 모든 이익을 현재의 금액으로 표현한 가치를 말하는데, 이를 계산하는 방법은 제3장을 참조하기 바란다.

〈표 E-1〉 지역별 이익과 투자비용

(단위 : 백만 달러)

		이익	투자비용
강릉	매장	9	6
	물류센터	5	3
충주	매장	6	5
	물류센터	4	2

(2) 가능 대안들의 집합은 유한집합인가?

(3) 이 의사결정은 확정적 의사결정인가?

2. (주)라미안 개발은 부동산 개발을 주력사업으로 하는 회사이다. 이 회사는 현재 3개의 대형 건설 프로젝트에의 참여를 고려하고 있는데, 구체적으로 살펴보면 다음과 같다.

프로젝트 1 : 고층 사무용 빌딩

프로젝트 2 : 고층 주상복합 아파트

프로젝트 3 : 고급 골프장

각 프로젝트에 참여하려면 투자금액을 건설 초기에 일시불로 지불해야 한다. <표 E-2>에는 각 프로젝트 수행에 필요한 전체 소요금액이 나와 있다. 그런데 각 프로젝트에 참여하면 반드시 프로젝트 수행에 필요한 전체 소요금액의 100%를 투자할 필요는 없다고 한다. 경우에 따라서는 전체 소요금액 중 일부만 투자해도 무방한 것이다. 이 회사가 현재 투자할 수 있는 총 금액은 200백만 달러이다.

각 프로젝트에 투자하면 미래에 이익이 발생한다. 각 프로젝트에 100% 투자했을 경우에 미래에 발생할 모든 이익을 현재가치로 환산하면 <표 E-2>의 셋째 행에 있는 것과 같다. 따라서 현재 가용한 투자예산 하에서 투자하되 가능한

〈표 E-2〉 프로젝트별 전체 소요금액과 투자 이익

(단위 : 백만 달러)

	프로젝트 1	프로젝트 2	프로젝트 3
전체 소요금액	40	120	90
투자 이익	45	140	120

많은 투자 이익을 올리려고 한다. 이 회사의 경영진은 과연 각 프로젝트에 얼마의 지분으로 투자하는 것이 바람직할까?

(1) 라미안 개발의 경영진이 고려할 수 있는 대안에는 어떠한 것들이 가능할까? 모든 가능 대안들로 구성된 집합을 구체적으로 기술하시오.

(2) 가능 대안들의 집합은 유한집합인가?

(3) 이 의사결정은 확정적 의사결정인가?

3. 한 사장은 조그만 선물가게를 운영하고 있다. 대개의 경우는 간단한 선물용 제품을 판매하지만, 크리스마스 시즌에는 크리스마스 트리도 판매한다. 크리스마스 트리는 납품업체로부터 4만 원에 구입하여 8만 원에 판매할 예정이다. 현재 크리스마스가 얼마 남지 않아서 납품업체에 주문을 하여야 하는데, 그 주문량을 얼마로 해야 할지 고민이다(주문은 1회에 한하여 가능하다고 한다).

제품을 충분하게 주문할 경우 모든 제품이 다 팔리면 좋겠지만, 그렇지 않고 팔고 남으면 반품이 되지 않기 때문에 내년 크리스마스 시즌까지 재고로 보유해야 한다. 이 경우 제품당 **재고유지비용**(보관비용, 파손손실비용, 금융비용 등 포함) 2만 원이 발생한다. 반면에 이러한 비용 지출을 막기 위해 제품을 적게 주문하면, 예상 밖으로 손님이 많아서 판매하지 못하는 경우가 발생할 수 있다. 이 경우 4만 원의 제품당 **기회비용**이 발생한다. 여기서 기회비용이란 주문을 잘못함으로써 놓친 판매이익을 말하는데, 얻을 수 있는 이익을 놓친 것은 결국 비용이 발생한 것과 마찬가지로 볼 수 있기 때문이다.

과거 자료에 의하면 크리스마스 트리는 매년 평균 3,000개가 팔렸다. 하지만 경기가 좋은 해는 최대 5,000개, 경기가 아주 안 좋은 해는 1,000개밖에 못 판 경우도 있었다.

(1) 한 사장이 선택할 수 있는 대안에는 어떠한 것들이 가능할까? 모든 가능 대안들로 구성된 집합을 구체적으로 기술하시오.

(2) 가능 대안들의 집합은 유한집합인가?

(3) 이 의사결정은 확정적 의사결정인가?

연습문제

1. 국내 조미료 시장은 (주)마원과 (주)마풍이 양분하고 있다. 마원은 제품의 원가구조가 상대적으로 경쟁우위에 있기 때문에, 제품 가격을 인하하여 시장점유율을 높일 뿐만 아니라 이익도 증가시키려고 한다. 현재 마원은 제품가격을 5%, 15%, 30% 인하하는 것을 검토하고 있다. 이러한 소식을 접한 마풍 또한 이에 대응하여 제품가격을 인하하려고 하는데, 원가구조가 다소 미약한 관계로 그 인하율은 마원보다 약간씩 작게 잡아서 4%, 12%, 25%를 고려하고 있다. 각 제품 가격 인하율에 따른 마원의 성과(추가 이익)를 나타내면 <표 E-3>과 같다.

표 안의 숫자는 가격 할인에 따른 (주)마원의 추가 이익을 나타낸다. 따라서 (주)마풍의 입장에서는 표 안의 숫자가 가격 할인에 따른 추가 손실을 의미한다. 예로써 마원이 15%, 마풍이 12% 인하하면, 마원은 6억 원의 이익을 내지만 마풍은 6억 원의 손실을 입는다.

〈표 E-3〉 두 회사의 가격 인하폭에 따른 마원의 성과

(단위 : 억 원)

마원 \ 마풍	4%	12%	25%
5%	4	3	2
15%	8	6	5
30%	−5	7	4

(1) 마원의 경영진이 선택할 수 있는 대안에는 어떠한 것들이 가능할까? 모든 가능 대안들로 구성된 집합을 구체적으로 기술하시오. 마풍의 경우에 대해서도 답하시오.

(2) 마원의 가능 대안들의 집합은 유한집합인가?

(3) 마원의 의사결정은 확정적 의사결정인가? (두 회사의 정책담당자는 모두 합리적인 사고능력을 가지고 있지 않다고 가정한다.)

2. 한 학생이 장기 배낭여행을 하려고 한다. 여행기간이 길기 때문에 필요한 물건은 많지만, 걷는 시간이 길 것 같아서 너무 많은 짐을 가지고 갈 수도 없다. 현

재 반드시 필요하다고 생각하는 물건의 리스트를 작성한 결과 <표 E-4>와 같다. 각 물건은 일부만을 가지고 갈 수는 없으며, 각 물건의 무게는 <표 E-4>에 기재되어 있다. 또한 학생의 체력을 고려해볼 때 배낭에 넣을 짐의 무게는 30kg을 넘지 않았으면 한다. 한편 이 학생이 생각하는 각 물건의 효용(여행에서의 필요성)도 표에 부기되어 있는데, 그렇다면 이 학생이 효용을 최대로 하려면 배낭에 어느 물건들을 넣어서 여행을 떠나야 할까? (이 문제는 매우 유명한 문제로서 일명 '배낭문제(knapsack problem)' 라고 한다.)

〈표 E-4〉 필요한 물건의 무게와 효용

물건	a	b	c	d	e	f
무게(kg)	7	12	8	6	5	3
효용	5	7	8	3	9	10

(1) 이 학생이 선택할 수 있는 대안에는 어떠한 것들이 가능할까? 모든 가능 대안들로 구성된 집합을 구체적으로 기술하시오(각 물건은 1개씩 필요함).

(2) 가능 대안들의 집합은 유한집합인가?

(3) 이 의사결정은 확정적 의사결정인가?

3. *K* 인공위성통신사의 주요 중계소들 간의 통신망은 다음 <그림 E-1>과 같다. 원은 중계소를 나타내며, 원 안의 숫자는 중계소 번호이다. 원들을 연결하는 선분들은 중계소 간의 통신회선을 나타내는데, 통신회선은 (i, j)로 표현한다. 각 선분 옆에 있는 숫자는 각 통신회선의 지체도를 나타낸다. 현재 월드컵축구 경기 방송을 중계소 1에서 중계소 7로 전송해야 하는데, 전송화질을 좋게 하려면 전체 통신경로의 통신 지체도가 낮아야 한다. 전체 통신경로의 통신 지체도는 경로 상에 존재하는 각 통신회선 지체도의 합과 같다고 한다. 그렇다면 중계소 1에서 중계소 7로 방송정보를 송신하기 위한 최적의 경로는 어느 회선들로 구성해야 할까?

(1) *K* 인공위성통신사가 선택할 수 있는 대안에는 어떠한 것들이 가능할까? 모든 가능 대안들로 구성된 집합을 구체적으로 기술하시오.

(2) 가능 대안들의 집합은 유한집합인가?

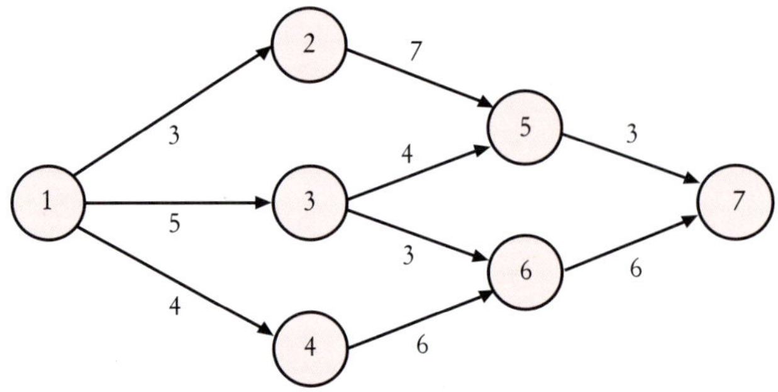

〈그림 E-1〉 K 인공위성통신사의 통신망

(3) 이 의사결정은 확정적 의사결정인가?

【부록 1A】 집합

집합은 명확히 정의된 개체들의 모임이라고 정의할 수 있다. 집합을 표현하는 방법에는 (i) 집합에 속하는 원소(element)들을 모두 열거하는 방법과 (ii) 원소들이 갖는 특성을 일반적으로 기술하는 방법이 있다. 두 표현 방법의 예를 각각 들면 다음과 같다.

$$\text{시청 가능 TV 방송채널의 집합} = \{\text{KBS, SBS, EBS}\} \tag{A-1}$$

$$A = \{x \mid 1 \leq x \leq 10, x\text{는 정수}\} \tag{A-2}$$

집합을 영어 알파벳으로 표현하는 경우는 보통 대문자(예 : A)를 사용한다.

집합 A에서 3은 원소 중 하나이나, 11은 원소가 아니다. 이를 수식으로 표현하는 방법은

$$3 \in A \tag{A-3}$$

$$11 \notin A \tag{A-4}$$

집합의 원소 수를 표현하는 방법은 $|\quad|$인데, 전술한 집합 A에 적용하면 $|A| = 10$이다. 원소 수가 0인 집합은 공집합이라고 하는데, 기술 방법은 $\varnothing$이다. 한 집합의 원소수가 유한하면 유한집합이라고 하고, 원소 수가 무한하면 무한집합이라고 한다.

A-1 집합의 연산

집합의 연산방법에는 다음과 같은 것들이 있다. 여기서 집합 A, B는 임의의 집합이다.

(1) 합집합 : 두 집합 A, B에 속한 모든 원소들의 집합이다.

$$A \cup B = \{w \mid w \in A \text{ 또는 } w \in B\} \tag{A-5}$$

예로써 $A = \{1, 2\}$, $B = \{2, 3, 4\}$ 일 때,

$$A \cup B = \{1, 2, 3, 4\}$$

(2) **공통집합** : 두 집합 A, B에 공통으로 속한 원소들의 집합이다.

$$A \cap B = \{w \mid w \in A, w \in B\} \qquad \text{(A-6)}$$

여기서 집합기호 안의 콤마는 and를 의미한다. 예로써 $A = \{1, 2\}$, $B = \{2, 3, 4\}$일 때,

$$A \cap B = \{2\}$$

(3) **차집합** : 집합 A의 원소 중 B에 속하는 원소를 배제시킨 것들의 집합이다.

$$A - B\,(\text{또는 } A \backslash B) = \{w \mid w \in A, w \notin B\} \qquad \text{(A-7)}$$

예로써 $A = \{1, 2\}$, $B = \{2, 3, 4\}$일 때,

$$B - A = \{3, 4\}$$

(4) **여집합** : 전집합 U에서 집합 A에 속한 원소들을 배제시킨 것들의 집합이다.

$$A^c\,(\text{또는 } A^-, \overline{A}) = \{\omega \mid \omega \in U, \omega \notin A\} \qquad \text{(A-8)}$$

또는

$$A^c = U - A \qquad \text{(A-9)}$$

전집합(Universal Set)은 고려대상인 모든 원소들로 구성된 집합을 의미한다. 따라서 매번 전집합은 달라질 수 있다. 예로써 $A = \{1, 2\}$이고 $U = \{1, 2, 3, 4\}$라고 하면,

$$A^c = \{3, 4\}$$

하지만 $U = \{1, 2, \cdot\cdot\cdot, 10\}$이라고 정의하면,

$$A^c = \{3, 4, \cdot\cdot\cdot, 10\}$$

따라서 A의 여집합은 전집합을 정의하기에 따라 달라진다.

A-2 볼록집합

집합에 관련된 용어 중 경영학 분야에서 종종 사용되는 것으로 볼록집합(convex set)이라는 것이 있다. 이는 '집합에 속하는 임의의 두 원소를 연결하는 선분은 항상 해당 집합에 속하는 집합'을 일컫는다.[2] 이를 그림으로 살펴보면 다음과 같다.

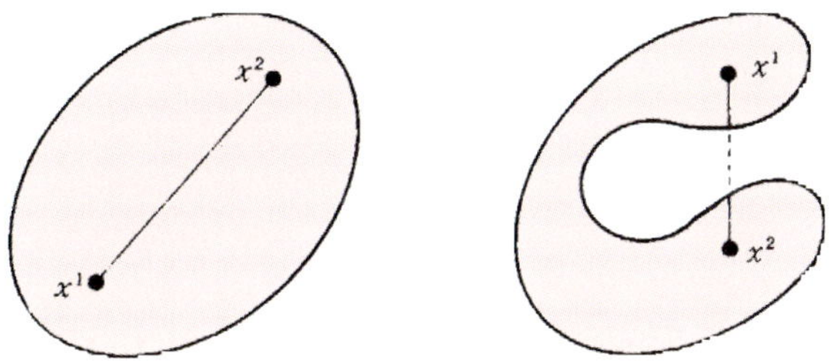

〈그림 A-1〉 볼록집합에 해당하는 경우와 아닌 경우

즉, 좌측 그림에서는 어떻게 임의의 두 점을 선택하더라도 두 점 x^1, x^2를 연결하는 선분은 집합을 벗어나는 경우가 존재하지 않으므로 볼록집합이다.[3] 하지만 우측 그림에서는 보는 바와 같이 두 점 x^1, x^2를 선택하면 연결 선분의 점선 부분이 집합을 벗어나게 되므로 볼록집합이 아니다[미볼록집합(non-convex set)].

(예) $S = \{x \mid 1 \leq x \leq 10, x\text{는 실수}\}$는 볼록집합인가?

집합 S는 수선상의 한 선분이다. 따라서 선분상의 임의의 두 점을 연결한 선분은 역시 원래 선분상에 존재한다. 그러므로 볼록집합이다.

(예) $S = \{x \mid 1 \leq x \leq 10, x\text{는 정수}\}$는 볼록집합인가?

집합 S는 수선상에 존재하는 10개의 점으로 구성된다. 예로써 두 점 2와 3을 연

2) 볼록집합을 공식적으로 정의하는 것은 본 서의 범위를 벗어나므로 생략한다.
3) 여기서 상첨자는 승수를 나타내는 것이 아니라 두 점을 벡터로 표현하여 구분하기 위한 것으로, 벡터에 대해서는 차후에 소개하기로 한다.

결한 선분에는 2.5가 존재하는데, 2.5는 정수가 아니므로 집합 S에 속하지 않는다. 그러므로 볼록집합의 정의에 의하여 S는 볼록집합이 아니다.

【부록 1A】 연습문제

1. 집합 A와 B가 각각 다음과 같이 정의될 때, 다음을 구하시오.

$$A = \{x \mid 1 - x \leq 2x + 1 < x + 4\}$$
$$B = \{x \mid -2 \leq x \leq 2,\ -1 < x < 5\}$$

(1) $A \cup B$

(2) $A \cap B$

(3) $A - B$

2. 집합 A와 B가 각각 $A = \{x \mid x > 1$ 또는 $x < -1\}$, $B = \{x \mid \alpha \leq x \leq \beta\}$로 주어져 있을 때, 다음이 성립한다고 한다. α와 β를 구하시오(R은 실수집합).

$$A \cup B = \{x \mid x \in R\}$$
$$A \cap B = \{x \mid 1 < x \leq 3\}$$

3. $A = \{x \mid 0 \leq x \leq 10\}$, $B = \{x \mid 5 \leq x \leq 20\}$, $C = \{x \mid 10 \leq x \leq 25\}$, $U = \{x \mid 0 \leq x \leq 50\}$에서 다음이 성립함을 보이시오.

(1) $A \cap (B \cup C) = (A \cap B) \cup (A \cap C)$ (분배법칙)

(2) $(A \cap B)^c = A^c \cup B^c$ (De Morgan 법칙)

4. 3번 문제의 자료를 사용하여 다음을 구하시오.

$(U - C) \cap (B - A)$

5. 다음 집합은 볼록집합인가?

(1) $S_1 = \{y \mid -1 \leq y$, y는 실수$\}$

(2) $S_2 = \{y \mid -1 \leq y$, y는 정수$\}$

(3) $S_3 = \{x \mid 1 \leq x \leq 2$ 또는 $4 \leq x \leq 5\}$

(4) $S_4 = \{(x, y) \mid y \leq x,\ y \leq -x\}$

(5) $S_5 = \{(x, y) \mid x^2 - y \geq 2\}$

(6) $S_6 = \{(x, y) \mid x^2 + y^2 \leq 4\}$

참고문헌

김형욱(1993), 경영수학, 법경사.

안상형, 이명호, 김기석(1994), 현대 경영과학, 학현사.

Hillier, F S. and M. S. Hillier(노형봉 외 5인 번역)(2004), 경영과학, 2nd Ed., 한경사.

제 1 부

확정적 의사결정

제2장

손익분기점 분석

본 장에서는 경영 의사결정에서 많이 사용하는 손익분기점 분석을 소개한다. 그리고 관리자가 최종 의사결정을 내리기 전에 추정된 자료의 부정확성을 고려하는 민감도분석의 개념도 소개하기로 한다. 손익분기점 분석에서는 수리모형을 사용하는데, 이를 이해하기 위해서는 우선 수리모형을 구성하는 함수에 대하여 알아야 한다. 함수의 개념 및 관련 용어는 이 장의 부록 2A에 수록하였다.

1. 단일대안의 선택

여기서는 한 대안을 선택할 것인가 또는 말 것인가를 결정하는 의사결정문제를 손익분기점 분석으로 해결하는 과정을 소개한다. 우선 다음의 사례를 살펴보기로 한다.

〈한국병원 사례〉 선진 의료검사장비 도입의 타당성 분석

한국병원의 병원장은 고객만족경영의 일환으로 새로운 선진 의료검사장비의 도입을 검토하고 있다. 이 검사장비의 도입비용(고정비)을 연간비용으로 환산하면 1억원이고, 환자 1인당 검사에는 10만 원의 비용(단위당 변동비)이 소요된다고 한다. 검사비용에는 장비 사용료, 재료비, 장비 담당자와 진단 의사의 인건비도 포함되어 있다. 이 자료를 근거로 환자당 검사요금을 20만 원으로 책정할 예정이다. 이 장비는

1일 8시간 가동 기준으로 연간 2,500명까지 검사를 할 수 있다고 한다.

한국병원의 경영진은 이 장비를 도입하는 것이 검사받는 환자의 고통을 대폭 줄여주어서 병원 이미지 개선에 많은 도움이 되리라 보고 있다. 그러나 장비의 연간 비용 1억 원이 부담스러워서 망설이고 있다. 또한 검사요금이 상당히 비싸고 의료보험 혜택도 받을 수 없기 때문에 과연 환자들이 얼마나 이 장비를 이용하려는지 의문이다. 이미지 개선도 중요하지만 경영수지를 고려하지 않을 수 없기 때문이다. 장비의 운영수지가 흑자이려면 상당수의 환자가 이 장비를 이용해주어야 한다. 현재 병원장은 이 검사장비의 도입이 흑자를 기하려면 과연 검사 환자가 연간 몇 명 이상이어야 하는지를 알고 싶어한다.

풀이 흑자란 장비 운영에 따른 이익(profit)이 양수 값을 가지는 경우에 발생한다. 여기서 이익이란 총수익(revenue)에서 총비용(total cost)을 빼준 값이다. 검사장비를 도입할 경우의 연간 총비용과 총수익은 다음과 같다.

연간 총비용 = 연간 장비 비용 + 환자당 검사비용 × 연간 환자 수 (1-1)

연간 총수익 = 환자당 검사요금 × 연간 환자 수 (1-2)

이 두 식을 기호를 사용하여 표현하면 다음과 같다.

$$TC = F + cQ \tag{1-3}$$

$$R = pQ \tag{1-4}$$

여기서 TC = 연간 총비용, F = 연간 장비 비용, c = 환자당 검사비용, Q = 연간 환자 수, R = 연간 총수익, p = 환자당 검사요금.

사례를 살펴보면 F, c, p는 모두 주어진 상수값이다. 따라서 식 (1-3)과 (1-4)에서 TC와 R은 미지수인 연간 환자수 Q만을 알면 구할 수 있다. 이는 TC와 R이 Q를 독립변수로 하는 하나의 함수임을 의미한다. TC와 R을 그래프로 표현하면 <그림 1-1>에서와 같이 각각 하나의 직선이 된다. TC 직선에서 F는 y 절편이 되고 c는 직선의 기울기가 된다. 반면에 R 직선은 y 절편이 0(원점)이고 기울기가 p인 직선이다.

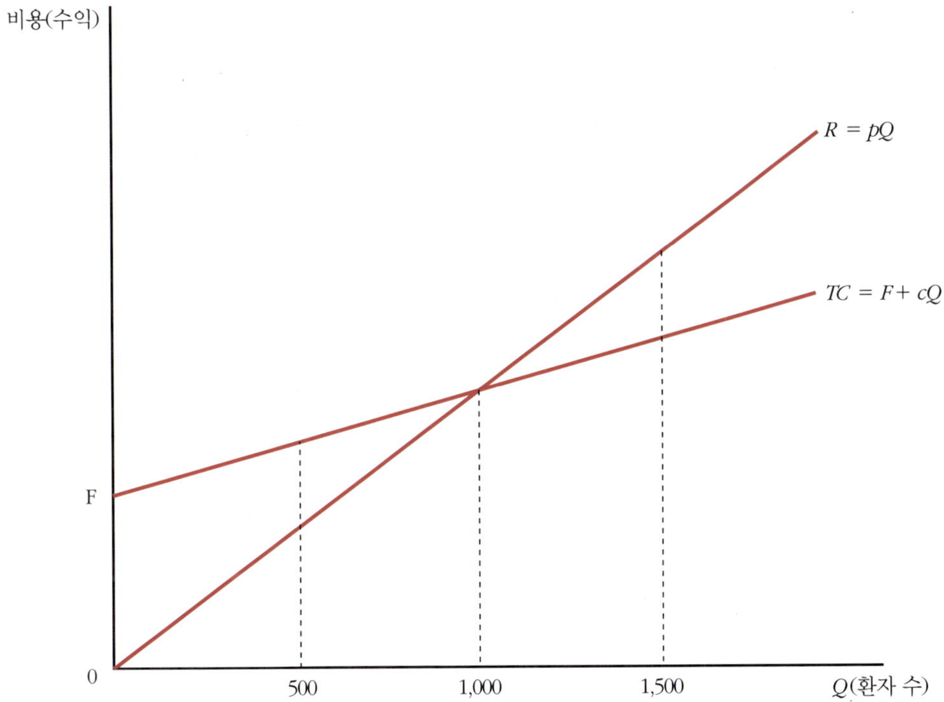

〈그림 1-1〉 환자 수에 따른 총비용과 총수익의 변화

한국병원이 새로운 검사장비를 운영하였을 때, 흑자는 총수익이 총비용보다 큰 경우에 발생한다. <그림 1-1>을 살펴보면 환자 수가 작을 때(예 : 500명)는 총비용 직선이 총수익 직선보다 위에 있어서 그 차이만큼 적자(이익 < 0)가 발생한다. 반면에 환자 수가 충분히 크면(예 : 1,500명) 총수익 직선이 총비용 직선보다 위에 있어서 그 차이만큼 흑자(이익 > 0)가 발생한다.

그렇다면 환자 수가 얼마일 때 총수익 직선과 총비용 직선이 만날까? (즉, 이익이 0이 될까?) 그림에서 보면 환자 수가 1,000명일 때 두 직선이 교차한다. 즉, 신규 검사장비를 도입하여 흑자를 기하려면 환자 수가 최소한 1,000명 이상이 되어야 함을 의미한다. 이 분석 결과는 흑자가 발생하는 최소 환자 수가 1,000명이라는 사실만을 알려준다. 따라서 미래에 검사를 받을 환자 수를 정확히 예측할 수 없다면, 현재로서는 이 장비의 도입이 타당한지를 판단할 수 없다. ■

한국병원 사례에서와 같이 총비용과 총수익이 같게 되는 점을 손익분기점이라고 부른다. 그리고 손익분기점을 찾음으로써 의사결정을 내리는 데 도움을 주는 기법을 **손익분기점 분석**(breakeven point analysis)이라고 한다. 이 기법은 간단하지만 많은 경영 의사결정에 유용하게 사용될 수 있다.

손익분기점 분석에서 자주 사용되는 몇 가지 용어를 정의하기로 한다. **단위당 변동비**(variable cost) c는 단위 산출량을 처리하는 데 필요한 비용(예 : 환자 1인당 검사비용)이다. 여기에는 단위당 노무비, 재료비, 제조간접비 중 산출량에 따라 변하는 비용 항목이 포함된다. 산출량(예 : 환자 수)을 Q라고 하면, **총변동비**(total variable cost)는 단위당 변동비와 산출량의 곱으로 표현되기 때문에 cQ이다.

고정비(fixed cost) F는 총비용 중 산출량에 관계없이 발생하는 비용이다. 여기에는 제품 생산에 필요한 장비의 연간 구입비 또는 임대비(감가상각, 이자, 세금, 보험료, 고정운영비 등)가 포함된다. 또한 임금, 공공요금, 판매 및 광고비 중 일부는 고정비가 된다. 따라서 제품 생산이나 서비스 제공에 소요되는 **총비용**(total cost)은 고정비와 총변동비의 합이다.

$$\text{총비용}(TC) = F + cQ \tag{1-5}$$

한편 생산제품이 모두 판매가능하다면, **수익**(revenue)은 단위당 가격(price)(예 : 검사요금) p에 판매량(예 : 검사환자 수) Q를 곱한 것과 같다.

$$\text{수익}(R) = pQ \tag{1-6}$$

손익분기점은 수익과 총비용이 같을 때 발생하므로 손익분기점 Q^*는 다음과 같이 구한다.

$$TC = R \tag{1-7}$$

$$F + cQ = pQ \tag{1-8}$$

$$Q^* = F/(p - c) \tag{1-9}$$

식 (1-9)를 한국병원 사례에 적용하면

$$Q^* = F/(p - c) = 100{,}000{,}000/(200{,}000 - 100{,}000)$$
$$= 1{,}000(\text{명})$$

이는 <그림 1-1>에서 구한 값과 같다.

손익분기점은 수익과 총비용을 같게 놓고 구할 수도 있지만, 이익(profit)(= 수익 − 총비용) P가 영이 되는 점으로도 구할 수 있다.

$$P = R - TC = pQ - (F + cQ)$$

$$P = -F + (p - c)Q \qquad (1\text{-}10)$$

손익분기점에서 이익은 0이므로, $P = 0$으로 놓고 Q에 대하여 풀면,

$$Q^* = F/(p - c) \qquad (1\text{-}11)$$

이 결과는 식 (1-9)와 같다. 식 (1-10)을 그래프로 표현하면 <그림 1-2>와 같다.

일단 장비를 도입한다고 가정했을 때, Q가 0이면 수익은 없고 고정비 F만 발생하므로 이익 = $-F$(음수)이다. 만일 Q가 0보다 약간 크게 되면(예 : 500명), 수익이 약간 발생하지만 상대적으로 고정비가 크므로 이익은 여전히 음수이다. 즉, 장비를 도입하지 않는 것이 타당하다. 하지만 Q가 어느 수준(손익분기점) 이상이 되면(예 : 1,500명) 이익은 양수가 되어 흑자가 된다. 따라서 장비를 도입하는 것이

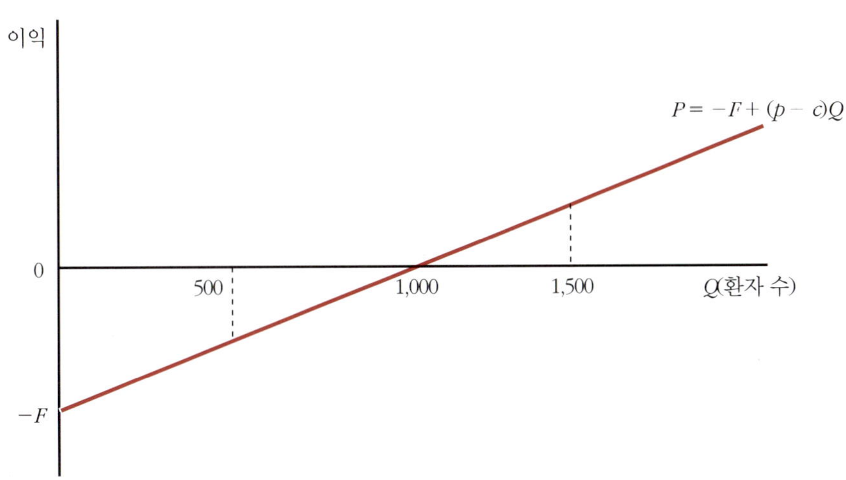

〈그림 1-2〉 환자 수에 따른 이익의 변화

바람직하다. 여기서 이익이 0이 되는 산출량 Q = 1,000이 손익분기점이다.

2. 민감도분석

손익분기점을 수식으로 표현한 식 (1-9)를 다시 살펴보자.

$$Q^* = F/(p - c) \tag{1-9'}$$

손익분기점 Q^*은 F, p, c 세 가지 상수값에 의하여 결정된다. 이들 상수값은 여러 가지 관련 자료들이 종합되어 산출되는데, 수집 자료들이 부정확하거나 또는 수집이 불가능하여 적절히 추정한 경우에는 앞의 세 가지 상수값들이 상당히 부정확할 것이다. 이렇게 부정확한 상수값을 사용하여 구한 손익분기점을 근거로 하여 고가의 검사장비 도입을 결정하는 것은 의사결정자로서 부담스러운 면이 없지 않을 것이다. 이런 경우에 의사결정자는 어떻게 해야 할까?

다음의 <한국병원 사례 II>를 살펴보자.

〈한국병원 사례 II〉 선진 의료검사장비 도입의 타당성 분석 II

한국병원은 과거 경험으로 볼 때 자료 추정시 오차는 최대 ± 20%이었으며, 신규 검사장비의 이용 환자 수는 대략 1,200명으로 예측하고 있다. 현재 추정한 자료에 근거하여 산출한 손익분기점은 1,000명이므로, 현재 추정한 비용이 맞다면 이 검사장비의 도입은 타당하다고 볼 수 있다. 그러나 추정비용이 맞지 않다면 신규 검사장비를 도입하는 것이 과연 타당할까? 나머지 일반적인 상황은 <한국병원 사례>와 동일하다고 가정한다.

2.1 고정비(F) 추정의 부정확성

<한국병원 사례 II>에서 고정비에 해당하는 연간 장비비용 자료 1억 원의 추정이 잘못되었다면 손익분기점은 얼마일까?

풀이 자료 추정의 최대 오차가 ±20%라고 하였으므로, 실제 연간 장비비용은 0.8억 원과 1.2억 원 사이에 있을 것이다. 연간 장비비용이 0.8억 원이라면, 손익분기점은

$$Q^* = F/(p - c) = 80{,}000{,}000/(200{,}000 - 100{,}000)$$
$$= 800(\text{명})$$

고정비가 원래 추정치보다 20% 작다면 손익분기점도 20% 감소한다. 이는 식 (1-9)′에서 Q^*가 F에 비례하는 것을 보아도 알 수 있다. 따라서 연간 장비비용이 1.2억 원이라면, 손익분기점은 20% 증가한 1,200명이 될 것이다(<그림 2-1> 참조).

만일 고정비가 0.8억 원이라면 손익분기점은 800명이고 환자 수는 1,200명이므로 이 경우에는 도입이 유리하다. 이러한 결과는 고정비가 1.2억 원이 될 때까지 유효하다. 따라서 고정비가 당초 1억 원보다 작거나 커도 검사장비를 도입한다는

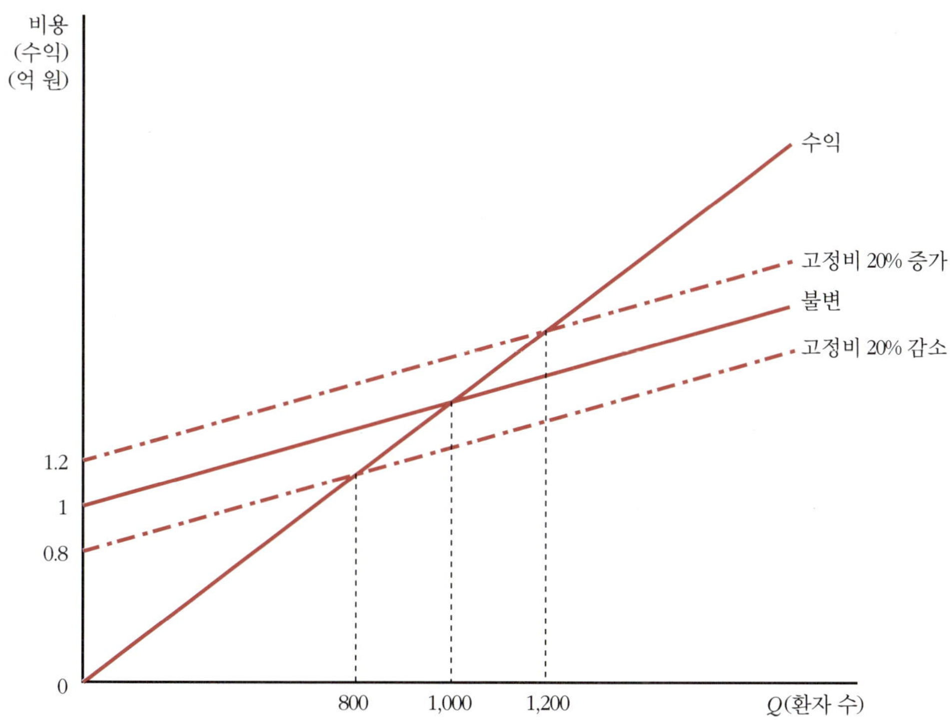

〈그림 2-1〉 고정비 변화시의 손익분기점

의사결정에 변함이 없다. 이런 경우를 '고정비는 의사결정에 민감하지 않다' 고 말한다.

이러한 관찰로부터 손익분기점을 계산하여 장비 도입 여부를 의사결정하는 과정에 있어서 고정비는 민감하지 않은 자료이며, 따라서 현재보다 더 정확히 추정할 필요가 없음을 알 수 있다. ■

전술한 바와 같이 추정 상수값이 변화함에 따라서 의사결정이 얼마나 민감하게 변하는가를 살펴보는 분석을 **민감도분석**(sensitivity analysis)이라고 한다. 앞에서 살펴본 고정비의 경우와 달리, 특정 상수값이 약간만 변하더라도 의사결정이 바로 변하게 되면 이는 상당히 민감한 상수라고 볼 수 있다. 이렇게 민감한 상수는 더 많은 노력을 투입하여 정확히 추정해야만이 의사결정도 올바르게 내릴 수 있는 것이다.

2.2 단위당 변동비(c) 추정의 부정확성

전술한 <한국병원 사례 II>에서 환자당 검사비용 자료 10만 원이 잘못 추정되었다면, 손익분기점은 환자가 몇 명 이상일 때로 변할까? 다른 자료들은 현 추정치가 맞다고 가정한다.

풀이 자료 추정의 최대 오차가 ±20%이라고 하였으므로, 실제 검사비용은 8만 원과 12만 원 사이에 있을 것이다. 만일 검사비용이 최소추정치 8만 원이라면, 손익분기점은

$$Q^* = F/(p - c) = 100{,}000{,}000/(200{,}000 - 80{,}000)$$
$$= 833(\text{명})$$

만일 검사비용이 최대추정치 12만 원이라면, 손익분기점은

$$Q^* = F/(p - c) = 100{,}000{,}000/(200{,}000 - 120{,}000)$$
$$= 1{,}250(\text{명})$$

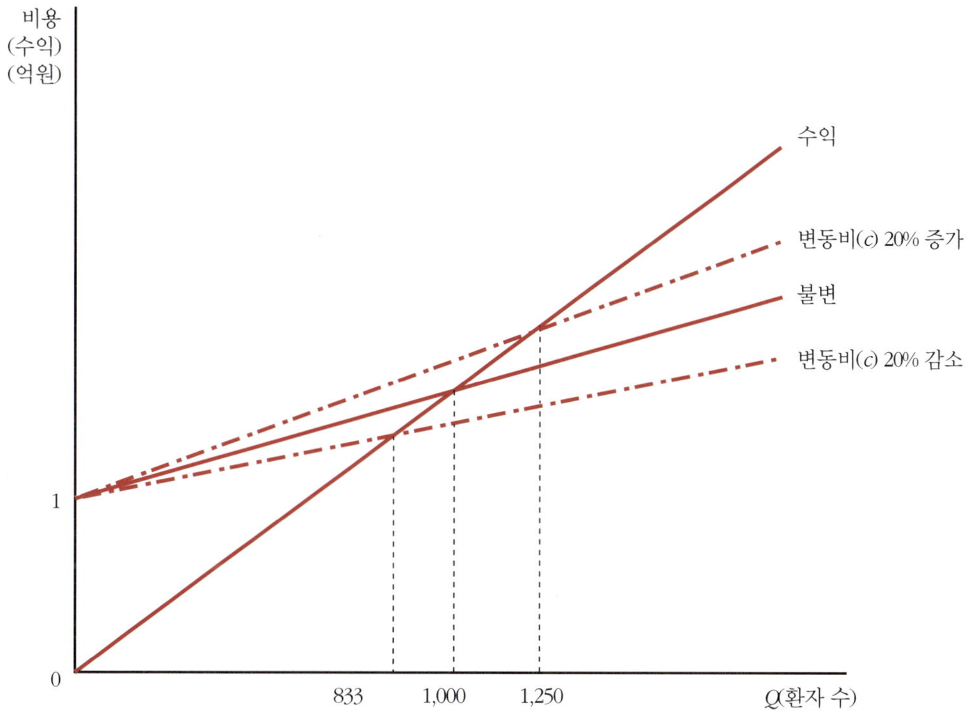

〈그림 2-2〉 단위당 변동비 변화시의 손익분기점

단위당 변동비가 20% 감소하면 손익분기점은 약 17% 작아지고, 20% 증가하면 손익분기점은 25% 커진다. 고정비의 경우와 달리 단위당 변동비의 변화율과 손익분기점의 변화율이 다르게 나타났다(<그림 2-2> 참조).

현재 예측된 환자 수가 1,200명인데 단위당 변동비가 예상보다 작은 경우에는 손익분기점이 1,000명 이하이므로 검사장비를 도입한다는 의사결정에 변화가 없을 것이나, 예상보다 커서 손익분기점이 1,200명을 넘어서면 검사장비를 도입해서는 안될 것이다. 이러한 경우에는 단위당 변동비를 더 정확히 산정하도록 노력해야 한다.

3. 복수대안의 최적 선택

지금까지 논의한 손익분기점 분석은 한 가지 대안(즉, 선진 의료검사장비를 도입하는 안)을 채택할 것인가 또는 포기할 것인가를 결정하는 것이었다. 그런데 다음의

SL LCD사 사례는 세 가지 대안을 놓고 그중 하나를 선택하는 문제이다. 이 경우에도 역시 손익분기점 분석의 접근방법을 그대로 사용할 수 있다.

〈SL LCD사 사례〉 LCD 조립장비 선정문제

SL LCD사 구매부서에서는 내년부터 사용할 LCD 조립장비를 주문하려고 한다. 현재 세 군데의 조립장비업체에서 견적서를 제출하였다. A사에서 제시한 장비의 견적가격을 연간비용으로 환산하면 3억 원인데, 이 장비로 조립하는 경우 LCD 개당 2,500원이 소요된다고 한다. 한편 B사와 C사 장비는 더 자동화된 장비이어서 연간 장비비용으로 환산하면 각각 4억 원과 4.5억 원이지만, 제품당 조립비용은 각각 2,000원, 1,800원이다. 어느 회사 장비를 쓰더라도 LCD 제품의 품질은 같다고 한다. 현재 SL LCD사에서 판매하고 있는 LCD는 연간 150,000개인데, 내년에는 수요가 대폭 증가하여 대략 240,000개까지 판매가 가능할 것으로 예측하고 있으며, 이 수준은 향후 몇 년간 유지될 것으로 보고 있다. 물론 이 예측치는 사내 예측에 의한 것이므로 확실하지는 않다. 그렇다면 어느 회사 장비를 구입하는 것이 가장 바람직하겠는가?

풀이 우선 A, B, C사의 생산장비를 도입하는 경우의 총비용을 각각 산출해보자.

총비용(A) = 연간 장비 구입비용(고정비) + 총 생산비용(총변동비)
= 300,000 + 2.5 × 생산량 (단위 : 천 원) (3-1)

총비용(B) = 400,000 + 2 × 생산량 (단위 : 천 원) (3-2)

총비용(C) = 450,000 + 1.8 × 생산량 (단위 : 천 원) (3-3)

식 (3-1)~(3-3)을 기호를 사용하여 표현하면 다음과 같다.

$$TC_A = F_A + c_A \times Q \quad (3\text{-}4)$$

$$TC_B = F_B + c_B \times Q \quad (3\text{-}5)$$

$$TC_C = F_C + c_C \times Q \quad (3\text{-}6)$$

여기서

TC_A, TC_B, TC_C = A사, B사, C사 장비의 총비용

F_A, F_B, F_C = A사, B사, C사 장비의 연간 장비비용(고정비)

c_A, c_B, c_C = A사, B사, C사 장비의 단위당 생산비용(단위당 변동비)

Q = 생산량

세 회사 장비로 생산하는 경우의 총비용을 그림으로 표현하면 <그림 3-1>과 같다.

그렇다면 A사 장비와 B사 장비의 총비용이 같아지는 경우의 생산량, 즉 손익분기점은 얼마인가?

$$F_A + c_A \times Q = F_B + c_B \times Q \tag{3-7}$$

이를 만족하는 Q^*를 구하면

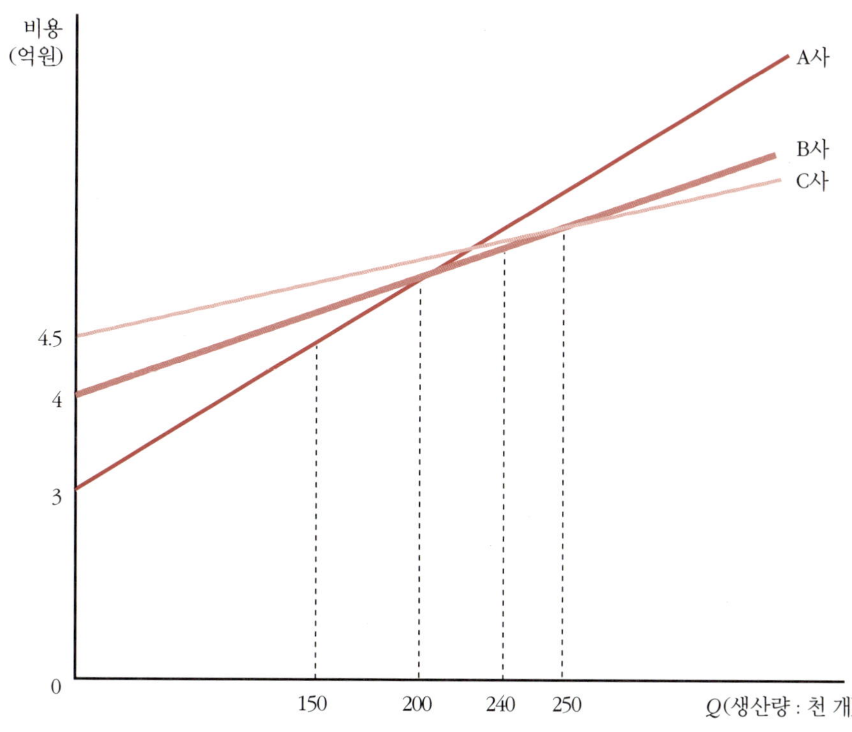

〈그림 3-1〉 A, B, C사 검사장비의 총비용직선

$$Q^* = \frac{F_B - F_A}{c_A - c_B} \tag{3-8}$$

식 (3-8)에 관련 자료를 입력하면 아래와 같이 손익분기점은 200,000개이다.

$$Q^* = (400{,}000{,}000 - 300{,}000{,}000)/(2{,}500 - 2{,}000)$$
$$= 200{,}000(\text{개})$$

마찬가지로 B사 장비와 C사 장비의 손익분기점은

$$Q^* = \frac{F_C - F_B}{c_B - c_C} \tag{3-9}$$

식 (3-9)에 관련 자료를 입력하면 손익분기점은 250,000개이다.

$$Q^* = (450{,}000{,}000 - 400{,}000{,}000)/(2{,}000 - 1{,}800)$$
$$= 250{,}000(\text{개})$$

그렇다면 SL LCD사 경영진은 어느 회사 장비를 구입해야 할까? <그림 3-1>을 보면 현재의 판매량 150,000개가 내년에도 유지된다면 당연히 A사 장비가 유리하다. 하지만 내년도 판매 예측치가 240,000개이고 향후에도 당분간 유지될 것으로 보이므로 B사 장비가 유리하다고 볼 수 있다. ■

제1절 <한국병원 사례>에서는 손익분기점이 용어의 정의대로 총비용과 총수익이 같아지는 점을 나타내었지만, 본 절의 <SL LCD사 사례>에서는 두 대안의 총비용이 같아지는 점을 나타내었다. 이런 경우에는 **손익분기점**이라는 용어보다는 두 대안의 우열을 가릴 수 없는 경우를 지칭하는 **비김량**이라는 용어가 더 적절하다고 볼 수 있다. 그러나 본서에서는 대부분의 서적에서 손익분기점이라는 용어를 널리 사용하기 때문에 경우에 관계없이 손익분기점이라는 용어를 사용하기로 한다.

4. 응용사례

본 절에서는 앞에서 논의한 손익분기점 분석을 활용하여 의사결정에 활용하는 사례를 몇 가지 소개하고자 한다. 이러한 사례를 통하여 손익분기점 분석의 유용성도 알 수 있지만, 실제로 기업이나 다른 조직에서 접하는 다양한 경영의사결정의 유형도 살펴볼 수 있다.

4.1 정부의 정책 결정

손익분기점 분석은 기업의 경영의사결정에도 사용되지만, 정부와 같은 공공기관의 정책의사결정에도 유용하게 활용될 수 있다. 다음의 사례는 정부가 정책을 결정함에 있어서 손익분기점 분석을 사용하여 여러 가지 정책 대안 중 하나를 선택하는 과정을 보이고 있다.

〈보건복지부 사례〉 선진 의료장비 도입에 대한 정부의 지원방안

보건복지부는 국민 복지 향상을 목적으로 국내 병원들이 선진 의료장비를 도입하도록 적극 지원하려고 한다. <한국병원 사례>에서 고려하였던 의료검사장비는 정부가 추진하고 있는 선진 의료장비 도입 지원사업의 대상이 되는 장비 중 하나이다. 그러나 <한국병원 사례>에서 보았듯이 이러한 장비들은 너무 고가이고 검사요금도 비싸게 책정될 수밖에 없기 때문에 국내 병원들이 도입을 망설이고 있다.

이에 정부는 어떠한 정책이 국내 병원들이 선진 의료장비를 도입할 수 있도록 효과적으로 지원하는 것인지를 알려고 한다. (여기서는 병원의 입장만을 고려한다.) 현재 검토하고 있는 방안으로는 두 가지가 있다.

방안 A : 연간 장비구입비용의 50%를 매년 지원해준다.
방안 B : 환자당 검사비용의 50%를 모든 환자에 대하여 지원해준다.

정부는 두 가지 방안 중 어느 것이 더 바람직한가를 파악하기 위하여 한국병원을 표본으로 선정하여 분석하기로 하였다. 이에 한국병원의 경영진은 정부의 두 가지 지원방안 중 어느 것이 더 유리한가를 검토하고자 한다.

풀이 우선 두 가지 방안 각각에 대하여 손익분기점을 구해보기로 한다.

(1) 방안 A : 연간 장비구입비용의 50%를 매년 지원해준다.

만일 정부의 지원이 이루어진다면 연간 장비비용(고정비)은 1억 원에서 5천만 원으로 감소하게 되므로(다른 자료는 <한국병원 사례>에 있는 것과 같다) 총비용은

환자 수에 관계 없이 당초 비용보다 5천만 원 작게 된다. 손익분기점을 구하면

$$Q^* = F/(p - c) = (100{,}000{,}000 \times 0.5)/(200{,}000 - 100{,}000)$$
$$= 50{,}000{,}000/100{,}000 = 500(\text{명})$$

따라서 정부가 방안 A를 채택하면 환자가 연간 500명(당초 손익분기점 1,000명의 50%) 이상인 경우 흑자를 기할 수 있다. 즉, 당초 손익분기점에 해당하는 환자 수 1,000명이 너무 많아서 장비 도입을 망설이고 있었다면, 정부 지원에 의하여 도입할 가능성이 커지게 되는 것이다. 분석 결과를 그림으로 표현하면 <그림 4-1>과 같다.

(2) 방안 B : 환자당 검사비용의 50%를 모든 환자에 대하여 지원해준다.

현재 환자 1인당 검사비용은 10만 원이다. 만일 정부가 검사비용(단위당 변동비)의 50%를 지원해준다면 검사비용은 10만 원에서 5만 원으로 감소하므로 총비용은 당초 총비용보다 총변동비 감소분만큼 작아진다. 손익분기점을 구해보면

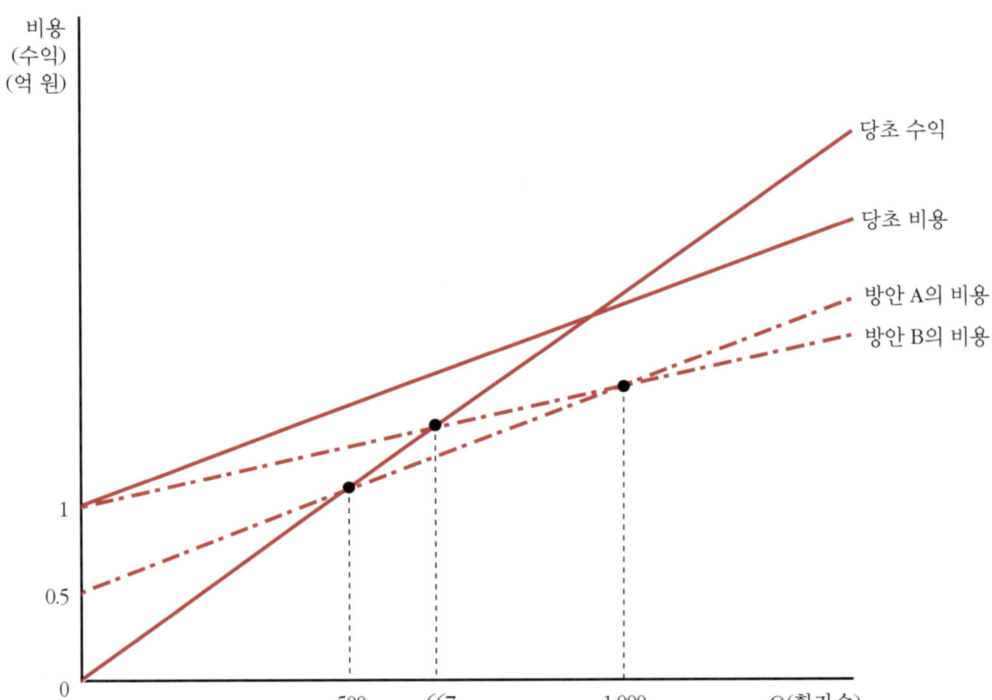

〈그림 4-1〉 정부 지원에 따른 손익분기점의 변화

$$Q^* = F/(p - c) = 100,000,000/(200,000 - 100,000 \times 0.5)$$
$$= 100,000,000/150,000 = 667(\text{명})$$

정부가 방안 B를 채택하면 환자가 연간 667명 이상이면 흑자를 기할 수 있다. 따라서 현재 손익분기점에 해당하는 환자 수 1,000명보다는 작지만, 방안 A에 해당하는 손익분기점 500명보다는 크다. 분석 결과는 <그림 4-1>에 표시되어 있다.

따라서 두 가지 방안 중 한국병원의 입장에서는 방안 A, 즉 "연간 장비비용의 50%를 매년 지원해준다"는 방안이 더 바람직하다고 볼 수 있다. 그러나 정부의 입장에서는 이 분석이 특정 병원에서의 검사비용과 검사요금을 기준으로 수행한 것이기 때문에, 분석 결과를 다른 병원의 원가 및 요금체계에도 적용 가능한지는 검토해서 결정해야 할 것이다. ■

4.2 제조-구매 의사결정

최근 국내외 기업이 심각하게 고려하는 의사결정문제 중 하나는 제조-구매 의사결정이다. 과거에는 자체적으로 생산하는 것이 원가 측면에서 유리하다고 생각하여 선호했지만, 최근에는 협력업체에 생산을 의뢰하여 납품(즉, 구매)받는 것이 기업의 유연성을 높여줄 뿐만 아니라 원가 측면에서도 유리하여 전략적으로 선호하고 있는 편이다. 여기서는 이러한 제조-구매 의사결정을 내림에 있어서 손익분기점 분석이 활용될 수 있음을 보인다.

〈기화자동차 사례〉 트랜스미션 제조–구매 의사결정

기화자동차는 대부분 트랜스미션을 자체 개발 및 생산하여 자동차 조립시 사용하고 있다. 그런데 제품개발실에서는 내후년 신차종에 투입될 트랜스미션은 외국 부품제조업체에 개발을 의뢰하여 자동차 조립시에 구매하는 방안을 검토하고 있다. 왜냐하면 이 신차종은 특정 기호도를 가지는 소수 고객들만을 위한 고가격 모델이어서 제품수명주기 동안의 총판매량이 적을 것으로 예측되기 때문이다.

이 트랜스미션을 자체 개발하는 경우에는 개발비로 100억 원이 소요되고, 실제 가공생산에는 개당 70만 원이 소요될 것으로 예상하고 있다. 하지만 외부 기업에서 구매하는 경우에는 개발비는 들지 않지만 개당 80만 원에 구매해야 할 것으로 예측된다. 향후 이 트랜스미션은 대략 8만 개가 필요할 것으로 추정되는데, 그렇다면 개발·제조 또는 구매 중 어느 방안이 더 바람직할까?

풀이 제조하는 경우의 총비용은 자체 개발비와 총가공생산비의 합이다. 개발비는 생산량에 관계없이 발생하는 비용이므로 고정비 성격을 가진다. 총가공생산비는 단위당 가공생산비와 생산량의 곱으로 표현된다. 이를 고려하여 제조시 총비용을 산출하면,

$$\begin{aligned} \text{총제조비용} &= \text{개발비} + \text{단위당 가공생산비} \times \text{생산량} \\ &= 10{,}000{,}000{,}000 + 700{,}000 \times \text{생산량}(Q) \end{aligned}$$

구매하는 경우의 총비용은 구매비용만으로 구성된다.

$$\begin{aligned} \text{총구매비용} &= \text{단위 구매가격} \times \text{구매량} \\ &= 800{,}000 \times \text{구매량}(Q) \end{aligned}$$

손익분기점은 총제조비용과 총구매비용이 같게 되는 경우에 발생하므로

$$10{,}000{,}000{,}000 + 700{,}000 \times Q = 800{,}000 \times Q$$

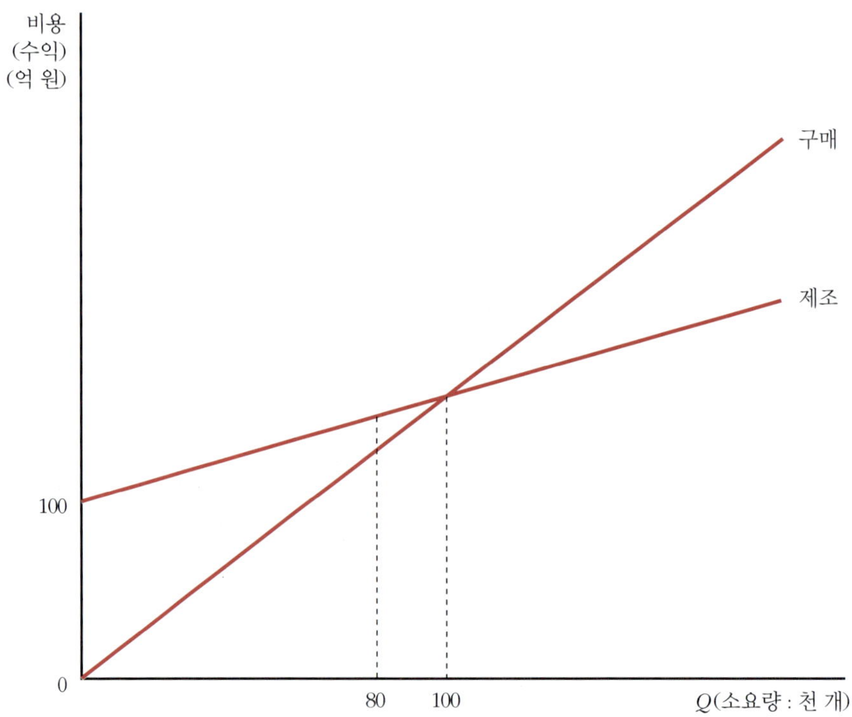

〈그림 4-2〉 제조-구매 의사결정을 위한 손익분기점 분석

그러므로 손익분기점은 $Q^* = 100{,}000$개다(<그림 4-2> 참조). 향후 이 부품은 80,000개 정도 소요되리라 보이므로 손익분기점보다 작다. 따라서 이 트랜스미션은 자체 생산보다 구매하는 것이 더 바람직하리라 생각된다. ■

4.3 마케팅 정책

기업의 주요 관리기능 중 하나는 마케팅 관리이다. 따라서 마케팅 정책을 어떻게 수립하는가는 기업의 경영성과를 좌우하는 중요한 의사결정이다. 여기서는 손익분기점 분석을 활용하여 기업의 마케팅 의사결정을 수행하는 사례를 들기로 한다.

이 사례의 특징은 비용함수의 그래프가 이전의 경우처럼 직선이 아니고 곡선이라는 점이다. 이처럼 비용함수가 곡선이라도 손익분기점 분석기법을 활용할 수 있다.

〈GT 통신서비스사 사례〉 마케팅 활동 수준의 결정

GT 통신서비스사는 새로운 서비스를 시작하면서 대대적인 마케팅 활동을 벌이기로 하였다. 이 서비스는 매우 독특한 것으로서 서비스 가입자에게는 이용량에 관계없이 월 3만 원을 받으려고 한다. 현재 예측한 가입자의 평균 서비스이용량에 따른 원가를 감안하여 산출한 가입자 1인당 월 이익은 2만 원으로 예상하고 있다.

마케팅 부서에서는 외부 전문기관에 의뢰하여 마케팅 비용과 서비스 가입자 수와의 관계를 파악하고자 하였다. 마케팅 비용에는 내부 인건비, 광고비, 판촉비, 요금할인, 용역비 등이 포함된다. 이 마케팅 컨설팅기업이 분석한 바에 의하면 월 마케팅 비용과 서비스 가입자 수는 개략적으로 다음과 같은 함수 관계를 가진다고 하였다. 여기서 Q는 가입자 수를 나타낸다.

$$\text{월 마케팅 비용} = 0.004Q^2(\text{원})$$

앞에서 가입자 1인당 월이익을 예측할 때 이 마케팅 비용은 고려되지 않았으므로, 서비스사업의 순이익을 계산하려면 이 마케팅 비용을 삭감해주어야 한다.

그렇다면 마케팅 활동을 통하여 가입자 수를 최대로 얼마까지 증가시킬 수 있을까? 단, 이 경우에 월별로 적자를 보면서까지 가입자를 늘리는 것은 고려하지 않는다고 한다.

풀이 월별로 가입자에 의한 총이익은 인당 이익과 가입자 수를 곱하여 구한다.

$$\text{총이익} = \text{인당 이익} \times \text{가입자 수} = 20{,}000 \times Q(\text{원})$$

순이익은 총이익에서 마케팅 비용을 삭감한 값이다. 즉,

$$\begin{aligned}\text{순이익} &= \text{총이익} - \text{마케팅비용} \\ &= 20{,}000Q - 0.004Q^2(\text{원})\end{aligned}$$

총이익과 마케팅 비용을 그래프로 그리면 <그림 4-3>과 같다. 그림에서 점선 화살표는 총이익과 마케팅 비용의 차이이므로 순이익에 해당한다.

마케팅 비용은 순이익이 음수가 아닌 경우에만 의미를 가진다. 따라서 순이익이 0이 되는 점, 즉 손익분기점을 구하면

$$\begin{aligned}\text{순이익} &= 20{,}000Q - 0.004Q^2 = 0 \\ &-0.004Q(Q - 5{,}000{,}000) = 0\end{aligned}$$

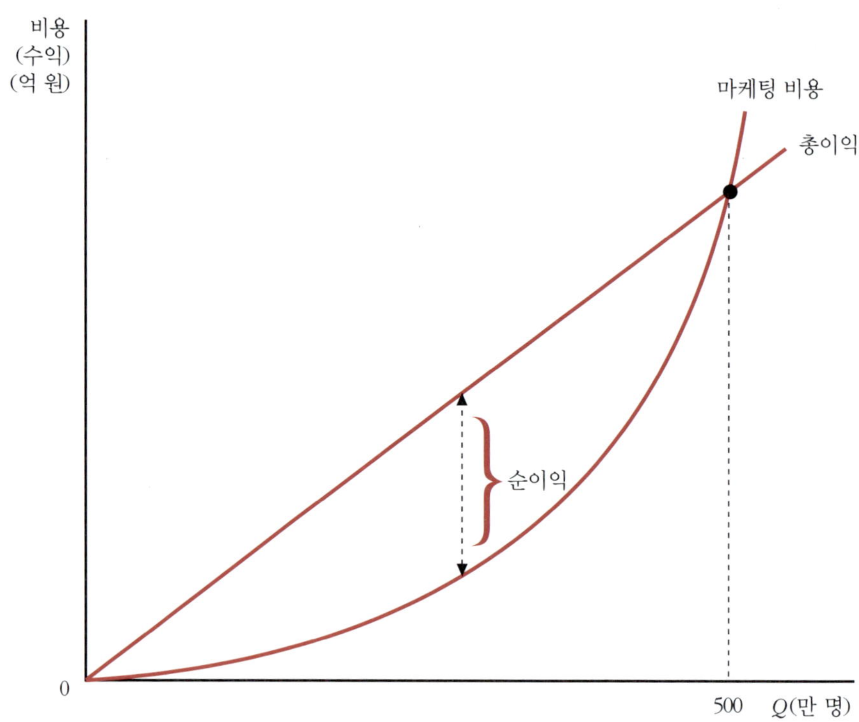

〈그림 4-3〉 총이익과 마케팅 비용

위 식을 만족하는 Q는 0 또는 500만 명이다. <그림 4-3>에서 보면, 순이익이 양인 경우는 Q가 0과 500만 사이인 경우이다. 따라서 마케팅 활동을 통하여 흑자를 유지하면서 가입자 수를 최대로 할 수 있는 경우는 500만 명이다. ■

<그림 4-3>에서 마케팅 비용을 나타내는 곡선을 보면 아래로 볼록하다. 이러한 형태를 가지는 함수를 볼록함수(convex function)라고 부른다(볼록함수에 대한 개념과 관련 용어는 부록 2A에 수록하였다).

위 볼록함수는 한계비용(marginal cost)의 증가현상을 보인다. 마케팅 비용의 입장에서 이를 해석하면, 가입자 한 사람을 추가로 유치하기 위하여 지불해야 하는 마케팅 비용(한계비용)은 가입자 수가 늘어남에 따라서 급격하게 증가함을 의미한다. 한계비용의 증가현상을 이익의 관점에서 보면 한계이익(marginal return)의 감소현상이라고도 할 수 있다. 비용과 이익은 역관계에 있기 때문이다.

반대로 한계비용의 감소현상을 보이는 경우도 존재한다. 이는 규모의 경제 현상이 발생하는 경우에 해당한다. 즉, 고정비는 생산량에 관계없이 발생하는데, 생산량이 많을수록 생산품 한 단위에 배분되는 고정비 요소는 작아지므로, 단위당 총비용은 생산량이 많아질수록 감소하게 된다. 이를 한계이익의 증가현상이라고도 말한다. 이러한 현상을 보이는 함수는 오목함수(concave function)라고 한다(부록 2A 참조).

토론문제

1. 한 저가항공사가 서울과 속초를 왕복하는 소형비행기를 운행하고 있다. 1회 운행에 소요되는 비용을 분석해보면 승객수에 관계없이 발생하는 고정비용이 36만 원이며, 승객 1인당 1만 원이 추가비용으로 소요된다. 현재 이 항공사는 정부에서 비행기 요금을 4만 원으로 책정할 경우 손익분기점에 해당하는 승객수를 추정하고자 한다.

(1) 승객수를 Q라고 할 때, 항공사의 "이익(Profit) = 0"이 되는 손익분기점 Q^*를 구하려고 한다. 이 경우 이익함수를 좌표평면에 그리시오. 이때 손익분기점

은 얼마인가?

(2) 항공사의 "수익(Revenue) = 총비용(Total Cost)"이 되는 손익분기점 Q^*를 구하려고 한다. 이 경우 수익함수와 총비용함수를 좌표평면에 그리시오. 이때 손익분기점은 얼마인가?

2. 라니전자는 자사 제품의 핵심부품을 인근의 협력업체에서 구매해왔다. 현재 구매가격은 단위당(대형박스당) 1,500,000원이다. 한편 부품을 표준화하려는 노력이 성공하여 이 부품이 다섯 가지 상이한 최종제품의 조립에 공통으로 이용될 수 있게 되었고, 이에 따라 연간 사용량이 150단위에서 750단위로 증가하였다. 경영진은 이제 부품을 구매하지 않고 자체 생산할 때가 되지 않았나 의문을 가지고 있다. 직접 생산한다면 새로운 장비와 도구 구입에 필요한 고정비용이 연간 4천만 원가량 소요된다. 원재료와 공통변동비는 단위당 1,100,000원이 될 것이며, 단위당 노무비도 300,000원가량 소요될 것으로 추정된다.

(1) 구매와 제조 중 하나를 선택하게 하는 경계선에 해당하는 생산량은 얼마인가?

(2) 그렇다면 앞으로 구매 대신 제조를 선택하는 것이 유리한가?

3. 포항전력은 전력을 공급, 판매하는 회사이다. 이 회사는 과거에 장기 수요예측을 잘못 수행하여 발전과 송전 설비를 필요량보다 과다하게 보유하고 있다. 설비에 투자하기 위한 차입금의 이자가 대부분을 차지하고 있는 고정비는 현재 연간 8,250만 달러에 달하고, 벙커 C 유의 가격이 대부분인 변동비는 MWh당 25달러이다. 새로 수요예측을 담당하게 된 최 과장은 내년도 예산 수립을 위해 수요를 예측하였다. 이에 따르면 내년도 고객의 전력 소비량은 1백만 MWh로 예측된다.

(1) 내년에 손익분기점에 이르기 위해서는 MWh당 전력가격을 얼마로 책정해야 하는가?

(2) 아마도 고객들은 (1)에서 구한 가격이 너무 높다고 생각하여 전력 소비를 줄일 것으로 예상되는데, 예상 수요의 95% 정도가 될 것으로 예측된다. 이 때, 이익(또는 손실)은 얼마나 발생하는가?

4. <한국병원 사례>에서 환자당 검사요금은 병원에서 자체적으로 결정할 수 있는 사항이다. 검사요금을 당초보다 20% 높이거나 낮추는 경우 손익분기점은 각각 얼마로 변하는가?

5. <한국병원 사례 II>에서 현재의 검사비용 하에서는 장비 도입이 타당하다고 하였다. 그러나 검사비용이 예상보다 많이 소요되면 그렇지 않았다. 그렇다면 검사비용이 최대 얼마까지 증가하여도 검사장비의 도입이 바람직한가?

연습문제

1. 라니전자는 주방설비를 깨끗하게 하는 새로운 장치에 대한 특허를 출원하였다. 이 회사는 시장에서의 성공에 대한 합리적인 보장이 있을 경우에 이 새로운 장치를 상업화할 계획이다. 새로운 장치의 생산비용을 살펴보면 장치 1단위의 변동비는 7,000원이고 생산량과 관계없는 연간 고정비용은 56,000,000원이 소요될 것으로 추정된다.
   (1) 이 회사가 새로운 장치의 판매가격을 25,000원으로 결정한다면 손익분기점에 해당하는 생산량은 얼마로 추정되는가?
   (2) 만약 이 회사가 새로운 장치의 판매가격을 15,000원으로 낮춘다면, 그리고 첫 해의 새로운 장치에 대한 연간수요가 10,000단위가 될 것으로 예측되었다면, 첫 해의 새로운 장치의 순이익은 얼마인가?

2. 한 벤처사업가가 새로운 제품를 개발하여 특허를 획득하였다. 그는 이를 상용화하여 본격적으로 생산하기 전에 그 성공 여부에 대한 확신을 갖고 싶어한다. 이 제품 생산을 위해서는 변동비가 단위당 8달러가 소요되고, 고정비는 연간 56,000 달러가 필요할 것으로 예상된다.
   (1) 판매가격을 25달러로 한다면 최소한 얼마나 제품을 판매해야 흑자를 볼 수 있을까?
   (2) 판매가격을 20달러로 한다면 최소한 얼마나 제품을 판매해야 흑자를 볼 수 있을까?

3. 제닝스사의 경영진은 제품 판매량은 적정하나 이익은 실망스럽다고 생각한다. 작년에 17,500박스를 생산하여 판매하였는데, 박스당 가격은 22,000원이고 변동비는 18,000원, 고정비는 8천만 원이었다.
   (1) 작년 이 제품의 손익분기점은 얼마였는가?
   (2) 올해에는 원가절감을 통하여 변동비를 작년의 85% 수준으로 줄일 수 있다고 한다. 올해의 손익분기점은 얼마인가?

4. <SL LCD사 사례>에서 A사 장비와 C사 장비의 손익분기점은 얼마인가?

5. <SL LCD사 사례>에서 다음과 같은 두 가지 사항이 동시에 변경되었다고 한다. (1) C사가 과거 제안했던 장비 대신 새로운 장비의 견적서를 제출했는데, 장비가격은 연간 5억 원, LCD 개당 조립비용은 1,500원이라고 한다. (2) 내년부터 향후 몇 년간 수요는 300,000개로 확정되었다고 한다. 그렇다면 A, B, C사 장비 중 어느 것이 가장 바람직한가?

【부록 2A】 함수

A-1 함수의 개념과 유형

함수는 하나의 독립변수 값에 대하여 하나의 종속변수 값만을 정의할 수 있는 경우를 말한다. 예를 들면

$$y = f(x) = x^2 \tag{A-1}$$

함수 f는 한 x 값에 대하여 한 함수값 y만을 정의한다. 반면에

$$x = z^2 \text{ (}x\text{는 독립변수이다.)} \tag{A-2}$$

이를 달리 표현하면

$$z = g(x) = \pm\sqrt{x}$$

이고, 한 x 값에 대하여 2개의 z 값이 존재하므로 g는 함수가 아니다.

독립변수가 1개인 함수는 일변수함수라고 하고, 복수 개인 함수는 다변수함수라고 칭한다. 다변수함수의 예를 들면 다음과 같다.

$$y = f(x_1, x_2, x_3) = 3 + x_1 + x_2^2 - 3x_1^2x_3 \tag{A-3}$$

다음과 같은 형태를 가지는 함수를 다항함수라고 한다.

$$f(x) = a_0 + a_1x + a_2x^2 + \cdots + a_nx^n \tag{A-4}$$

다음에는 여러 종류의 초월함수를 소개하고자 한다. 첫째, 지수함수는,

$$f(x) = e^x \tag{A-5}$$

여기서 e는 2.71828⋯이다. 지수함수는 $exp(x)$라고도 표기한다. 지수함수의 연산은 다음과 같이 한다. 여기서 m과 n은 상수이다.

$$e^m \cdot e^n = e^{m+n} \tag{A-6}$$

$$e^m / e^n = e^m \cdot e^{-n} = e^{m-n} \tag{A-7}$$

$$(e^m)^n = e^{mn} \tag{A-8}$$

둘째는 지수함수와 역관계가 있는 (자연)**로그함수**이다. 즉

$$x = e^y \Leftrightarrow y = \log_e x,\ x > 0 \tag{A-9}$$

$\log_e x$는 $\ln x$라고도 표기하며, 이를 더 많이 사용한다. 여기서 e는 밑수라고 한다.

로그함수의 연산은 다음과 같이 한다.

$$\ln M + \ln N = \ln (MN) \tag{A-10}$$

$$\ln M - \ln N = \ln \left(\frac{M}{N}\right) \tag{A-11}$$

$$\ln M^r = r \ln M \tag{A-12}$$

로그함수 중에는 밑수가 10인 것이 있는데, 이를 **상용로그함수**라고 한다.

$$f(x) = \log_{10} x \tag{A-13}$$

상용로그함수는 (자연)로그함수와 다음과 같은 관계를 가진다.

$$\log_{10} x = \ln x / \ln 10 \tag{A-14}$$

지수함수와 로그함수의 그래프를 살펴보면 다음 <그림 A-1>과 같다.

세 번째 초월함수에는 **삼각함수**가 있는데, sin, cos, tan 함수가 그것이다.

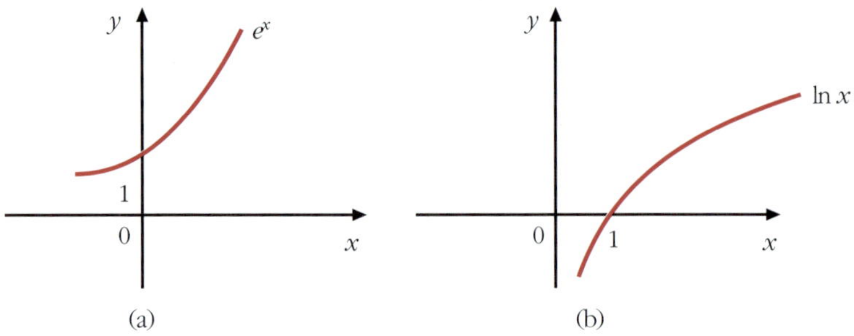

〈그림 A-1〉 지수함수와 로그함수의 그래프

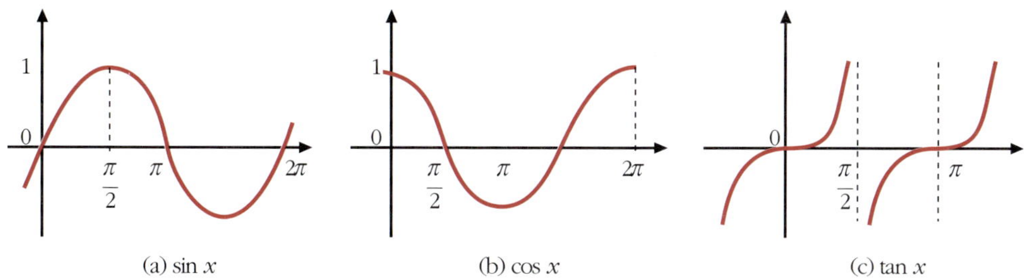

〈그림 A-2〉 삼각함수의 그래프

$$f(\mathrm{x}) = \sin x \tag{A-15}$$

$$f(\mathrm{x}) = \cos x \tag{A-16}$$

$$f(x) = \tan x = \frac{\sin x}{\cos x} \tag{A-17}$$

삼각함수의 그래프를 살펴보면 <그림 A-2>와 같다.

A-2 볼록함수와 오목함수

볼록함수(convex function)는 보통 아래로 볼록인 함수를 일컫는다. 이를 공식적으로 정의하면, 함수의 그래프상에 존재하는 임의의 두 점을 연결한 선분이 항상 그래프보다 위에 있거나 같으면 볼록함수라고 정의한다. 이를 그림으로 살펴보면 <그림 A-3>의 좌측과 같다.

볼록함수의 예를 들어보면,

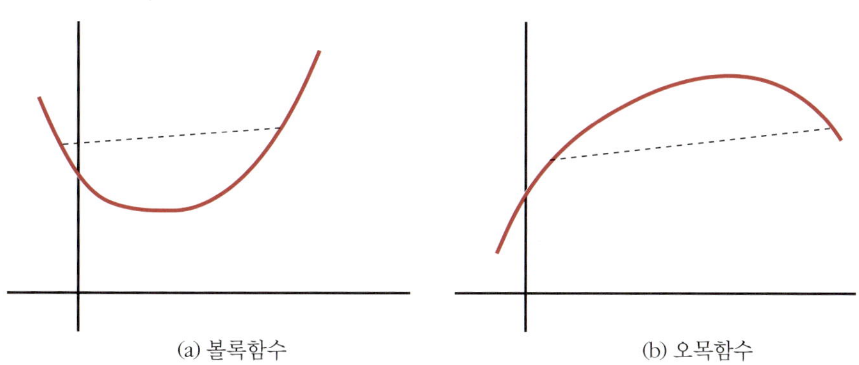

〈그림 A-3〉 볼록함수와 오목함수의 그래프

$$y = x^2 \tag{A-18}$$

$$y = e^x \tag{A-19}$$

볼록함수와 상반되는 것이 **오목함수**(concave function)이다. 이 함수는 함수의 그래프 상에 존재하는 임의의 두 점을 연결한 선분이 항상 그래프보다 아래에 있거나 같은 경우이다. 즉, <그림 A-3>에서 우측 그래프와 같은 형태를 가진다. 오목함수의 예를 들면,

$$y = \sqrt{x},\ x \geq 0 \tag{A-20}$$

$$y = \ln x\ ,\ x > 0 \tag{A-21}$$

【부록 2A】 연습문제

1. 다음 함수는 볼록함수인가 또는 오목함수인가?

(1) $y = 3x$

(2) $y = 2x^2 - 3x + 1$

(3) $y = -3x^2 + 4x$

(4) $y = \frac{1}{x},\ x \neq 0$

(5) $y = x + \frac{1}{x}\ (x > 0)$

(6) $y = h(x) = \begin{cases} x & \text{if } x \geq 0 \\ -x & \text{if } x < 0 \end{cases}$

(7) $y = \sin x$

2. 다음 등식 또는 서술내용이 성립하는지 밝히시오.

(1) $(e^{-2})^3 = e$

(2) $e^3 \times e^{-1} = e^2$

(3) $e^3 \div e^{-1} = e$

(4) $-\ln 5 = \ln 0.2$

(5) $\ln 4 + \ln 2 = \ln 6$

(6) $\ln 9 - \ln 3 = \ln 6$

(7) $\ln e^{x} - e^{\ln(x)} = 0$

(8) $\ln(\frac{1}{e^5}[x^{\alpha}y^{-\beta}]^2) = -5 + 2(\alpha \ln x - \beta \ln y)$

(9) sin 함수와 cos 함수는 동일한 주기 π를 가진다.

(10) tan 함수값의 범위는 $-\infty$에서 $+\infty$이다.

(11) 자연로그 함수값의 범위는 $-\infty$에서 $+\infty$이다.

(12) $y = |2x-4|$는 $-3 \le x \le 3$에서 연속이다.

(13) $y = -3 + \frac{1}{x+7}$는 $-\infty \le x < 0$에서 연속이다.

3. 어느 제품 x개를 생산하는 데 소요되는 총생산비용이 $C(x) = ax^2 + bx + c$라 할 때, 다음을 구하시오.

(1) x개를 생산한 후 $x+1$번째 제품을 생산하는 데 소요되는 추가비용은 얼마인가?

(2) a = −0.02, b = 12, c = 630일 경우, 41번째 제품을 생산하는 데 소요되는 추가비용은 얼마인가?

참고문헌

김형욱(1993), 경영수학, 법경사.

한국과학기술원 생산경영연구실(1997), 생산관리, 석정.

Hillier, F S. and M. S. Hillier(노형봉 외 5인 번역)(2004), 경영과학, 2nd Ed., 한경사.

제3장

재무분석

기업의 경영의사결정은 상당부분 대규모의 투자를 동반한다. 생산설비의 구입, 신규 매장 또는 물류창고의 설립, 신규 인력의 채용, 신제품의 개발, 정보시스템의 구축 등이 그 예의 일부이다. 이러한 대규모 투자가 동반되는 의사결정을 잘못하였을 경우에는 해당 기업에 치명적인 영향을 주며, 경우에 따라서는 기업을 도산시키기도 한다. 따라서 능력 있는 관리자는 현재의 투자대안이 타당성이 있는지, 그리고 복수대안이 있는 경우에는 어느 대안이 가장 바람직한 지를 판단할 수 있어야 한다.

합리적인 투자 의사결정을 내리려면 다양한 재무분석 기법을 활용할 수 있어야 한다. 이러한 재무분석 기법들을 이해하기 위해서는 기초 수학 지식이 필요하기 때문에 본 장에서는 우선 이들을 소개하고자 한다. 이들 기초 수학 지식을 활용하는 고급분석기법들은 본서 제3부에 있는 '고급재무분석'에서 다루기로 한다.

1. 화폐의 시간적 가치

재무분석의 기초가 되는 개념은 현재의 100만 원이 미래의 100만 원보다 가치가 크다는 것이다. 현재 가지고 있는 100만 원을 은행에 저축하고 1년이 지나면 저축한 원금 백만 원에 추가하여 이자까지 받을 수 있기 때문에 1년 후의 100만 원보다 가치가 있는 것이다. 이러한 개념을 **화폐의 시간적 가치**(time value of money)라고 한다. 이자는 **이자율**과 **기간**에 의해 결정된다. 이자율은 일반적으로 원금의 백분율로 표시되는데, 단위기간(예 : 1년)을 기준으로 설정한다.

〈나라은행 사례〉 정기예금의 이자

나라은행은 두 가지의 정기예금 상품을 가지고 있다. 두 상품 모두 연 이자율은 6% 이지만, 만기는 각각 6개월과 3년이다. 만일 두 상품에 각각 100만 원씩 저축한다면 각각 만기에 얼마를 찾을 수 있을까?

풀이 100만 원을 연 이자율 6%에 6개월(0.5년) 동안 저축한다면, 6개월 후에 받을 수 있는 이자는 (6개월 동안의 이자율은 3%에 해당함)

$$100\text{만 원} \times 0.06 \times 0.5 = 3\text{만 원} \qquad (1\text{-}1)$$

따라서 6개월 후에 받을 수 있는 금액은 원금과 이자의 합계인 103만 원이다.

두 번째 정기예금의 경우는 어떠할까? 100만 원을 연 이자율 6%에 1년 동안 저축하면 1년 후에는 이자 6만 원을 포함하여 106만 원이 된다. 그런데 만기는 아직 2년이 남았으므로 이 106만 원은 다시 원금이 되어 저축한 셈이 된다. 다시 1년이 지나면 106만 원에 대한 1년 이자 6.36만 원이 추가되어 112.36만 원이 된다. 이와 같이 하여 3년 만기시에는 119.1만 원을 찾을 수 있다. 이를 표현한 것이 <표 1-1>이다. ■

〈표 1-1〉 정기예금 만기 지급액 계산

(단위 : 만 원)

연도	초기 원금	연말 원금	만기 지급액
1	100	100 × (1 + 0.06) = 106	0
2		106 × (1 + 0.06) = 112.36	0
3		112.36 × (1 + 0.06) = 119.10	119.1

재무분석은 모두 현금흐름(cash flow)을 기초로 한다. **현금흐름**이란 투자안으로 인해 유입되거나 유출되는 현금을 말하는데, 수익, 비용, 자산 및 부채의 변화를 말

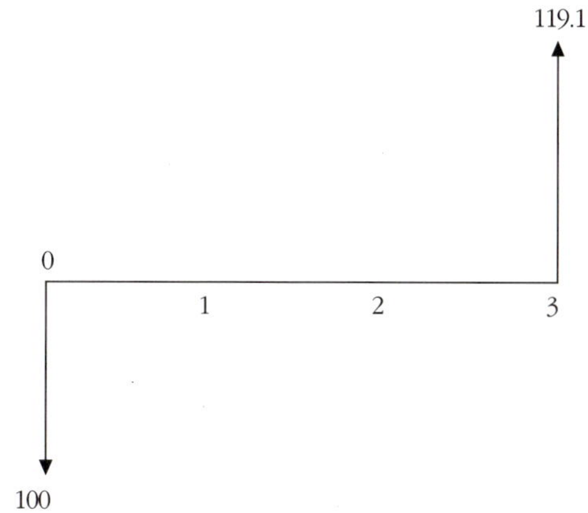

〈그림 1-1〉 예금자의 현금흐름도

한다. 현금흐름을 분석하기 위해서 도표를 이용하기도 하는데, 이를 현금흐름도(cash flow diagram)라고 한다. <나라은행 사례>에서 3년짜리 정기예금의 현금흐름도를 예금자의 입장에서 그리면 <그림 1-1>과 같다.

현금흐름도에서는 주어진 분석기간 동안에 들어온 모든 현금 유입을 유입시점에 상방향의 화살표로 표기한다. 유입시점이 일시적인 경우에는 문제가 없지만 현금 유입이 연간 고르게 분포하는 경우에는 편의상 연초, 연말 또는 연 중간에 발생한다고 가정한다. 화살표의 길이는 유입 금액의 크기에 비례해서 표기한다. <그림 1-1>에서는 3년차 말에 정기예금을 찾기 때문에 현금 유입이 발생했다고 표기하였다. 이와 유사하게 분석기간 동안의 현금 유출은 하방향의 화살표로 표기한다. <그림 1-1>에서는 1년차 초기에 정기예금에 가입했기 때문에 현금 유출이 발생했다고 표기하였다.

만일 현금흐름도를 은행의 입장에서 표현해도 같게 될까? 아니다. 왜냐하면 정기예금의 가입은 예금자의 입장에서는 현금 유출이지만 은행의 입장에서는 현금 유입이 된다. 마찬가지로 만기에 정기예금을 찾는 것은 예금자의 입장에서는 현금 유입이지만 은행의 입장에서는 현금 유출이 되는 것이다. 따라서 은행의 입장에서 현금흐름도를 그리면 화살표의 방향이 반대인 현금흐름도가 될 것이다.

2. 투자의 미래가치

투자금액의 **미래가치**란 현재 투자하는 금액이 시간적 가치를 획득하여 일정기간 후에 회수할 수 있는 금액을 말한다. 예로써 현재 100만 원을 저축하고 **이자율**이 10%일 경우 1년 후에 받을 수 있는 금액은 **원금** 100만 원과 **이자** 10만 원을 합한 110만 원이므로, 현재 저축하는 100만 원의 미래가치는 110만 원이다.

투자안의 미래가치를 계산하기 위해서는 먼저 이자율(또는 수익률)과 **투자기간**(이자율 산정 기간과 동일한 시간 단위로 표현함)을 정해야 한다. 즉, 이자를 1년 단위로 산정하고, 시간 단위로 연을 사용한다면, 이자율은 **연간 이자율**로 나타내야 한다.

다음의 사례를 살펴보자.

〈한민투자신탁사 사례〉 투자 펀드(AA)의 미래가치

한민투자신탁사는 최근에 새로운 투자펀드(AA) 100억 원을 조성하기로 하고 판매에 들어갔다. 이 펀드의 만기는 5년이다. 이 펀드의 관리자는 펀드 조성을 촉진시키기 위해서, 이 펀드에 투자하는 고객에게는 실제 투자수익에 관계없이 현재 은행의 연간 정기예금 금리인 6%보다 높은 10%의 확정 수익률을 보장하기로 하였다. 이 투자펀드는 상당히 위험한 벤처기업 주식에 투자하기 때문에 투자가 성공하면 상당히 높은 수익이 예상되지만, 실패하면 원금 회수도 어렵다고 본다. 즉, 실제 연간 투자수익률이 10% 이하이면 이 투신사는 오히려 손실을 입겠지만, 10% 이상이면 상당한 이익이 예상된다.

김씨는 최근에 다니던 회사를 정년 퇴임하고 앞으로는 퇴직금으로부터 나오는 수익으로 생활을 하려고 한다. 그래서 되도록 높은 수익을 원하고 있고, 이 펀드에의 투자를 고려하고 있다. 만일 김씨가 이 펀드에 5천만 원을 투자하기로 하였다면 만기에 얼마나 받을 수 있을까?

이 펀드의 관리자는 투자를 성공적으로 수행하여 펀드의 실제 투자수익률을 평균 연 15%로 만들었다고 한다. 그렇다면 김씨의 투자를 받아서 운영한 결과 5년 후 회수한 금액은 얼마이며, 이때 투신사가 얻은 순이익은 얼마일까?

풀이 연간 수익률 10%로 5,000만 원을 투자하면, 1년 후에 투자수익이 500만 원 발생하여 원리 합계는 5,500만 원이 된다. 즉

$$5{,}000 \times (1 + 0.1) = 5{,}500(\text{만 원})$$

이는 다시 재투자되므로 2년 후에는 6,050만 원이 된다.

$$5{,}500 \times (1 + 0.1) = 5{,}000 \times (1 + 0.1)^2 = 6{,}050(\text{만 원})$$

이와 같이 이자가 이자를 버는 것을 **복리**(compounding interest)라고 한다. 이자를 복리 계산하였을 때, 5년 후에는 8,052.55만 원을 받을 수 있게 되며, 이 금액은 현재 투자하는 5,000만 원의 5년 후 미래가치가 된다.

$$5{,}000 \times (1 + 0.1)^5 = 8{,}052.55(\text{만 원}) \quad (2\text{-}1)$$

이를 일반적으로 표현하면

$$F = P(1 + i)^n \quad (2\text{-}2)$$

여기서

F = n 기간 후 투자안의 미래가치
P = 현재 투자금액(원금)
i = 단위 기간(예 : 1년)의 이자율(또는 수익률)
n = 복리계산 기간(또는 투자기간)

식 (2-2)에서 $(1 + i)^n$은 **미래가치계수**(future value factor)라고 칭한다.

$$\text{미래가치계수} = (1 + i)^n \quad (2\text{-}3)$$

김씨의 투자에 대한 현금흐름을 요약하면 <그림 2-1>과 같다.

다음으로는 투신사가 김씨의 투자를 받아서 운영한 결과 5년 후 회수한 금액을 계산해보기로 한다. 즉, 투자수익률 15%에 의해서 5,000만 원의 미래가치를 계산하는 것이다. 김씨의 입장에서 5,000만 원의 미래가치를 계산하는 것과 다름에 주의해야 한다. 식 (2-2)에 적절한 자료를 대입하면 5년 후의 회수금액은

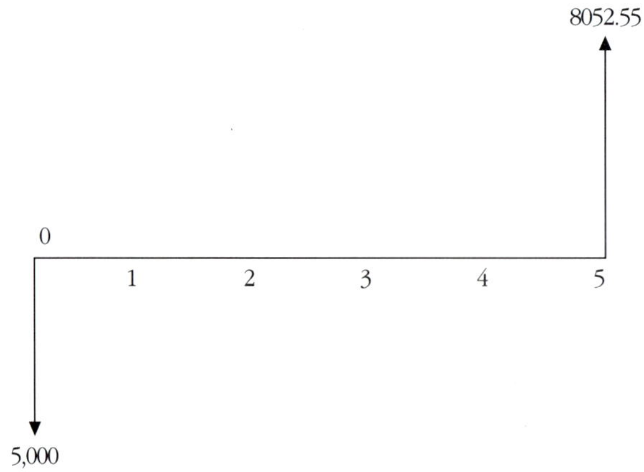

〈그림 2-1〉 김씨의 현금흐름도

$$F = P(1 + i)^n = 5{,}000(1 + 0.15)^5 = 5{,}000 \times 2.0114 = 10{,}057(\text{만 원}) \quad (2\text{-}4)$$

그런데 5년 후 김씨에게 지불해야 하는 금액은 8,052.55만 원이므로, 5년 후 한민투자신탁사가 얻은 순이익은

$$\begin{aligned} \text{순이익} &= \text{회수금액} - \text{김씨에의 지불금액} \\ &= 10{,}057 - 8{,}052.55 = 2{,}004.45(\text{만 원}) \qquad (2\text{-}5) \end{aligned}$$

한민투자신탁의 현금흐름을 살펴보면 다음 <그림 2-2>와 같다. 첫해 초기의 상

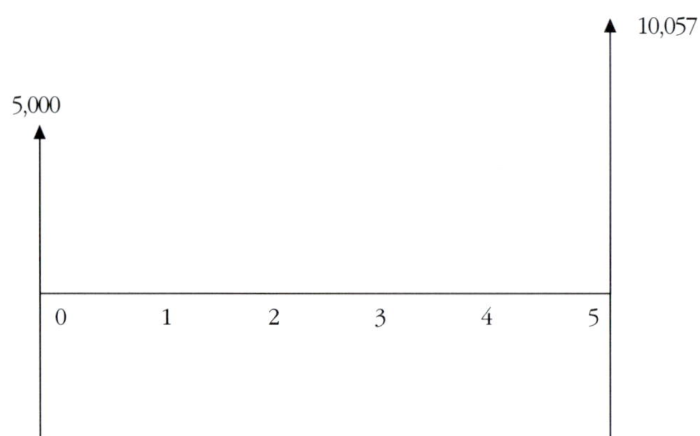

〈그림 2-2〉 한민투자신탁의 현금흐름도

방향 화살표는 김씨로부터의 현금 유입을 나타내고, 하방향 화살표는 벤처기업 주식 매입을 위한 현금 유출을 의미한다. ■

〈한민투자신탁사 사례 II〉 투자 펀드(BB)의 미래가치

한민투자신탁사는 또 하나의 만기 5년인 투자펀드(BB)를 100억 원 조성하여 운영하였다. 운영 결과 투자수익률이 처음 2년간은 연 6%로 저조하였지만, 나중 3년간은 연 20%로 상당히 좋은 성과를 보였다. 이 펀드 역시 투자수익률에 관계없이 투자고객에게 연 10%의 확정 수익률을 보장하고 있다.

김씨의 추천을 받고 5천만 원을 함께 투자한 이씨의 경우에는 투자금이 이 펀드에 편입되었다. 그렇다면 이씨의 투자를 받아서 운영한 결과 5년 후 회수한 금액은 얼마이며, 이때 투신사가 얻은 순이익은 얼마일까? 투자펀드(BB)가 투자펀드(AA)보다 좋은 성과를 내었는가?

풀이 투신사가 이씨의 투자를 받아서 운영한 결과 5년 후 회수한 금액을 계산해 보기로 한다. 처음 2년간의 투자수익률이 연 6%이었으므로 초기 투자금 5천만 원은 2년 후에 5,618만 원이 된다.

$$5{,}000 \times (1 + 0.06)^2 = 5{,}000 \times 1.1236 = 5{,}618(\text{만 원}) \qquad (2\text{-}6)$$

이는 다시 재투자되어 3년간 연 20%로 증식되므로 만기에 회수할 금액은 9,707.9만 원이다.

$$5{,}618 \times (1 + 0.2)^3 = 5{,}618 \times 1.728 = 9{,}707.9(\text{만 원}) \qquad (2\text{-}7)$$

그런데 5년 후 이씨에게 지불해야 하는 금액은 김씨와 마찬가지인 8,052.55만 원이므로, 5년 후 한민투자신탁사가 얻은 순이익은

$$\begin{aligned} \text{순이익} &= \text{회수금액} - \text{이씨에의 지불금액} \\ &= 9{,}707.9 - 8{,}052.55 = 1{,}655.35(\text{만 원}) \end{aligned} \qquad (2\text{-}8)$$

이 결과를 <한민투자신탁사 사례>의 결과와 비교해보자. 김씨의 자금을 운영한 결과 2,004.45만 원의 순이익이 발생했지만, 이씨의 경우에는 1,655.35만 원의

순이익밖에는 발생하지 않았다. 즉 BB는 AA보다 성과가 좋지 않다. 이는 초기의 저조한 수익률 6%의 영향이 커서 나중의 20%의 높은 수익률에도 불구하고 전체 투자수익이 적게 나왔기 때문이다. 이 사례를 통하여 복리의 의미를 확실히 알 수 있다. ■

3. 미래금액의 현재가치

앞 절의 미래가치 계산과 반대의 경우를 살펴보자. 연간 투자수익률이 12%인데 1년 후에 1,000만 원을 회수하려면 현재 얼마를 투자해야 할까? 현재 투자금액을 P라고 하자.

$$F = P(1 + i) \tag{3-1}$$

$$1{,}000 = P(1 + 0.12)$$

식 (3-1)을 P에 대하여 정리하고 적절한 값을 대입하면

$$P = \frac{F}{(1 + i)} = \frac{1{,}000}{(1 + 0.12)} = 893(\text{만 원}) \tag{3-2}$$

주어진 투자수익률로 미래에 특정 금액을 얻기 위해서 현재 투자해야 할 금액을 투자안의 **현재가치**라고 한다. 이와 같이 미래가치와 수익률을 알고 있을 때 투자안의 현재가치를 구하는 과정을 **할인**(discounting)이라고 한다. 이 경우에 사용하는 수익률은 **할인율**(discount rate)이라고 부른다. 식 (2-2)를 변형하여 P에 대하여 정리하면 미래가치 F를 (1 + 이자율)^{n}으로 나눈 것과 같다.

$$P = \frac{F}{(1 + i)^n} \tag{3-3}$$

전술한 바와 같이 투자수익률과 할인율은 밀접한 관계를 가진다. 따라서 동일한 미래의 금액 1,000만 원이더라도 과거의 투자수익률이 동일하지 않은 두 사람에게는 그 금액의 현재가치가 다르게 인식되는 것이다. 이를 심도 있게 이해하기 위해서 다음 사례를 살펴보기로 한다.

〈한신은행 사례〉 고객별 상품 설계(Private Banking)

한신은행은 고객별로 취향에 맞는 금융상품을 별도로 설계 및 운영하여 그에 따른 투자수익을 고객에게 제공하고 있다. 현재 주요 고객인 김씨는 투자수익률로 상당히 높은 10%를 원하고 있다. 따라서 상품 설계자는 투자 위험이 높지만 높은 수익률도 예상되는 주식연계 투자상품을 선정하였다.

반면에 다른 고객인 이씨는 높은 수익률보다는 투자 안전성을 절대적으로 중시하고 있어서, 그에게는 매우 안전한 정기예금(연 이자율 5%)을 추천하였다. 그런데 두 사람 모두 1년 후에 1,000만 원을 받기를 원한다.

그렇다면 두 사람에게 현재 각각 얼마를 투자하도록 해야 하는가?

풀이 이 사례는 두 고객이 원하는 미래가치 1,000만 원을 제공하기 위해서 현재 투자해야 하는 원금, 즉 현재가치를 구하는 사례이다. 식 (3-2)를 이용하여 현재가치를 구하려면 할인율을 알아야 한다. 그런데 적용할 할인율은 각 고객이 원하는 투자수익률에 의하여 결정되므로 두 사람에게 적용할 할인율은 달라지게 된다. 김씨가 원하는 투자수익률은 10%이므로,

$$P(\text{김씨}) = \frac{1{,}000}{(1 + 0.1)} = 909.1(\text{만 원}) \tag{3-4}$$

이씨가 원하는 투자수익률은 5%이므로,

$$P(\text{이씨}) = \frac{1{,}000}{(1 + 0.05)} = 952.4(\text{만 원}) \tag{3-5}$$

따라서 두 고객이 원하는 투자수익률을 할인율로 사용한 결과, 미래에 받으리라 예상되는 금액은 동일하지만 김씨가 투자할 금액이 훨씬 적게 나왔다. 그렇다면 김씨가 무조건 유리할까? 답은 절대로 그렇지 않다는 것이다. 왜냐하면 이씨는 1년 후에 확실하게 1,000만 원을 수령하겠지만, 김씨의 경우는 1년 후에 수령할 금액이 1,000만 원보다 클 수도 있고 투자 원금 909.1만 원보다 작아질 가능성도 있기 때문이다.

그렇다면 독자는 김씨 또는 이씨의 투자 유형 중 어느 것을 선택하겠는가? 만일 투자금액이 10만 원이라면 어떻게 하겠는가? 만일 1억 원이라면 어떻게 하겠는가? 저자가 예상하기엔 투자금액에 따라서 투자 유형도 바뀌리라 생각한다. ■

할인율과 현재가치의 계산을 이해하기 위하여 또 하나의 사례를 살펴보기로 한다.

〈삼선전자 사례〉 회사채 판매가격의 결정

삼선전자는 새로이 개발한 DRAM 반도체 생산을 위하여 신규 생산라인을 구축하기로 하였다. 신규 생산라인의 도입에는 5,000억 원이 소요되는데, 현재 가용자금만으로는 충당하기 어려워서 3년 만기의 회사채를 발행하여 부족 자금을 조달하기로 결정하였다.

회사채는 주로 은행, 투신사, 증권사 등과 같은 금융기관에게 판매하는데, 판매가격에 적정 이자를 붙인 금액(회사채의 액면가격)을 만기에 다시 이들에게 지불한다. 발행 회사채의 총 액면가격은 4,000억 원이다. 회사채의 판매가격은 할인율에 의하여 결정되는데, 회사채의 액면가격(만기시 지불금액)을 회사채의 만기(3년) 동안 현재의 할인율로 할인하여 구한다. 따라서 액면가격이 일정하다면 할인율이 클수록 판매가격은 낮아진다.

회사채를 구입할 금융기관들은 할인율에 따라서 회사채 구입을 결정하기 때문에, 삼선전자는 이들이 충분히 구입할 의향이 있음직한 할인율로써 연 7%를 선택하였다. 이는 다른 기업의 회사채 할인율과 정기예금 금리 4%를 고려하여 결정한 수치이다. 다행히도 발행 회사채는 모두 판매되어 신규 설비 투자는 예정대로 진행될 수 있었다. 그렇다면 삼선전자는 회사채 판매를 통하여 얼마의 자금을 조달했을까?

금융기관들은 고객이 예탁한 자금으로 이러한 회사채를 구입한다. 따라서 고객 예탁금에 대해서는 이자를 지급해야 하는데, 현재 정기예금 금리보다 약간 높은 연 5%로 지급하려고 한다. 그렇다면 금융기관들은 이 회사채 구입을 통하여 3년 후 얼마의 순이익을 창출했을까?

풀이 회사채의 액면가격은 회사채 만기인 3년 후에 지급하는 금액이므로 회사채 판매가격의 미래가치라고 볼 수 있다. 반대로 금융기관들이 현재 회사채를 구입하는 가격(삼선전자의 회사채 판매가격과 같음)은 3년 후에 회수할 액면가격의 현재가치라고 볼 수 있다. 따라서 회사채의 액면가격을 할인율 7%로 할인한 현재가치가 바로 판매가격인 것이다. 할인기간이 3년이므로 이를 수식으로 표현

하면

$$판매가격 = \frac{액면가격}{(1 + 할인율)^3} \tag{3-6}$$

회사채를 7%로 할인한다는 것은 달리 표현하면 판매가격에 해당하는 금액을 대출해주고 할인율에 해당하는 이자율로 3년간 이자를 받는 것과 같다.

발행 회사채의 총 액면금액은 4,000억 원, 할인율은 7%, 총 판매금액이 조달자금이므로

$$\begin{aligned} 조달자금 &= 총\ 판매가격 \\ &= \frac{4{,}000}{(1 + 0.07)^3} = \frac{4{,}000}{1.2250} \\ &= 4{,}000 \times 0.8163 = 3{,}265.3(억\ 원) \end{aligned} \tag{3-7}$$

이러한 삼선전자의 현금흐름을 살펴보면 다음 <그림 3-1>과 같다.

삼선전자의 조달자금이 3,265.3억 원이라면 금융기관들이 회사채 매입에 사용한 자금도 이와 동일하다. 금융기관들은 이 자금을 고객예탁금으로부터 조달했으므로 고객에게는 예탁금에 대응하는 이자를 지급해야 한다. 그렇다면 3년 후에 고객들에게 지급해야 하는 금액은 얼마일까? 이는 구입자금의 3년 후의 미래가치가 되는데, 이때 적용할 이자율은 5%이다. 식 (2-2)를 사용하면

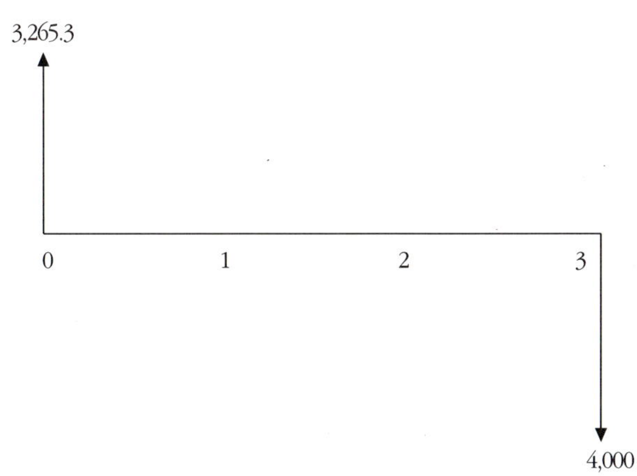

〈그림 3-1〉 삼선전자의 현금흐름도

$$\text{미래가치} = 3{,}265.3(1 + 0.05)^3$$
$$= 3{,}265.3 \times 1.1576 = 3{,}779.9(\text{억 원}) \quad (3\text{-}8)$$

따라서 금융기관들이 이 회사채를 매입함으로써 3년 후에 얻은 순이익은

$$\text{이익} = \text{회수금액} - \text{지불금액}$$
$$= \text{회사채 총 액면가격} - \text{고객에의 지불금액} \quad (3\text{-}9)$$
$$= 4{,}000 - 3{,}779.9 = 220.1(\text{억 원})$$

금융기관의 현금흐름을 살펴보면 다음 <그림 3-2>와 같다. 즉, 현재 고객예탁금 모두를 회사채 매입에 사용하고, 3년 후에 회사채 액면금액 4천억 원을 삼성전자로부터 회수한 다음 고객예탁금에 대한 원리금 3779.9억 원을 고객에게 지급하게 된다. ■

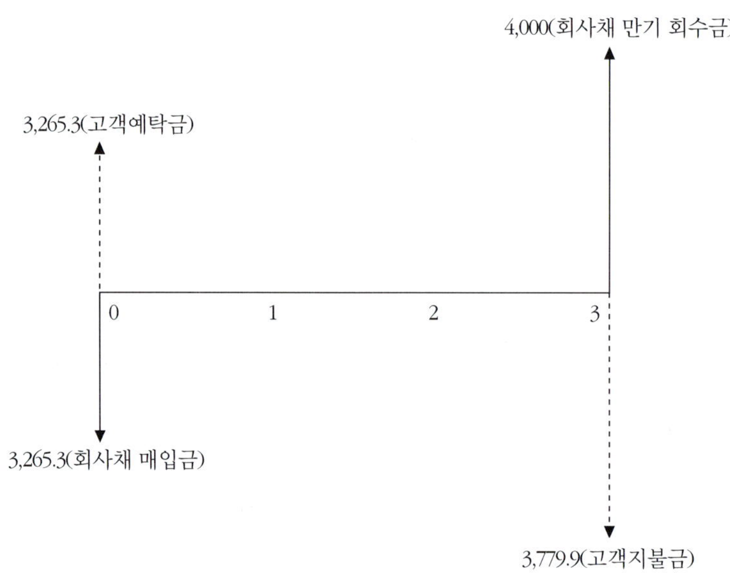

〈그림 3-2〉 금융기관의 현금흐름도

현재가치 P 값을 계산하는 식 (3-3)은 다음과 같이 변형할 수 있다.

$$P = F\left[\frac{1}{(1 + i)^n}\right] \quad (3\text{-}10)$$

재무관리 분야에서는 $1/(1+i)^n$을 보통 **현재가치계수** 또는 간단히 **현가계수**(present value factor)라고 한다.

$$현가계수 = \frac{1}{(1+i)^n} \tag{3-11}$$

이 값은 전자계산기로도 계산할 수 있지만, 재무관리 전공서적에서는 이 값들을 하나의 표로 나타내어 일일이 계산할 필요없이 사용할 수 있게 한다(<표 3-1> 참조).

<표 3-1>의 상단에는 여러 가지 할인율이 표기되어 있고, 좌측에는 여러 가지 할인기간이 표시되어 있다. 가운데는 상단의 할인율과 좌측의 할인기간에 대응하는 현가계수들이 나열되어 있다. 표에서 5%의 할인율로 3년을 할인하는 경우의 현가계수를 찾아보면 0.8638임을 알 수 있다. 이는 3년 후의 1원을 5%로 할인하면 현재가치로 0.8638원이라는 것을 의미한다.

<표 3-1>의 현가계수는 다른 용도로도 사용할 수 있다. 식 (3-12)로부터 현가계수의 역수는 미래가치계수와 같음을 알 수 있다(식 (2-3) 참조).

$$\frac{1}{현가계수} = (1+i)^n = 미래가치계수 \tag{3-12}$$

따라서 미래가치를 계산하는 경우 미래가치계수 대신 현가계수의 역수를 사용하면 편리하다. 예를 들어서 1만 원을 이자율 8%로 5년간 저축하면 만기에 찾을 금액(미래가치)은

$$\begin{aligned} 미래가치 &= 10{,}000 \times (1+0.08)^5 \\ &= 10{,}000 \times \frac{1}{0.6806} = 14{,}693(원) \end{aligned} \tag{3-13}$$

여기서 0.6806은 <표 3-1>에서 이자율 0.08과 기간 5에 해당하는 현가계수이다. 그러므로 <표 3-1>은 현재가치뿐만 아니라 미래가치를 계산하는 경우에도 유용하게 사용할 수 있다.

〈표 3-1〉 현가계수

기간	이자율(*i*)																
(*n*)	0.01	0.02	0.03	0.04	0.05	0.06	0.08	0.10	0.12	0.14	0.16	0.18	0.20	0.22	0.24	0.26	0.28	0.30
1	.9901	.9804	.9709	.9615	.9524	.9434	.9259	.9091	.8929	.8772	.8621	.8475	.8333	.8197	.8065	.7937	.7813	.7692
2	.9803	.9612	.9426	.9246	.9070	.8900	.8573	.8264	.7972	.7695	.7432	.7182	.6944	.6719	.6504	.6299	.6104	.5917
3	.9706	.9423	.9151	.8890	.8638	.8396	.7938	.7513	.7118	.6750	.6407	.6086	.5787	.5507	.5245	.4999	.4768	.4552
4	.9610	.9238	.8885	.8548	.8227	.7921	.7350	.6830	.6355	.5921	.5523	.5158	.4823	.4514	.4230	.3968	.3725	.3501
5	.9515	.9057	.8626	.8219	.7835	.7473	.6806	.6209	.5674	.5194	.4761	.4371	.4019	.3700	.3411	.3149	.2910	.2693
6	.9420	.8880	.8375	.7903	.7462	.7050	.6302	.5645	.5066	.4556	.4104	.3704	.3349	.3033	.2751	.2499	.2274	.2072
7	.9327	.8706	.8131	.7599	.7107	.6651	.5835	.5132	.4523	.3996	.3538	.3139	.2791	.2486	.2218	.1983	.1776	.1594
8	.9235	.8535	.7894	.7307	.6768	.6274	.5403	.4665	.4039	.3506	.3050	.2660	.2326	.2038	.1789	.1574	.1388	.1226
9	.9143	.8368	.7664	.7026	.6446	.5919	.5002	.4241	.3606	.3075	.2630	.2255	.1938	.1670	.1443	.1249	.1084	.0943
10	.9053	.8203	.7441	.6756	.6139	.5584	.4632	.3855	.3220	.2697	.2267	.1911	.1615	.1369	.1164	.0992	.0847	.0725
11	.8963	.8043	.7224	.6496	.5847	.5268	.4289	.3505	.2875	.2366	.1954	.1619	.1346	.1122	.0938	.0787	.0662	.0558
12	.8874	.7885	.7014	.6246	.5568	.4970	.3971	.3186	.2567	.2076	.1685	.1372	.1122	.0920	.0757	.0625	.0517	.0429
13	.8787	.7730	.6810	.6006	.5303	.4688	.3677	.2897	.2292	.1821	.1452	.1163	.0935	.0754	.0610	.0496	.0404	.0330
14	.8700	.7579	.6611	.5775	.5051	.4423	.3405	.2633	.2046	.1597	.1252	.0985	.0779	.0618	.0492	.0393	.0316	.0254
15	.8613	.7430	.6419	.5553	.4810	.4173	.3152	.2394	.1827	.1401	.1079	.0835	.0649	.0507	.0397	.0312	.0247	.0195
16	.8528	.7284	.6232	.5339	.4581	.3936	.2919	.2176	.1631	.1229	.0930	.0708	.0541	.0415	.0320	.0248	.0193	.0150
17	.8444	.7142	.6050	.5134	.4363	.3714	.2703	.1978	.1456	.1078	.0802	.0600	.0451	.0340	.0258	.0197	.0150	.0116
18	.8360	.7002	.5874	.4936	.4155	.3503	.2502	.1799	.1300	.0946	.0691	.0508	.0376	.0279	.0208	.0156	.0118	.0089
19	.8277	.6864	.5703	.4746	.3957	.3305	.2317	.1635	.1161	.0829	.0596	.0431	.0313	.0229	.0168	.0124	.0092	.0068
20	.8195	.6730	.5537	.4564	.3769	.3118	.2145	.1486	.1037	.0728	.0514	.0365	.0261	.0187	.0135	.0098	.0072	.0053
21	.8114	.6598	.5375	.4388	.3589	.2942	.1987	.1351	.0926	.0638	.0443	.0309	.0217	.0154	.0109	.0078	.0056	.0040
22	.8034	.6468	.5219	.4220	.3418	.2775	.1839	.1228	.0826	.0560	.0382	.0262	.0181	.0126	.0088	.0062	.0044	.0031
23	.7954	.6342	.5067	.4057	.3256	.2618	.1703	.1117	.0738	.0491	.0329	.0222	.0151	.0103	.0071	.0049	.0034	.0024
24	.7876	.6217	.4919	.3901	.3101	.2470	.1577	.1015	.0659	.0431	.0284	.0188	.0126	.0085	.0057	.0039	.0027	.0018
25	.7798	.6095	.4776	.3751	.2953	.2330	.1460	.0923	.0588	.0378	.0245	.0160	.0105	.0069	.0046	.0031	.0021	.0014
26	.7720	.5976	.4637	.3607	.2812	.2198	.1352	.0839	.0525	.0331	.0211	.0135	.0087	.0057	.0037	.0025	.0016	.0011
27	.7644	.5859	.4502	.3468	.2678	.2074	.1252	.0763	.0469	.0291	.0182	.0115	.0073	.0047	.0030	.0019	.0013	.0008
28	.7568	.5744	.4371	.3335	.2551	.1956	.1159	.0693	.0419	.0255	.0157	.0097	.0061	.0038	.0024	.0015	.0010	.0006
29	.7493	.5631	.4243	.3207	.2429	.1846	.1073	.0630	.0374	.0224	.0135	.0082	.0051	.0031	.0020	.0012	.0008	.0005
30	.7419	.5521	.4120	.3083	.2314	.1741	.0994	.0573	.0334	.0196	.0116	.0070	.0042	.0026	.0016	.0010	.0006	.0004
35	.7059	.5000	.3554	.2534	.1813	.1301	.0676	.0356	.0189	.0102	.0055	.0030	.0017	.0009	.0005	.0003	.0002	.0001
40	.6717	.4529	.3066	.2083	.1420	.0972	.0460	.0221	.0107	.0053	.0026	.0013	.0007	.0004	.0002	.0001	.0001	.0000

〈삼선전자 사례 II〉 회사채 투자의 수익률

<삼선전자 사례>에서 회사채를 구입한 금융기관 중 하나가 구입 1년 후 자금 확보를 위해 그 회사채를 다른 금융기관에게 매도하려고 한다. 그런데 최근 금리가 다소 인하되었기 때문에 회사채 매도가격이 할인율 6%로 결정된다고 한다.

이 금융기관은 1년 전 회사채를 액면가격으로 100억 원어치를 구입하였다. 그렇다면 이 금융기관이 삼선전자 회사채 투자를 통하여 얻은 이익은 얼마이고, 이를 연 투자수익률로 환산하면 얼마인가?

풀이 우선 이 금융기관이 1년 전에 삼선전자 회사채를 구입하기 위하여 지출한 금액을 구해보자. 구입가격은 액면금액 100억 원을 할인율 7%로 3년간 할인한 금액이다.

$$구입가격 = \frac{액면가격}{(1 + 할인율)^3} = \frac{100}{(1 + 0.07)^3} \tag{3-14}$$

$$= 100 \ / \ 1.2250 \ = 81.63(억\ 원)$$

현재의 판매가격은 액면가격을 할인율 6%로 할인한 금액인데, 할인하는 기간이 3년이 아니라 2년인 점에 주의해야 한다.

$$판매가격 = \frac{액면가격}{(1 + 할인율)^2} = \frac{100}{(1 + 0.06)^2} \tag{3-15}$$

$$= 100 \ / \ 1.1236 \ = 89.00(억\ 원)$$

그리고 금융기관이 얻은 이익은 판매가격과 구입가격의 차이이다.

$$이익 = 판매가격 - 구입가격$$

$$= 89.00 - 81.63 = 7.37(억\ 원) \tag{3-16}$$

이로부터 투자수익률을 구하면(실제 투자기간은 1년임)

$$투자수익률 = \frac{이익}{투자금액}$$

$$= 7.37 \ / \ 81.63 = 0.0903(또는\ 9.03\%) \tag{3-17}$$

■

4. 투자분석기법

투자분석기법이란 여러 가지 투자 대안이 주어져 있을 때, 어느 대안이 재무적 측면에서 가장 적절한 것인가를 판단하는 경우에 사용하는 기법이다. 이 절에서는 세 가지 분석기법을 소개할 예정인데, 앞에서 공부한 화폐의 시간적 가치 개념이 활용되고 있음을 알 수 있다. **회수기간법**(Payback period method), **순현가법**(Net present value method), **내부수익률법**(Internal rate of return method)이 그것이다.

4.1 회수기간법

가장 간단한 투자분석기법으로는 **회수기간법**이 있다. **회수기간**(payback period)이란 현금흐름으로 투자원금을 회수하는 데 걸리는 기간을 말한다. 투자안에는 항상 불확실성이 존재하기 때문에 분석시 사용하는 비용과 이익자료는 최선의 추정치일 뿐 실제값이 아니다. 따라서 회수기간이 짧은 대안은 상대적으로 이러한 불확실성(위험)이 적기 때문에 바람직하다고 볼 수 있다.

회수기간법을 적용하는 방법에는 두 가지가 있다. 하나는 특정 투자안의 회수기간이 최대 허용 회수기간보다 짧으면 적절한 투자안이라고 판단하는 방법이다. 이 경우에는 산업별로 또는 투자 특성별로 최대 회수기간을 사전에 마련해두어야 한다. 다른 한 방법은 여러 가지 투자안에 대하여 회수기간을 각각 구한 다음 이중 회수기간이 가장 짧은 투자안을 선정하는 방법이다.

회수기간법은 논리가 간단하며 계산도 간편하기 때문에 널리 사용된다. 그러나 단점도 존재하는데, 가장 큰 단점으로는 경영진으로 하여금 단기 투자에만 집중하도록 만든다는 것이다. 왜냐하면 회수기간법에 의하면 특성상 투자기간이 길고 계획기간 후반부의 현금흐름이 많은 투자안이 좋은 평가를 받지 못하기 때문이다. 또한 이 기법은 화폐의 시간적 가치를 고려하지 못한다는 단점도 있다. 따라서 투자안을 재무적으로 분석할 때는 다음에 다룰 순현가법이나 내부수익률법과 같은 분석기법과 상호보완적으로 사용하는 것이 바람직하다고 볼 수 있다.

다음의 패스트푸드 레스토랑 사례를 살펴보기로 한다.

〈VIBS 패스트푸드 레스토랑 사례〉 회수기간법의 적용

패스트푸드 레스토랑 VIBS는 현재 시설에 칵테일바를 추가로 설치할 것인가를 검토하고 있다. 식당 내부를 재구성하고 칵테일바를 설치하는 데는 16,000천 원이 소요될 것으로 추정된다. 경영진은 회수기간법에 의하여 최종 의사결정을 하려고 하는데, 초기 투자를 최소한 3년 이내에 회수하고 싶어한다.

과거의 경험과 영업 관련 자료를 활용하여 1차년도 1월 칵테일바를 설치하고 운영을 시작하였을 때의 향후 몇 년간 현금흐름을 예측한 결과는 다음과 같다고 한다(단위 : 천 원). 그렇다면 칵테일바를 설치하는 것이 바람직한가?

〈표 4-1〉 VIBS의 연도별 현금흐름

연도	1	2	3	4	5	6
연간수익 초기 투자	6380 −16,000	7148	6329	5837	5837	369

풀이 VIBS 패스트푸드 레스토랑 사례에서 투자안의 회수기간을 산출해보자. 참고로 현금흐름도를 작성하면 <그림 4-1>과 같다. 이 그림에서는 모든 이익 흐름이 실제와는 달리 연말에만 발생한다고 가정하였음에 주의해야 한다.

회수기간의 정의에 의하여 사례에서 제시한 연간 이익들이 초기 투자액 16,000천 원이 될 때까지 누적해보기로 한다. 1차년도와 2차년도의 현금흐름을 누적하면

$$6380 + 7148 = 13{,}528 < 16{,}000(\text{천 원})$$

3차년도까지 누적하면

$$13{,}528 + 6329 = 19{,}857 > 16{,}000(\text{천 원})$$

그러므로 회수기간은 2년과 3년 사이가 된다. 회수기간법은 현금흐름이 연중 균등하게 발생한다고 가정하므로,

$$\text{회수기간} = 2 + (16{,}000 - 13{,}528)/6{,}329 = 2.39(\text{년})$$

즉, 약 2.4년 정도이면 초기에 투자한 16,000천 원을 이익을 통하여 회수할 수

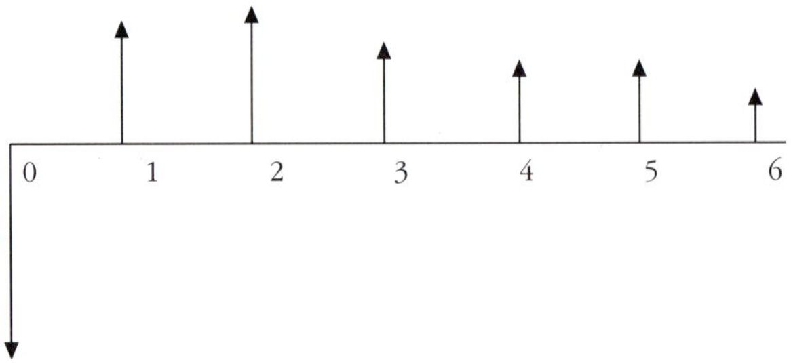

〈그림 4-1〉 VIBS의 현금흐름도

있다고 보는 것이다.

이 결과에 의하면 칵테일바를 설치하는 것이 바람직하다고 볼 수 있다. 즉, 회수기간이 경영진이 생각하는 3년보다는 짧기 때문이다. ■

4.2 순현가법

순현가법은 투자대안별 순현재가치 또는 순현가(net present value : NPV)를 구하여 그것이 가장 크거나 작은 것을 선택하는 기법이다. 순현가가 이익을 나타내는 경우에는 가장 큰 대안을, 순현가가 비용을 나타내는 경우에는 가장 작은 대안을 선정한다.

투자대안의 순현가는 그 투자안에 관련되는 미래의 모든 현금흐름의 현재가치를 구하여 이들의 합으로 표현한다. 여기서 말하는 현금흐름에는 초기 투자비용, 일상적으로 발생하는 지출경비, 일상적으로 얻어지는 영업이익 등이 모두 포함된다. <표 4-1> VIBS의 연도별 현금흐름을 살펴보면 매년 발생하는 이익과 초기투자비용을 포함하고 있다. 아마도 매년 발생하는 비용은 연간 이익 계산시 이미 반영되었을 것이다. <그림 4-1>에서 미래 현금흐름의 현재가치를 구하는 시점은 “0”이다.

현금흐름의 현재가치를 구하려면 할인율을 사용하여야 한다. 3절에서 기술한 바와 같이 할인율은 의사결정자의 투자수익률을 사용하는 것이 일반적이다. 여기서 투자수익률이라 함은 의사결정자의 과거 평균 투자수익률을 의미한다. 더 구체적으로 설명하면, 해당 의사결정자(또는 기업)가 과거에 자본을 투자하여 올렸던 수익률들의 가중평균치이다(이를 구하는 방법은 본서의 영역을 넘어서는 것이므로 구체적으로 설명하지 않기로 한다). 그러므로 대부분의 의사결정자들은 한 투자대안에 대한 투자수익률이 최소한 과거의 평균 투자수익률 이상이 되기를 원하는 것은 당연할 것이다. 이처럼 의사결정자가 최소한 이보다는 커야 한다고 생각하는 최소 투자수익률을 기준수익률(hurdle rate)이라고 칭한다.

의사결정자의 평균투자수익률을 할인율로 사용하여서 한 투자대안의 순현가(이익)를 계산한 결과가 양수값을 가진다고 가정하자. 이것의 의미는 무엇일까? <그림 4-1>을 예로 들어 설명하기로 한다. 순현가는 그 정의에 의하면 미래에 발생할 이익들을 모두 현재가치로 환산한 것들의 합계에서 현재 시점의 투자비용을 뺀 것이다. 이것이 양수이므로 현재의 투자금액보다는 미래에 발생할 이익의 현재가치가 더 크다는 것을 의미한다. 따라서 이 투자대안은 바람직하다고 볼 수 있다.

〈VIBS 패스트푸드 레스토랑 사례 II〉 순현가법의 적용

패스트푸드 레스토랑 VIBS의 경영진은 칵테일바를 설치할 것인가에 대하여 순현가를 계산하여 최종 의사결정을 하려고 한다. 그런데 경영진은 투자수익률이 최소한 14%는 되어야 한다고 생각한다. 그렇다면 칵테일바를 설치하는 것이 바람직한가?

풀이 경영진은 14% 이상의 수익률을 원하므로, 최소 투자수익률 14%를 할인율로 사용하여 매년도 현금흐름의 현재가치를 구하면 다음과 같다. 단, <그림 4-1>에서 보는 바와 같이 연간 이익은 매년 연말에 발생하고, 초기 투자는 첫해 초기에 발생한다고 가정하였다.

1차년도 : $6380 \times [1/1.14] = 5597$

2차년도 : $7148 \times [1/1.14]^2 = 5500$

3차년도 : $6329 \times [1/1.14]^3 = 4272$

4차년도 : $5837 \times [1/1.14]^4 = 3456$

5차년도 : $5837 \times [1/1.14]^5 = 3032$

6차년도 : $369 \times [1/1.14]^6 = 168$

따라서 투자안의 순현가(NPV)는 이들의 합에서 초기 투자비용을 뺀 것과 같다.

순현가 = 5597 + 5500 + 4272 + 3456 + 3032 + 168 − 16,000 = 6,025(천 원)

순현가가 양수이므로 칵테일바 설치대안은 투자수익률 14%에서 바람직하다고 볼 수 있다. ■

이 사례는 순현가법을 사용하여 하나의 투자대안을 채택할 것인지 또는 아닌지를 판단하는 의사결정문제이다. 일반적으로는 복수의 투자대안들 중 어느 대안을 선택할 것인지를 판단하는 의사결정문제가 더 보편적이다. 이 경우에도 위에서와 마찬가지 방법을 사용한다. 즉, 각 대안별 순현가(이익)를 구하고, 이 중 가장 큰 순현가를 가지는 대안을 선정하게 된다. 이 경우 가장 큰 대안이더라도 순현가가 음수이면 그 대안를 채택할 것인지는 신중히 검토해야 한다.

4.3 내부수익률법

세 번째 투자분석기법으로는 **내부수익률법**이 있다. **내부수익률**(internal rate of return : IRR)이란 투자안의 순현가가 0이 되도록 하는 할인율을 말한다. 즉, 그 투자안과 관련된 현재와 미래의 모든 비용과 이익을 현재가치로 환산하여 더한 값이 영이 되도록 하는 할인율을 의미한다. 따라서 미래에 발생할 이익이 큰 투자안의 현재가치를 영으로 만들려면 할인율이 커야 하고, 이는 곧 할인율이 큰 투자안이 더 좋은 투자안이 됨을 의미한다.

명칭에서 '내부'라는 용어를 쓰는 이유도 이 수치가 그 투자안의 현금흐름만을 고려하여 산출하기 때문이다. 따라서 내부수익률은 투자대안별로 고유한 투자수익률이며, 의사결정자가 생각하는 최소한의 기준수익률이나 평균수익률 개념과는 분명히 다르다.

IRR은 한 투자대안의 타당성을 하나의 숫자로 표현한 것이다. 따라서 이 기법에서는 투자대안의 IRR이 최소한의 기준수익률보다 크면 그 투자대안이 바람직하다고 생각한다. 그리고 여러 개의 투자대안이 있는 경우에는 전술한 바와 같이 가장 큰 IRR을 가지는 것이 가장 바람직한 투자안이라고 본다. 만일 투자대안이 여러 개 있고 현재 투자할 수 있는 총예산에 제약이 있다면, 어느 투자대안들을 선택할 것인가는 IRR의 순위로서 결정하는 것이 바람직할 것이다.

IRR은 보통 시행착오방법을 통하여 구한다. 우선 낮은 할인율을 사용하여 순현가를 구한다. 만일 순현가가 양수이면 할인율을 약간 높여서 다시 순현가를 구한다. 왜냐하면 할인율을 높일수록 순현가가 작아지기 때문이다. 이와 같은 방법을 순현가가 음수가 될 때까지 반복한다. 일단 순현가가 음수가 되면, 이제는 반대로 할인율을 조금씩 낮추면서 순현가가 0이 되는 할인율을 찾는다. 이렇게 최종적으로 찾은 할인율이 바로 IRR이다.

VIBS 패스트푸드 레스토랑 사례에서 칵테일바 설치대안에 대한 IRR을 구하여 보자.

〈VIBS 패스트푸드 레스토랑 사례 III〉 내부수익률법의 적용

패스트푸드 레스토랑 VIBS의 경영진은 칵테일바를 설치할 것인가에 대하여 순수하게 내부수익률을 계산하여 최종 의사결정을 하려고 한다. 그런데 경영진은 투자 수익률이 최소한 14%는 되어야 한다고 생각한다. 그렇다면 칵테일바를 설치하는 것이 바람직한가?

풀이 4.2절에서 관찰한 바에 의하면 할인율 14%에서 순현가가 양수이었다. 따라서 IRR을 구하기 위해서는 할인율을 높여가면서 찾아야 한다. 여기서는 일단 4%씩 증가시키면서 순현가를 구해보기로 하는데, 할인율 18%에 대하여 순현가를 구하면 다음과 같다.

$$\text{순현가} = 6380 \times [1/1.18] + 7148\ [1/1.18]^2 + 6329 \times [1/1.18]^3 + 5837 \times [1/1.18]^4 + 5837 \times [1/1.18]^5 + 369 \times [1/1.18]^6 - 16{,}000$$
$$= 4{,}092(\text{천 원})$$

역시 순현가가 양수이므로 앞의 과정을 반복하여 수행한다. 다음 <표 4-2>가 그 최종 결과를 보여준다.

이로부터 할인율이 26%와 30% 사이에 있을 때 순현가가 0이 됨을 알 수 있다. 이에 중간에 해당하는 28%에서 순현가를 구한 결과 322(천 원)이었다. 따라서 IRR

〈표 4-2〉 할인율에 따른 순현가

할인율(%)	14	18	22	26	30	28
순현가(천 원)	6,025	4,092	2,425	977	−199	322

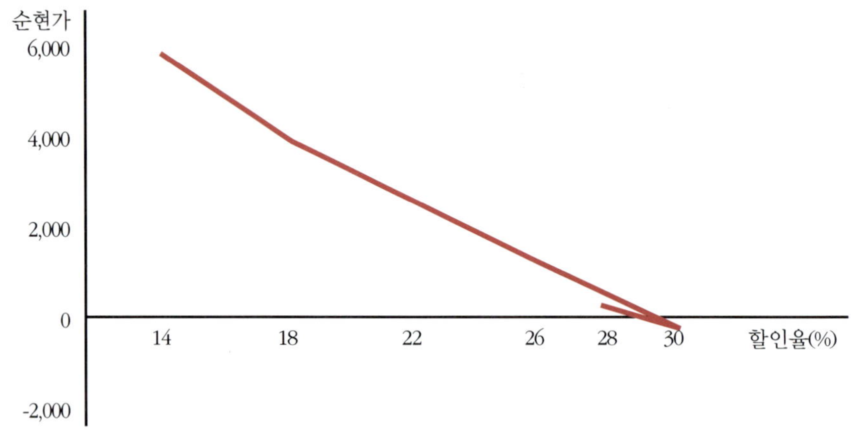

〈그림 4-2〉 할인율에 따른 순현가 변화 추이

은 대략 29% 부근이라고 볼 수 있고, 경영진이 생각하는 기준수익률 14%보다는 훨씬 높다. Microsoft Excel과 같은 스프레드시트를 사용하면 보다 신속하고 정확하게 IRR을 산출할 수 있다. <그림 4-2>를 보면 손익분기점 분석에서 <그림 1-2>를 이용하여 손익분기점을 찾는 것과 개념상 상당히 유사함을 발견할 수 있다. ■

토론문제

1. 한민투자신탁 사례에서 김씨는 현재 다른 수입이 없기 때문에 매년 말에 투자원리금의 일부를 받기를 원하고 있다.
   (1) 매년 말에 750만 원씩을 4년간 받는다면 만기인 5년 말에 김씨가 받을 수 있는 금액은 얼마인가?
   (2) 매년 말에 300만 원씩을 4년간 받는다면, 만기인 5년 말에 김씨가 받을 수 있는 금액은 얼마인가?
2. 한민투자신탁 사례에서 김씨의 투자를 받아서 운용한 결과 만기에 얻는 순이익

의 현재가치는 얼마인가? 이 경우 할인율은 얼마를 사용해야 하며, 그 근거는 무엇인가?

3. KS LCD사 구매부서에서는 내년부터 향후 5년간 사용할 LCD 조립장비를 주문하려고 한다. 현재 세 군데의 조립장비업체에서 견적서를 제출하였다. A사에서 제시한 장비의 총가격은 15억 원인데, 이 장비로 조립하는 경우 LCD 개당 2,500원이 소요된다고 한다. 한편 B사와 C사 장비는 더 자동화된 장비인데, 총가격은 각각 20억 원과 22.5억 원이며, 제품당 조립비용은 각각 2,000원, 1,800원이라고 한다. 어느 회사 장비를 쓰더라도 LCD 제품의 품질과 가격은 같다고 한다.

현재 KS LCD사에서 판매하고 있는 LCD는 연간 150,000개인데, 내년에는 수요가 대폭 증가하여 대략 240,000개까지 판매가 가능할 것으로 예측하고 있으며, 이 수준은 향후 몇 년간 유지될 것으로 보고 있다.

A사 장비가 아닌 B, C사 장비를 선택하였을 경우, 추가 장비비용으로 각각 5억 원, 7.5억 원을 더 지출해야 하지만 매년 제품 조립비용이 많이 절감된다. 그렇다면 초기에 추가로 지출된 장비비용은 각각 몇 년 내에 회수할 수 있을까? 회수기간에 의하면 B사 또는 C사 장비 중 어느 회사 것을 구입하는 것이 더 바람직하겠는가?

4. 한 통신기기제조사는 현재 생산제품 1단위당 특허 사용료로 0.95달러를 계산하여 매년 말에 지불하고 있다. 이 특허는 향후 5년간 그 효력을 가지며 현재 이 회사만이 특허료를 내며 사용하고 있다. 이 회사는 제품을 올해 8,000개, 그 이후에는 연도별로 11,000개, 15,000개, 18,000개, 21,000개 만들 것으로 추정하고 있다. 현재 이 회사 사장은 특허권자에게서 특허권을 일시불로 사는 경우를 고려하고 있는데, 이 회사의 평균투자수익률은 8%라고 한다. 그렇다면 특허권은 얼마 이하로 사는 것이 바람직한가?

5. 장씨는 최근에 친구 조씨로부터 매우 매력적인 제의를 받았는데, 조씨가 창업하면서 장씨의 전문지식이 필요했기 때문이었다. 조씨는 두 가지 제안을 하였는데, 하나는 투자 없이 근무만 해주는 조건으로 향후 5년간 매년 말 연봉을 1억 원씩 주는 것이다. 다른 하나는 입사시 일단 1억 원을 투자한 후 근무하는 조건으로

향후 5년간 매년 말 연봉을 1.1억 원씩 주고 5년 후 퇴사시에 초기 투자액에 대한 반환금으로 1억 원을 주는 것이다. 장씨는 현재 실직 상태이어서 두 가지 제안 중 하나는 선택하고 싶은데, 순현가법에 의하면 어느 제안이 더 바람직한가? 참고로 장씨는 과거 투자에 대한 수익률로써 평균 12%를 올렸다고 생각한다.

연습문제

1. <한민투자신탁사 사례>에서 투자내용이 다음과 같이 각각 변하였다면 투신사의 순이익은 얼마인가?

(1) 김씨의 투자금이 1억 원인 경우

(2) 펀드 투자수익률이 연 20%인 경우

(3) 펀드 투자수익률이 연 6%인 경우

(4) 펀드 투자수익률이 연 15%이지만 만기가 3년인 경우

(5) 펀드 투자수익률이 연 12%이고 만기가 7년인 경우

2. <한민투자신탁사 사례 II>에서 펀드 투자수익률이 다음과 같다면 투신사의 순이익은 얼마인가?

(1) 처음 1년간 연 6%, 다음 4년간 연 20%

(2) 처음 2년간 연 8%, 다음 3년간 연 18%

3. <삼선전자 사례>에서 회사채 할인율이 10%라면 회사채 판매를 통해 조달한 자금은 얼마인가? 고객예탁금에 대한 이자율이 6%라면 금융기관들이 이 회사채 구입을 통하여 3년 후 얼마의 순이익을 얻었는가?

4. <삼선전자 사례 II>에서 회사채 매도시 할인율이 8%였다면 그 금융기관이 회사채 투자를 통해서 얻은 이익은 얼마이고 연 투자수익률은 얼마인가?

5. VIBS 사례에서 IRR은 정확히 몇 %인가? 소수점 첫째 자리까지 구하시오.

6. 당신이 2년 만기의 어떤 회사채를 1백만 원을 주고 구입했다고 가정하자. 이 채권은 1년에 한 번 연말에 이자를 지급하는데(이자는 재투자된다), 이자율은 첫

해에 10%이고 두 번째 연도에는 20%라고 할 때, 다음의 질문에 답하시오.

(1) 두 번째 연도 말에 회사채의 가치는 얼마인가?

(2) 이자율 10%와 20%의 평균은 15%이다. 첫 해의 말과 두 번째 연도 말에 15%씩 이자를 지급하는 경우 이 회사채의 가치는 얼마인가? 앞서 구한 문제 (1)의 결과와 비교하시오. 만약 두 경우의 결과가 다르다면, 그 이유는 무엇인가?

참고문헌

김형욱(1993), 경영수학, 법경사.

한국과학기술원 생산경영연구실(1997), 생산관리, 석정.

Hillier, F S. and M. S. Hillier(노형봉 외 5인 번역)(2004), 경영과학, 2nd Ed., 한경사.

Krajewski, L. J. and L. P. Ritzman(2004), Operations Management, 7th Ed., Prentice Hall.

Thuesen, H. G., W. J. Fabrycky and G. J. Thuesen (1977), Engineering Economy, 5th Ed., Prentice-Hall, Inc..

제4장

선호도행렬 분석

의사결정 대안의 우열을 평가하는 척도에는 비용 또는 이익이 많이 활용된다. 이 평가척도들을 사용하는 경우에는 각 대안별 비용 또는 이익을 계량적으로 표현하여 그 크기를 비교하고, 그중 비용이 가장 적게 소요되는 대안 또는 이익이 가장 많이 발생하는 대안을 선택하게 된다.

그런데 평가척도에는 이러한 것들만이 있는 것이 아니다. 예를 들어, 새로운 공장 부지의 후보지역으로 2개의 공단이 있다고 하자. 공장 부지를 평가하는 척도에는 비용, 이익 외에도 공해문제, 직원들의 주택문제, 자녀교육문제, 지역 노조의 강도, 전력/용수의 풍부성, 인력 수급의 용이성, 교통의 편리성 등이 있는데, 이들은 대개 계량화하기 어려운 것들이다. 그렇다면 이러한 비계량적 평가척도들도 고려하여 의사결정을 내리려면 어떻게 해야 할까?

이러한 경우에 사용하는 분석기법의 하나로 선호도행렬(preference matrix) 기법이 있는데, 본 장에서 다루고자 하는 것이 바로 이 기법이다. 선호도행렬은 벡터(vector)와 행렬(matrix)로 구성되어 있다. 또한 행렬은 경영학의 다양한 분야에서 활용되기 때문에, 본 장에서는 선호도행렬 분석과 함께 벡터와 행렬의 개념과 연산방법에 대하여도 소개하고자 한다.

1. 선호도행렬

선호도행렬에 대하여 구체적으로 설명하기 전에 다음 사례를 살펴보기로 한다.

〈HD전자 사례〉 개발 신제품의 본격 생산 여부의 결정

HD전자는 휴대용 전화기를 생산하고 있는데, 최근에 네 가지 신모델(*W*, *X*, *Y*, *Z*)의 개발을 마쳤다. 하지만 모든 신모델을 출시하는 것은 그다지 바람직하지 않다고 생각하여 현재 이 중 일부만 선정하여 출시하기로 결정하였다.

현재까지는 이런 의사결정 수행시 제품 단위당 판매이익만을 고려하여 제품을 선정하여 왔다. 하지만 이렇게 선정한 결과가 별로 적절하지 못하였다는 자체 평가가 있어서, 이번에는 다양한 평가척도를 반영하여 신모델을 평가하고 선정하기로 하였다. 새로이 개발된 평가척도로는 단위당 이익, 시장잠재력, 생산능력, 경쟁우위, 투자소요액, 위험, 대외 기술의존도 등 일곱 가지가 있다. 네 가지 신모델에 대하여 각 평가척도별로 평가한 결과는 다음 <표 1-1>과 같다. 평가는 5점 만점으로 하여, 탁월하면 5점, 매우 좋으면 4점, 좋으면 3점, 약간 나쁘면 2점, 매우 나쁘면 1점을 주었다.

〈표 1-1〉 신모델별 평가점수

평가척도	*W*	*X*	*Y*	*Z*
단위당 이익	5	4	5	5
시장잠재력	2	3	4	1
생산능력	3	4	3	2
경쟁우위	5	3	4	4
투자소요액	2	3	3	4
위험	2	5	4	4
대외 기술의존도	5	4	3	3

풀이 각 모델별로 평가점수 합계를 구하면 <표 1-2>와 같다. 이 결과는 신제품 *X*와 *Y*가 가장 바람직하다는 것을 보여준다.

〈표 1-2〉 모델별 평가점수의 합계

	W	*X*	*Y*	*Z*
평가점수 합계	24	26	26	23

이처럼 평가점수의 **단순합계**를 가지고 평가하는 방법은 큰 단점을 가지고 있다. 즉, 의사결정자가 매우 중요하다고 생각하는 평가척도와 그다지 중요하게 생각하지 않는 평가척도가 동일한 비중으로 취급되기 때문이다. 따라서 의사결정자는 이와 같은 방법으로 선정된 대안을 실제로는 채택하지 않으려 할 것이다.

이러한 단점을 보완하려면 각 평가척도별로 그 중요도를 반영해야 한다. 반영방법으로 가장 보편적인 것은 평가척도별로 **가중치**를 부여하는 것이다. 즉, 대안별로 평가점수의 단순합계를 구하는 것이 아니라 **가중합계**를 구하여 평가하는 것이다.

평가점수의 가중합계를 구하려면 각 평가척도별로 가중치를 결정해야 한다. 이 사례에서는 각 평가척도별 가중치로써 다음 <표 1-3>의 두 번째 열에 있는 수치를 사용한다. 가중치는 어떻게 부여하든지 관계없이 그 합계는 반드시 100% 또는 1이 되어야 한다. <표 1-3>에서는 100%를 사용하였다.

대안별 가중합계의 계산방법을 신모델 W를 예로 하여 설명하기로 한다. <표 1-3>을 보면, W는 '단위당 이익'에서 5점을 받았고 '단위당 이익'의 가중치는 20이므로 가중점수는

'단위당 이익'의 가중점수 = 가중치 × 평가점수 = 20 × 5 = 100 (1-1)

또한 '시장잠재력'에서는 2점을 받았는데 가중치는 16이므로, 가중점수는

'시장잠재력'의 가중점수 = 가중치 × 평가점수 = 16 × 2 = 32

마찬가지 방법으로 *W*에 대한 척도별 평가점수(<표 1-3>의 3째열)를 가중평가점수로 환산하면 <표 1-3>의 7번째 열과 같이 된다. *W*의 가중평가점수의 합계를 구한 것이 7번째열 마지막 행에 있는 348이다. 즉,

*W*의 가중평가점수 합계 = 20 × 5 + 16 × 2 + · · · + 10 × 5 = 348 (1-2)

〈표 1-3〉 신모델별 가중평가점수의 합계

평가척도	가중치(%)	신모델 단순평가점수				신모델 가중평가점수			
		W	X	Y	Z	W	X	Y	Z
단위당 이익	20	5	4	5	5	100	80	100	100
시장잠재력	16	2	3	4	1	32	48	64	16
생산능력	16	3	4	3	2	48	64	48	32
경쟁우위	14	5	3	4	4	70	42	56	56
투자소요액	12	2	3	3	4	24	36	36	48
위험	12	2	5	4	4	24	60	48	48
대외 기술의존도	10	5	4	3	3	50	40	30	30
가중평가점수 합계	100	24	26	26	23	348	370	382	330

같은 방법을 신모델 X에 적용하여 가중점수(8번째 열)의 합계를 구하면

$$X\text{의 가중평가점수 합계} = 20 \times 4 + 16 \times 3 + \cdot\cdot\cdot + 10 \times 4 = 370 \quad (1\text{-}3)$$

나머지 Y, Z에 적용한 결과는 <표 1-3>의 가장 오른쪽 두 열과 같다.

가중평가점수의 합계를 비교해보면 신제품 Y가 가장 크다. 이는 신제품 Y가 시장에 출시하기에 가장 적합하다는 것을 의미한다. <표 1-2>에서 구한 단순평가점수의 합계 결과와는 다소 차이가 있음을 발견할 수 있다.

신제품 Y의 가중평가점수의 합계가 382점인데, 그렇다면 만점에 해당하는 점수는 얼마인가? 만점을 받으려면 모든 평가척도에서 5점을 받아야 하고, 이를 식 (1-2)에서와 같이 가중평가점수의 합계를 구하면 500이 된다. 따라서 만점은 500점이다. ■

<표 1-3>과 같은 행렬을 선호도행렬(preference matrix)이라고 부른다. 선호도행렬은 비계량적 평가척도를 포함한 복수의 평가척도에 의해서 대안을 평가하고자 할 경우에 주로 사용하는 기법이다. 선호도행렬 분석의 일반적인 적용 절차를 소개하면 다음과 같다.

(1) 평가점수의 부여

척도별 평가점수의 상하한은 어느 것을 사용하여도 무방하다. 앞에서와 같이 0~5점이 아니라 0~100점을 부여할 수도 있다.

단위당 이익, 투자소요액 등 계량적 척도의 평가는 여러 가지 방법을 사용할 수 있다. 첫째 방법은 특정 대안의 척도값이 최선에 해당하는 척도값에 비하여 어느 정도인가를 파악하여 평가점수 상한에 곱해주는 방법이다. 예를 들어, 이 회사 제품의 단위당 이익의 최고치는 과거 경험으로 볼 때 1,000원이었다고 하자. 그런데 신모델 *X*는 현재 단위당 이익이 800원으로 추정되기 때문에, 평가점수는

$$X\text{의 '단위당 이익' 의 평가점수} = 5\text{점} \times 800/1000 = 4\text{점}$$

둘째 방법은 각 평가척도별로 사전에 몇 개의 척도값 구간을 정해놓고, 특정 대안의 척도값이 어느 구간에 속하는가를 파악하여 그 구간에 해당하는 점수를 부여하는 방법이다. 예를 들면, 단위당 이익이 0과 200원 사이이면 1점, 200과 400원 사이이면 2점, 400과 600원 사이이면 3점, 600과 800원 사이이면 4점, 800과 1000원 사이이면 5점이라고 사전에 정했다고 하자. 만일 *W* 대안의 단위당 이익이 890원으로 추정된다면, *W* 대안에 대하여 5점을 부여하는 것이다.

(2) 가중치 결정과 가중평가점수의 계산

각 척도별 평가점수는 척도의 가중치에 의해 가중되는데, 이들 가중치의 합은 100이 되어야 한다. 경우에 따라서는 가중치의 합계를 1로 하는 경우도 있다. (이때 각 척도별 가중치는, 합계를 100으로 했을 경우의 100분의 1과 같다.) 가중치는 보통 의사결정자가 주관적인 판단에 의하여 결정하는 것이 일반적이다. 간혹 평가척도별 가중치가 사전에 결정되어 있어서 의사결정 시에 이를 사용하는 경우도 있다.

(3) 실행대안의 선정

가중 평가점수의 합계는 각 척도별 가중 평가점수(가중치와 평가점수를 곱한 수치)를 더한 것이다. 최선의 대안은 가중평가점수의 합계가 가장 큰 대안이다. 하지만 가중평가점수의 합계가 가장 크다고 해서 반드시 실행대안으로 선정되는 것은 아니다. 기업에 따라서는 사전에 대안 선정을 위한 가중점수 합계의 최소치를 가이드

라인으로 정해놓고, 가중평가점수 합계가 가장 큰 대안이라도 그 점수가 이 최소치를 넘지 못하면 실행대안으로 선정하지 않는 경우가 있다. 반면에 이 최소치를 넘는 대안이 복수 개가 있고 또한 예산이 허락한다면 실행대안으로 복수 개의 대안을 선정하기도 한다.

모든 경영자들이 선호도행렬 분석기법을 선호하는 것은 아니다. 그 이유는 대체로 다음과 같다.

(1) 가중치 결정의 어려움

대안을 검토하기 전에 각 평가척도들의 가중치를 결정해야 하는데, 적절한 가중치 집합을 찾기가 쉽지 않다. 대개 경영자들은 몇 가지 가중치 집합에 대하여 대안들의 가중평가점수를 일단 구하여보고 나서야 비로소 중요한 평가척도와 그렇지 않은 것을 선별하곤 한다.

결정된 가중치를 사용하여 실제 의사결정을 내릴 때 관리자들이 가장 두려워하는 경우는, 가중치가 현재 값에서 조금만 변하여도 선택 대안이 현재의 것에서 다른 대안으로 즉각 변하게 되는 경우이다.

이러한 두려움을 불식시키기 위해서는 가중치에 대한 민감도분석을 수행해야 한다(민감도분석에 대해서는 '손익분기점 분석'에서 이미 다룬 바 있다). 즉, 현재의 가중치에서 얼마나 변경되어야 선택 대안이 현재의 것에서 다른 것으로 바뀌는지를 살펴보는 것이다. 만일 가중치가 많이 변경되어야 선정대안이 바뀐다면, 현재의 가중치가 설사 부정확하다고 하더라도 사용하는 데는 큰 문제가 없다고 볼 수 있다. 그러나 약간만 변경되어도 선정대안이 바뀐다면, 이 가중치는 상당히 신중하게 추정해야 할 것이다.

(2) 특정 평가척도의 배타성

선호도행렬을 사용하면 한 척도에서 아주 낮은 점수를 받더라도 다른 척도에서 모두 높은 점수를 받으면 평가점수 합계가 커지고 따라서 최적대안으로 선정될 수 있는데, 이런 경우가 비현실적인 경우가 종종 있다. 앞 사례에서 대외 기술의존도가 너무 높은 신모델은 외부 기업으로부터 기술 제공이 중단되면 더 이상 신제품 대안으로서 의미가 없게 된다. 따라서 다른 척도에서 아무리 높은 점수를 받는다

하더라도 더 이상 고려되어서는 안 된다. 이런 경우는 사전 평가에 의하여 대안에서 제외시켜야 한다.

선호도행렬을 사용하여 의사결정을 내리는 사례를 하나 더 살펴보기로 하자.

〈서울화장품 사례〉 신제품 아이디어의 선정

다음의 선호도행렬은 서울화장품이 최근에 기획한 세 가지 신제품 아이디어 *A*, *B*, *C*를 평가한 표이다. 평가척도로는 차별성 등 네 가지를 고려하였는데, 그 중요성에 따라서 가중치를 부여하였다. 척도별 평가점수의 만점은 10점이다. 그렇다면 어느 아이디어가 가장 좋다고 볼 수 있는가?

〈표 1-4〉 신제품 아이디어의 선호도행렬

평가척도	가중치	*A*	*B*	*C*
차별성	0.2	9	8	7
상업성	0.5	5	7	4
기술용이성	0.2	4	6	8
개발기간	0.1	5	5	9

풀이 평가척도에 가중치가 있으므로 아이디어별 가중평가점수 합계를 구하고 이를 비교하여 가장 좋은 점수를 받은 아이디어를 선정하면 된다. 이를 위해서는 <표 1-3>의 우측에 있는 것과 같은 가중평가점수 행렬을 먼저 구해야 한다.

아이디어별 가중평가점수 합계를 구한 결과 아이디어 *B*가 가장 큰 값을 가져

〈표 1-5〉 신모델별 가중평가점수의 합계

평가척도	가중치	단순평가점수			가중평가점수		
		A	*B*	*C*	*A*	*B*	*C*
차별성	0.2	9	8	7	1.8	1.6	1.4
상업성	0.5	5	7	4	2.5	3.5	2.0
기술용이성	0.2	4	6	8	0.8	1.2	1.6
개발기간	0.1	5	5	9	0.5	0.5	0.9
합계	1.0	23	26	28	5.6	6.8	5.9

서 가장 좋은 아이디어라고 볼 수 있다. 가중평가점수 합계를 단순평가점수 합계와 비교해보면 상당히 큰 차이가 있음을 알 수 있다. 즉, 단순평가점수 합계에 의하면 *C*가 가장 좋은 아이디어인 것이다. 이러한 결과가 나온 이유를 살펴보면, 일례로 *C*가 높은 점수를 받은 '개발기간' 같은 평가척도는 가중치가 0.1밖에 되지 않아서 가중평가점수에 큰 영향을 주지 못했기 때문이다. ■

2. 벡터

다음 절에서는 선호도행렬분석에서 사용하고 있는 행렬에 대하여 소개할 예정이다. 그러나 이에 앞서 행렬의 가장 간단한 형태인 벡터에 대하여 우선 살펴보기로 한다.

벡터(vector)는 요소(수 또는 변수)들의 1차원적인 배열이다. 예를 들면

$$\begin{bmatrix} 1 \\ x \end{bmatrix}, \begin{bmatrix} 2 \\ y \end{bmatrix}, \begin{bmatrix} 3 \\ z \end{bmatrix}$$

이와 같이 세로로 배열된 벡터는 **열벡터**(column vector)라고 한다. <표 1-3>의 세 번째 열에 있는 숫자들(신모델 *W*에 대한 평가척도별 점수)은 하나의 열벡터를 형성한다.

반면에 가로로 배열된 벡터는 **행벡터**(row vector)라고 한다. 예를 들면

$$[1, 2, 3]$$

<표 1-3>의 세 번째 행에 있는 숫자들 중 [5, 4, 5, 5](네 가지 대안의 단위당 이익에 대한 단순평가점수)도 하나의 행벡터를 형성한다. (본서에서 벡터라 함은 특별히 언급하지 않는 한 열벡터를 지칭하기로 한다.)

벡터를 구성하는 요소가 *n*개이면, 이 벡터는 ***n*차원 벡터**라고 한다. 따라서 [1, 2, 3]은 3차원 벡터이다. 벡터는 영어 소문자를 사용하여 표기하기도 하며, 우리가 흔히 쓰는 숫자인 **스칼라**(scalar)와 구별하기 위하여 첨자는 상첨자를 사용한다. 예를 들면,

$$v^1 = \begin{bmatrix} 1 \\ x \end{bmatrix},\ v^2 = \begin{bmatrix} 2 \\ y \end{bmatrix}$$

한 열벡터를 이에 대응하는 행벡터로 변형하는 것을 **전치**(transpose)한다고 한다. 전치된 벡터는 상첨자 T를 사용하여 표기한다. 예로써 열벡터 $v = \begin{bmatrix} 1 \\ x \end{bmatrix}$를 전치시키면

$$v^T = [1,\ x] \tag{2-1}$$

다음에는 **벡터의 연산**에 대하여 기술하기로 한다. 연산은 덧셈, 뺄셈, 곱셈만 가능하고 나눗셈은 정의하지 않는다.

(1) 벡터의 덧셈과 뺄셈

두 벡터의 합 또는 차는 역시 벡터가 되는데, 각 요소는 두 벡터의 동일 위치에 있는 요소들 간의 합 또는 차와 같다. 두 벡터 $x = \begin{bmatrix} x_1 \\ \vdots \\ x_n \end{bmatrix}$와 $y = \begin{bmatrix} y_1 \\ \vdots \\ y_n \end{bmatrix}$의 합은

$$x + y = \begin{bmatrix} x_1 + y_1 \\ \vdots \\ x_n + y_n \end{bmatrix} \tag{2-2}$$

벡터 간의 차도 마찬가지 방법에 의하여 구한다. 덧셈의 예로써 두 벡터 $x = \begin{bmatrix} 2 \\ 3 \end{bmatrix}$, $y = \begin{bmatrix} 4 \\ -7 \end{bmatrix}$의 합을 구해보면,

$$x + y = \begin{bmatrix} 2 + 4 \\ 3 - 7 \end{bmatrix} = \begin{bmatrix} 6 \\ -4 \end{bmatrix}$$

앞서 본 바와 같이 벡터 간의 덧셈과 뺄셈이 가능하려면 벡터들의 차원이 같아야 한다. 차원이 다른 벡터 간의 덧셈과 뺄셈은 정의하지 않는다.

<표 1-3>의 마지막 행에 있는 숫자 348은 신모델 W의 각 평가척도별 가중평가점수를 더하여 구한 것이다. 마찬가지로 370, 382, 330도 동일한 방법으로 산출한 수치이다. 이와 같이 4개의 가중평가점수 합계는 네 번의 덧셈 과정을 통하여 각각 구할 수 있지만, 벡터의 합을 구하는 하나의 연산과정을 통하여 동시에 구할 수도 있다. 즉, 행벡터 [348, 370, 382, 330]는 각 평가척도별 가중평가점수에 해당하는 7

개의 행벡터를 더한 것과 같다.

$$[348, 370, 382, 330] = [100, 80, 100, 100] + [32, 48, 64, 16] + \cdots + [50, 40, 30, 30]$$

(2) 벡터의 동일성

두 벡터가 같다는 것은 동일 위치에 있는 요소들이 모두 같은 경우를 말한다. 예로써 두 벡터 $x = \begin{bmatrix} 2 \\ 3 \end{bmatrix}$, $y = \begin{bmatrix} y_1 \\ y_2 \end{bmatrix}$가 같다면, $y_1 = 2$, $y_2 = 3$이어야 한다. 이를 달리 표현하면, 두 벡터가 동일하면 '두 벡터의 차는 **영벡터**(zero vector)가 된다' 라고 표현할 수 있다. 여기서 영벡터란 모든 요소가 0인 벡터이다. 이를 수식으로 표현하면

$$\begin{bmatrix} 2 \\ 3 \end{bmatrix} - \begin{bmatrix} y_1 \\ y_2 \end{bmatrix} = \begin{bmatrix} 2 - y_1 \\ 3 - y_2 \end{bmatrix} = \begin{bmatrix} 0 \\ 0 \end{bmatrix} \qquad (2\text{-}3)$$

따라서 $y_1 = 2$, $y_2 = 3$이다.

(3) 벡터에 대한 스칼라 곱

한 벡터에 스칼라를 곱하는 것은 벡터의 각 요소에 스칼라를 곱하는 것과 같으며, 이 역시 벡터이다. 벡터 $x = \begin{bmatrix} 2 \\ 3 \end{bmatrix}$에 스칼라 k를 곱하면

$$kx = k\begin{bmatrix} 2 \\ 3 \end{bmatrix} = \begin{bmatrix} 2k \\ 3k \end{bmatrix} \qquad (2\text{-}4)$$

<표 1-3>의 첫 번째 행에 있는 단위당 이익에 대한 네 가지 신모델의 가중평가점수는 단순평가점수에 가중치 20을 곱한 것이다. 이는 벡터 [5, 4, 5, 5]에 스칼라 20을 곱하여 벡터 [100, 80, 100, 100]을 구한 것과 같다. 즉

$$[100, 80, 100, 100] = 20 \times [5, 4, 5, 5]$$

(4) 벡터 간의 곱셈

두 벡터의 곱은 **내적**(inner product)이라고 부르는데[외적(outer product)의 개념도 있으나, 인문사회과학에서는 활용하지 않음], 내적 결과는 **스칼라**임을 잊지 말아야 한다. 두 벡터 $x = (x_1, \cdots, x_n)$, $y = (y_1, \cdots y_n)$의 내적은 $x \cdot y$로 표기하는데,

$$x \cdot y = x_1 y_1 + x_2 y_2 + \cdots + x_n y_n \tag{2-5}$$

즉, 두 벡터의 동일 위치에 있는 요소들 간의 곱을 합한 것과 같다. 요소들 간의 곱은 스칼라이고, 이들의 합도 스칼라이므로 내적은 스칼라인 것이다. 예를 들면,

$$(1, 0) \cdot (-1, 0) = 1 \times (-1) + 0 \times 0 = -1$$

<표 1-3>의 마지막 행에 있는 숫자 348은 신모델 W의 가중평가점수의 합계인데,

$$W\text{의 가중평가점수 합계} = 20 \times 5 + 16 \times 2 + \cdots + 10 \times 5 = 348$$

이를 자세히 살펴보면 W의 단순평가점수 열벡터(3번째 열)와 가중치 열벡터(2번째 열)의 내적과 같음을 알 수 있다. 이를 수식으로 표현하면

$$[5, 2, \cdots, 5]^T \cdot [20, 16, \cdots, 10] = 348 \tag{2-6}$$

두 벡터의 내적은 348, 즉 스칼라이다.

3. 행렬

$$B = \begin{bmatrix} 1 & 2 & 3 \\ x & y & z \end{bmatrix}$$

B와 같이 요소(수 또는 변수)들이 2차원적으로 배열된 것을 **행렬**(matrix)이라고 한다. 행렬은 영문 대문자를 사용하여 간단히 표현하기도 한다. 여기서 1, 2, $\cdots$, z 등은 요소라고 부른다. 요소는 영문 소문자를 사용하여 간단히 표현하기도 하는데, 행렬 내에서의 **위치**를 하첨자로 부기하는 점이 특이하다. 예로써 행렬 B에서 첫 번째 행, 세 번째 열에 있는 요소가 3이라는 사실을 표현하려면

$$b_{13} = 3$$

요소를 일반적으로 기술하여 행렬을 표현하면 다음과 같다.

$$A = \begin{bmatrix} a_{11} & \cdots & a_{1n} \\ & \vdots & \\ a_{m1} & \cdots & a_{mn} \end{bmatrix} \tag{3-1}$$

여기서 요소 a_{ij}는 i 번째 행과 j 번째 열에 있는 요소이다. 가장 오른쪽 아래 요소가 a_{mn}이므로 행렬 A는 행이 m 개, 열이 n 개이다.

행렬은 행의 수와 열의 수로서 크기가 정의된다. 앞의 행렬 B는 행이 2개, 열이 3개인 경우이다. 이를 $B_{2 \times 3}$이라고 표현하기도 한다. 따라서 (3-1)의 행렬 A는 다음과 같이 표현할 수 있다.

$$A_{m \times n} \text{ 또는 } [a_{ij}]_{m \times n}$$

행렬의 각 행은 하나의 행벡터, 각 열은 하나의 열벡터라고 볼 수 있다. 따라서 행렬 B는 '2개의 행벡터로 구성되어 있다' 또는 '3개의 열벡터로 구성되어 있다' 라고 말할 수 있다. 이를 기호를 사용하여 표현하면

$$B = \begin{bmatrix} v^1 \\ v^2 \end{bmatrix} \text{ 또는 } [u^1, u^2, u^3]$$

여기서 v는 행벡터이고 u는 열벡터인데, 스칼라와 구별하기 위하여 상첨자를 부기하였다.

행렬은 앞에서와 같이 '벡터들로 구성되어 있다' 라고 말할 수 있지만, '부분행렬들로 구성되어 있다' 라고 말하는 것이 더 일반적이다. 부분행렬의 예는 <표 1-3>에서 볼 수 있다. 표 안의 모든 숫자(즉, 요소)들은 하나의 큰 행렬 M을 구성하고 있다. 그런데 이들은 6개의 직사각형으로 구분되어 있다. 각 사각형은 행렬, 벡터 또는 스칼라를 나타낸다. 그러나 벡터나 스칼라도 일종의 행렬이라고 볼 수 있기 때문에, 전체 행렬 M은 여러 개의 행렬(이를 부분행렬이라고 부른다)로 분할되어 있다고 말할 수 있다. 이와 같이 한 행렬을 부분행렬로 분할하는 것을 행렬 분할이라고 한다. <표 1-3>의 행렬은 6개의 부분행렬로 분할되어 있고, 이를 기호로 표현하면 다음과 같다.

$$M = \begin{bmatrix} A_{7 \times 1} & B_{7 \times 4} & C_{7 \times 4} \\ D_{1 \times 1} & E_{1 \times 4} & F_{1 \times 4} \end{bmatrix} \tag{3-2}$$

3.1 행렬의 연산

여기서는 행렬의 연산방법을 소개하기로 한다. 벡터는 행렬의 일종이므로 행렬 연

산방법은 벡터 연산방법을 일반화한 것이라고 볼 수 있다. 따라서 행렬 연산 역시 덧셈, 뺄셈, 곱셈만 가능하고 나눗셈은 정의하지 않는다.

(1) 행렬의 덧셈과 뺄셈

두 행렬의 합 또는 차는 역시 행렬이 되는데, 각 요소는 두 행렬의 동일 위치에 있는 요소들 간의 합 또는 차와 같다. 즉

$$A \pm B = [a_{ij} \pm b_{ij}] \qquad (3\text{-}3)$$

따라서 덧셈과 뺄셈이 가능하려면 행렬들의 차원이 같아야 한다. 차원이 다른 행렬 간에는 덧셈과 뺄셈을 정의하지 않는다.

〈EF 시 교통국 사례〉 이동인구 조사

EF 시는 크게 두 구역, 즉 구시가지(구역 1)와 신시가지(구역 2)로 나뉜다. 이 도시 교통국에서는 하루에 각 구역 간을 이동하는 인구를 조사하기로 하였다. 인구 이동은 주로 차량과 전철에 의하여 이루어지므로, 교통수단별로 이동인구를 조사하였다. 구역 간 이동인구를 두 행렬 A, B로 표현하였는데, 행렬 A는 차량, B는 전철을 이용하는 이동인구를 나타낸다(단위는 만 명).

$$A = \begin{bmatrix} 20 & 4 \\ 5 & 6 \end{bmatrix}, \; B = \begin{bmatrix} 2 & 1 \\ 3 & 4 \end{bmatrix}$$

이를 살펴보면 매일 차량을 이용하여 구역 2에서 구역 1로 이동하는 인구는 5만명, 반대로 구역 1에서 구역 2로 이동하는 인구는 4만 명이다(행렬 A 참조). 한편 전철로 구역 2 내부에서 이동하는 인구는 4만 명임을 알 수 있다(행렬 B 참조). 그렇다면 이동수단에 관계없이 두 구역 간을 이동하는 총 인구수는 유형별로 얼마일까?

풀이 우선 구역 1 내에서만 이동하는 인구를 먼저 구해본다. 구역 내 이동은 차량과 전철 두 가지로 이루어진다. 차량 이동인구는 20만 명(a_{11} 참조), 전철 이동인구는 2만 명(b_{11} 참조)이다. 따라서 구역 1 내의 이동인구는 20만 명과 2만 명의 합인 22만 명이다. 마찬가지 방법으로 구역 1에서 구역 2로의 이동인구는 4만 명과 1만 명의 합인 5만 명이다.

이 두 가지 결과를 살펴보면, 두 행렬의 동일 위치에 있는 수치의 합을 구한 것과 같다. 따라서 네 가지 유형의 이동인구를 구하는 것은 두 행렬 A와 B의 합을 구하는 것과 같다. 이를 구해보면,

$$A + B = \begin{bmatrix} 22 & 5 \\ 8 & 10 \end{bmatrix}$$ ■

(2) 행렬의 동일성

두 행렬 A, B가 같다($A = B$)는 것은 동일 위치에 있는 요소들이 모두 같은 경우를 말한다. 즉 같은 위치에 있는 모든 요소쌍에 대하여

$$a_{ij} = b_{ij} \tag{3-4}$$

이면, 행렬 A와 행렬 B는 같다고 말한다. 따라서 다음의 두 행렬은 같지 않다.

$$\begin{bmatrix} 2 & 0 \\ -1 & 1 \end{bmatrix} \neq \begin{bmatrix} 2 & 0 \\ 0 & 1 \end{bmatrix}$$

또한 식 (3-2)의 행렬 E와 F는 크기는 같지만 요소들이 서로 다르므로 같은 행렬이라고 할 수 없다. E는 대안별 단순평가점수 합계이고 F는 가중평가점수 합계임은 이미 언급한 바 있다.

동일한 두 행렬의 차는 **영행렬**(zero matrix)이 된다. 여기서 영행렬이란 모든 요소가 0인 행렬이다(∅로 표기한다). 예로써 $A = \begin{bmatrix} 2 & 0 \\ 0 & 1 \end{bmatrix}$, $B = \begin{bmatrix} x & y \\ z & w \end{bmatrix}$이고 $A = B$라고 하면,

$$A - B = \begin{bmatrix} 2 & 0 \\ 0 & 1 \end{bmatrix} - \begin{bmatrix} x & y \\ z & w \end{bmatrix} = \begin{bmatrix} 0 & 0 \\ 0 & 0 \end{bmatrix} = \varnothing$$

(3) 행렬에 대한 스칼라 곱

한 행렬 A에 스칼라 k를 곱하는 것은 행렬의 각 요소에 스칼라 k를 곱하는 것과 같으며, 따라서 곱한 결과도 역시 행렬이 된다. 즉

$$B = kA = [k\, a_{ij}] \tag{3-5}$$

예로써 행렬 $A = \begin{bmatrix} x & y \\ z & w \end{bmatrix}$에 스칼라 3를 곱하면

$$B = 3 \times A = \begin{bmatrix} 3x & 3y \\ 3z & 3w \end{bmatrix}$$

(4) 행렬 간의 곱셈

행렬의 곱은 특수하게 정의되는데 벡터의 내적을 행렬에 부합되게 원용한 것으로 볼 수 있다. 두 행렬 $A_{m \times p}$, $B_{p \times n}$가 있을 때, 두 행렬의 곱인 행렬 C의 요소 c_{ij}는 다음과 같이 행렬 A와 B의 요소들의 곱의 합으로 표현된다.

$$c_{ij} = \sum_{k=1}^{p} a_{ik} b_{kj} \tag{3-6}$$

이를 자세히 살펴보면 c_{ij}는 행렬 A의 i 번째 행(벡터) a^i와 행렬 B의 j 번째 열(벡터) b^j의 내적과 같다. 이 내적이 성립하려면 행렬 A의 행벡터 a^i와 행렬 B의 열벡터 b^j의 차원이 같아야 한다. 이는 곧 행렬 A의 열의 수(p)와 행렬 B의 행의 수(p)가 같아야 함을 의미한다. 이 관계를 그림으로 표현하면 <그림 3-1>과 같다.

여기서 주의할 사항은 A의 행의 수 m과 B의 열의 수 n은 두 행렬의 곱의 성립 여부와 무관하다는 것이다. 하지만 이들은 두 행렬의 곱인 행렬 C의 크기를 결정하는데 다음과 같다.

$$A_{m \times p} B_{p \times n} = C_{m \times n} = [c_{ij}]_{m \times n} \tag{3-7}$$

예를 들어보자.

$$A = \begin{bmatrix} 2 & 3 & 4 \\ 4 & 2 & 5 \end{bmatrix}_{2 \times 3} = \begin{bmatrix} a^1 \\ a^2 \end{bmatrix}, \quad B = \begin{bmatrix} 3 & 1 & 0 \\ 1 & 0 & 0 \\ 2 & 2 & 1 \end{bmatrix}_{3 \times 3} = [b^1, b^2, b^3]$$

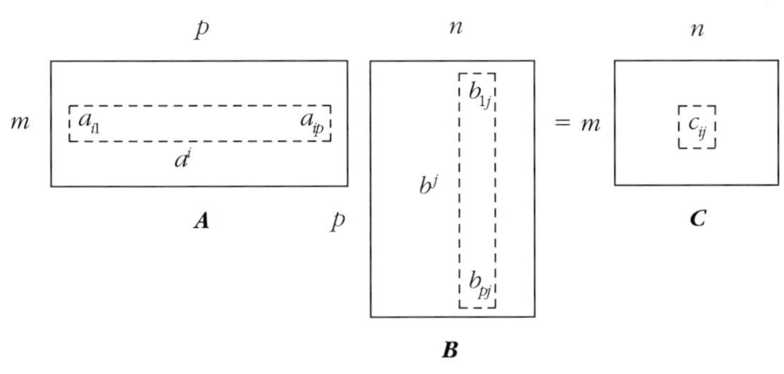

〈그림 3-1〉 행렬의 곱

$$A \cdot B = \begin{bmatrix} a^1 \\ a^2 \end{bmatrix} [b^1,\ b^2,\ b^3] = \begin{bmatrix} a^1b^1 & a^1b^2 & a^1b^3 \\ a^2b^1 & a^2b^2 & a^2b^3 \end{bmatrix}_{2 \times 3} = \begin{bmatrix} 17 & 10 & 4 \\ 24 & 14 & 5 \end{bmatrix} \tag{3-8}$$

여기서 a^1은 행벡터, b^1는 열벡터이고 차원이 모두 3이므로, a^1b^1은 두 벡터의 내적이고 따라서 스칼라이다. 이 스칼라가 행렬 C의 c_{11}이 되는 것이다. 또한 행렬 C의 크기는 A의 행의 수 2와 B의 열의 수 3에 의해 결정됨을 알 수 있다.

행렬의 곱을 이용하는 사례를 살펴보자.

〈국내 초고속통신망 시장 사례〉 차기 시장점유율의 산출

국내 초고속 통신망 시장은 세 기업 1, 2, 3이 주도하고 있다. 이들의 올해 시장 점유율은 벡터 r과 같다. 예로써 기업 1의 올해 시장점유율은 52%이다.

그런데 국내 소비자들은 **브랜드 충성심**이 약해서 한 기업의 통신망만을 이용하는 것이 아니라, 현재 서비스가 불만족이면 다른 기업의 통신망으로 바꾸는 경향이 있다. 시장분석 결과 소비자들의 이동성향은 다음 행렬 P와 같다고 한다.

행렬 내의 요소 p_{ij}는 기업 i의 통신망을 사용하다가 다음 해에 기업 j의 통신망으로 바꿀 확률이다. 예로써 $p_{11} = 0.9$라는 것은 기업 1의 고객이 차년도에도 그대로 기업 1의 고객으로 남아있을 확률이 0.9라는 것을 말한다. $p_{12} = 0.07$라는 것은 기업 1의 고객이 차년도에 기업 2로 바꿀 확률은 0.07이라는 것을 의미한다. 따라서 행렬 P에서 한 행의 요소들의 합은 반드시 1이어야 한다. 그러나 열의 요소 합이 반드시 1일 필요는 없다.

그렇다면 차년도 세 기업의 시장점유율은 각각 얼마일까?

$$r = [0.52,\ 0.375,\ 0.105]$$

$$P = \begin{bmatrix} 0.9 & 0.07 & 0.03 \\ 0.125 & 0.8 & 0.075 \\ 0.2 & 0.2 & 0.6 \end{bmatrix} = [P^1,\ P^2,\ P^3]$$

여기서 P^1, P^2, P^3는 행렬 P를 세 개의 열벡터로 분할한 것이다.

풀이 우선 차년도 기업 1의 시장점유율을 구해보자. 기업 1의 시장점유율은 전년도부터 계속 사용하는 경우와 경쟁사 2와 3을 이용하다가 새로이 기업 1로 전환한 경우로 구성된다.

전년도부터 계속하여 사용하는 경우는 전년도 점유율(0.52)과 그대로 유지될 확률(0.9)의 곱과 같다. 경쟁사 2를 이용하다가 기업 1로 전환할 경우는 기업 2 점유율(0.375)과 기업 2에서 기업 1로 전환할 확률(0.125)의 곱과 같다. 마찬가지로 경쟁사 3을 이용하다가 기업 1로 전환할 경우는 기업 3 점유율(0.105)과 기업 3에서 기업 1로 전환할 확률(0.2)의 곱이다. 이를 정리하면

$$\text{기업 1의 차년도 점유율} = 0.52 \times 0.9 + 0.375 \times 0.125 + 0.105 \times 0.2 = 0.536$$

그런데 이는 r과 P^1의 내적을 구한 것과 동일하다.

$$\text{기업 1의 차년도 점유율} = r\,P^1 = 0.536$$

이를 다른 기업에도 적용하면, 차년도 세 기업의 시장점유율은

$$\begin{aligned} P(\text{차년도}) &= [rP^1,\ rP^2,\ rP^3] = r[P^1,\ P^2,\ P^3] = r\,P \qquad (3\text{-}9) \\ &= [0.52,\ 0.375,\ 0.105]\begin{bmatrix} 0.9 & 0.07 & 0.03 \\ 0.125 & 0.8 & 0.075 \\ 0.2 & 0.2 & 0.6 \end{bmatrix} \\ &= [0.536,\ 0.357,\ 0.107] \end{aligned}$$

이 결과를 보면 기업 3의 시장점유율은 거의 변동이 없으나, 기업 2의 점유율이 감소한 대신 기업 1의 점유율이 그만큼 상승했음을 알 수 있다. ■

행렬의 연산은 그 특성상 스칼라의 연산과 다른 점이 많다. 이 중 몇 가지를 살펴보기로 한다.

(1) 행렬의 곱은 그 순서를 바꾸면 원래의 것과 반드시 같지 않다

스칼라의 경우에는 $xy = yx$가 항상 성립한다. 그러나 행렬의 경우에는 $AB = BA$가 항상 성립하지 않는다.

예로써 $A = \begin{bmatrix} 1 & 2 \\ 3 & 4 \end{bmatrix}$, $B = \begin{bmatrix} 0 & 1 \\ 1 & 1 \end{bmatrix}$ 일 때

$$AB = \begin{bmatrix} 1 & 2 \\ 3 & 4 \end{bmatrix}\begin{bmatrix} 0 & 1 \\ 1 & 1 \end{bmatrix} = \begin{bmatrix} 2 & 3 \\ 4 & 7 \end{bmatrix}$$

$$BA = \begin{bmatrix} 0 & 1 \\ 1 & 1 \end{bmatrix} \begin{bmatrix} 1 & 2 \\ 3 & 4 \end{bmatrix} = \begin{bmatrix} 3 & 4 \\ 4 & 6 \end{bmatrix}$$

즉, $AB \neq BA$

(2) 두 미지행렬의 곱이 영행렬일 때, 두 행렬 모두 영행렬이 아닐 수 있다

스칼라의 경우에는 $xy = 0$이면 최소한 x와 y 중 하나 또는 둘 다 0이어야 한다. 그러나 행렬의 경우에는 두 행렬의 곱이 영행렬이더라도 두 행렬 중 최소한 하나라도 영행렬일 필요가 없다.

예로써 행렬 $A = \begin{bmatrix} 1 & 2 & 5 \\ 2 & 4 & 10 \\ -1 & -2 & -5 \end{bmatrix}$를 자기 자신과 곱해보자. A는 행과 열의 수가 같은 정방행렬이므로 제곱이 가능하며 이는 다음과 같이 표기한다.

$$AA = A^2 \tag{3-10}$$

A^2을 구해보면(독자들은 직접 구해보길 바란다.)

$$A^2 = \varnothing$$

따라서 행렬의 제곱이 영행렬이어도 그 행렬은 영행렬이 아니다. 이를 일반적으로 확대하면, 두 행렬의 곱이 영행렬일 때, 두 행렬 모두 영행렬이 아닐 수 있음을 의미한다.

(3) $AB = AC$, $A \neq \varnothing$일 때, 반드시 $B = C$일 필요가 없다

스칼라의 경우에는 $xy = xz$이고 x가 0이 아니라면 반드시 $y = z$이다. 그러나 행렬의 경우에는 반드시 성립하지 않는다. 예를 하나 들기로 한다. 행렬 $A = \begin{bmatrix} 2 & 3 \\ 6 & 9 \end{bmatrix}$, $B = \begin{bmatrix} 1 & 1 \\ 1 & 2 \end{bmatrix}$, $C = \begin{bmatrix} -2 & 1 \\ 3 & 2 \end{bmatrix}$가 있을 때, 두 행렬의 곱 AB와 AC를 구해보면 다음과 같이 동일하다.

$$AB = AC = \begin{bmatrix} 5 & 8 \\ 15 & 24 \end{bmatrix}$$

그렇지만 $B \neq C$이다.

3.2 주요 기초 행렬

다음에는 중요한 기초적 행렬을 몇 가지 정의하기로 한다.

(1) 항등행렬

항등행렬(identity matrix)은 정방행렬 중 대각선상에 있는 요소들이 모두 1이고, 나머지 요소들은 모두 0인 행렬인데 보통 대문자 I로 표시한다. 예로써 3×3 항등행렬을 보면,

$$I_{3 \times 3} = \begin{bmatrix} 1 & 0 & 0 \\ 0 & 1 & 0 \\ 0 & 0 & 1 \end{bmatrix} \tag{3-11}$$

임의의 정방행렬에 항등행렬을 앞에서 또는 뒤에서 곱하면 그 결과는 원래의 정방행렬과 같다.

$$\begin{bmatrix} 1 & 2 & 5 \\ 2 & 4 & 10 \\ -1 & -2 & -5 \end{bmatrix} \begin{bmatrix} 1 & 0 & 0 \\ 0 & 1 & 0 \\ 0 & 0 & 1 \end{bmatrix} = \begin{bmatrix} 1 & 0 & 0 \\ 0 & 1 & 0 \\ 0 & 0 & 1 \end{bmatrix} \begin{bmatrix} 1 & 2 & 5 \\ 2 & 4 & 10 \\ -1 & -2 & -5 \end{bmatrix} = \begin{bmatrix} 1 & 2 & 5 \\ 2 & 4 & 10 \\ -1 & -2 & -5 \end{bmatrix}$$

정방행렬이 아닌 경우에도 위 성질은 성립하나, 곱해지는 행렬의 크기에 따라 앞 또는 뒤에 곱하는 항등행렬과의 크기가 달라져야 한다. 이를 일반적으로 표현하면

$$A_{m \times n} \cdot I_{n \times n} = A_{m \times n} \tag{3-12}$$

$$I_{m \times m} \cdot A_{m \times n} = A_{m \times n} \tag{3-13}$$

(2) 전치행렬

행과 열이 전치된 행렬을 **전치행렬**이라고 한다. 전치행렬은 원행렬에 상첨자 T를 붙여서 표현한다. 예를 들면

$$A = \begin{bmatrix} 2 & 3 & 4 \\ 4 & 2 & 5 \end{bmatrix}, \ A^T = \begin{bmatrix} 2 & 4 \\ 3 & 2 \\ 4 & 5 \end{bmatrix}$$

전치행렬의 연산방법은 다음과 같다.

$$(A^T)^T = A \tag{3-14}$$

$$(A + B)^T = A^T + B^T \tag{3-15}$$

$$(AB)^T = B^T A^T \tag{3-16}$$

(3) 역행렬

임의의 정방행렬 $A_{n \times n}$에 대하여 다음 식을 만족시키는 정방행렬 $B_{n \times n}$가 존재하면

$$AB = BA = I_{n \times n} \tag{3-17}$$

B는 A의 역행렬이라고 하고, A^{-1}로 표기한다. 즉, 역행렬은 다음 식을 만족한다.

$$A \cdot A^{-1} = A^{-1} \cdot A = I \tag{3-18}$$

모든 행렬 A에 대하여 역행렬이 존재하는 것은 아니다. 역행렬이 존재하려면 행렬 A는 우선 정방행렬이어야 하며 또한 **정칙행렬**(nonsingular matrix)이어야 하는데, 정칙행렬은 본서의 범위를 넘으므로 구체적 설명은 생략하기로 한다.

다음에는 역행렬의 연산방법에 대하여 살펴본다.

$$(A^{-1})^{-1} = A \tag{3-19}$$

$$(AB)^{-1} = B^{-1}A^{-1} \tag{3-20}$$

$$(ABC)^{-1} = C^{-1}B^{-1}A^{-1} \tag{3-21}$$

다음에는 한 행렬이 주어져 있을 때 그 행렬의 역행렬을 구하는 방법을 설명하기로 한다. 우선 2×2 행렬의 역행렬을 구해보기로 한다. 예로써 $A = \begin{bmatrix} 1 & 0 \\ 2 & 3 \end{bmatrix}$의 역행렬 A^{-1}은 식 (3-18)을 만족해야 하므로 이에 대입하면 다음과 같다. 여기서 역행렬은 현재 알 수 없으므로 모든 요소를 미지수로 놓았다.

$$\begin{bmatrix} 1 & 0 \\ 2 & 3 \end{bmatrix}\begin{bmatrix} x & y \\ z & w \end{bmatrix} = \begin{bmatrix} 1 & 0 \\ 0 & 1 \end{bmatrix} \tag{3-22}$$

행렬의 곱의 성질을 이용하여 우측 항등행렬의 요소별로 표현하면 다음의 연립방정식이 된다.

$$x = 1$$
$$y = 0$$

$$2x + 3z = 0$$
$$2y + 3w = 1$$

이 연립방정식의 해를 구하면

$$x = 1, \quad y = 0, \quad z = -2/3, \quad w = 1/3$$

따라서 A의 역행렬은

$$A^{-1} = \begin{bmatrix} 1 & 0 \\ -\frac{2}{3} & \frac{1}{3} \end{bmatrix}$$

만일 위 연립방정식의 해가 존재하지 않으면(행렬 A가 정칙행렬이 아니면) 역행렬은 존재하지 않는다.

행렬의 크기가 3 × 3 이상인 경우에도 앞에서와 같은 방법으로 역행렬을 구할 수 있다. 그러나 이 방법은 컴퓨터를 이용할 수 있도록 일반화하기 어렵기 때문에 다른 방법이 개발되어 있다. 이에 대한 구체적 소개는 본서 제3부에서 다루도록 하겠다.

토론문제

1. 하이야트 맥주주식회사는 새로운 양조장의 입지를 두 후보지 A와 B 중 한 곳으로 정하려 한다. 두 후보지에 대하여 여러 가지 평가척도에 대하여 평가한 결과

〈표 E-1〉 후보지별 평가점수

평가척도	가중치(%)	평가점수	
		A	B
건설비용	10	8	5
사회기반시설	10	7	7
사업여건	10	4	7
부동산 가격	20	7	4
삶의 질	20	4	8
교통 편의성	30	7	6

와 평가척도별 중요도를 나타내는 가중치는 다음 표와 같다고 한다. 각 척도별 평가점수는 10점 만점으로 하였는데, 1은 열악함, 10은 매우 우수함이라고 한다.

(1) 평가척도의 가중치를 고려할 때 두 후보지 중 어느 곳이 더 바람직한가?

(2) 평가척도의 가중치가 모두 같다면 (1)번 의사결정이 변하는가?

(3) 벡터의 내적 개념을 사용하여 대안별 가중평가점수의 합계를 구하는 식을 기술하시오.

2. 삼성전자는 3개의 사업본부, 즉 가전사업, 산업전자, 컴퓨터 사업본부로 구성되어 있다. 아래 행렬은 지난 2011년 1년간 각 사업본부의 분기별 영업이익(단위 : 억 원)을 정리한 자료이다.

$$\begin{array}{c} \\ \text{1분기} \\ \text{2분기} \\ \text{3분기} \\ \text{4분기} \end{array} \begin{array}{c} \begin{array}{ccc} \text{가전사업} & \text{산업전자} & \text{컴퓨터} \end{array} \\ \begin{bmatrix} 6 & 2 & 1 \\ 5 & -1 & 2 \\ 8 & 0 & 0 \\ 4 & 3 & 1 \end{bmatrix} \end{array}$$

(1) 각 행벡터를 R_1, R_2, R_3, R_4라고 할 때, 행벡터들의 합 $R_1 + R_2 + R_3 + R_4$를 구하시오. 이 결과(즉, 행벡터들의 합)는 무엇을 의미하는가?

(2) 각 열벡터를 C_1, C_2, C_3라고 할 때, 열벡터들의 합 $C_1 + C_2 + C_3$을 구하시오. 이 결과(즉, 열벡터들의 합)는 무엇을 의미하는가?

3. HP컴퓨터는 세 종류의 개인용 컴퓨터(A, B, C)를 생산하고 있다. 이들 세 가지 컴퓨터에 소요되는 부품들 중 그 비중이 가장 큰 네 가지 부품(a, b, c, d)의 소요량을 행렬로 나타내면 다음과 같다.

$$\begin{array}{c} \\ a \\ b \\ c \\ d \end{array} \begin{array}{c} \begin{array}{ccc} A & B & C \end{array} \\ \begin{bmatrix} 3 & 2 & 4 \\ 5 & 8 & 4 \\ 1 & 1 & 1 \\ 7 & 10 & 3 \end{bmatrix} \end{array}$$

또한, 이들 세 가지 컴퓨터는 인천과 수원 공장에서 생산되는데, 2011년 각 공장의 컴퓨터 생산실적(단위 : 만대)을 행렬로 정리하면 다음과 같다.

$$\begin{array}{ccc} & & \text{인천공장} \quad \text{수원공장} \\ \text{컴퓨터} & \begin{array}{c} A \\ B \\ C \end{array} & \begin{bmatrix} 8 & 5 \\ 0 & 20 \\ 16 & 12 \end{bmatrix} \end{array}$$

위에서 첫 번째 행렬을 D, 두 번째 행렬을 E라고 할 때, 행렬 D와 행렬 E의 곱을 계산하시오. 이 결과(즉, 두 행렬의 곱)는 무엇을 의미하는가?

4. <국내 초고속통신망 시장 사례>에서는 세 기업의 올해 시장점유율을 이용하여 차년도 시장점유율을 구하였다. 여기서는 이를 이용하여 세 기업의 3년 후의 시장점유율을 예측하시오. 시장점유율은 소수점 셋째 자리까지 구하시오.

5. <HD전자 사례>에서 가중치의 합을 100% 대신 1로 하는 경우 <표 1-3>의 결과를 다시 작성하시오. 이 경우 모델별 가중평가점수 합계의 만점은 몇 점인가?

연습문제

1. 다음 3개의 벡터 $x = \begin{bmatrix} 1 \\ 2 \end{bmatrix}$, $y = \begin{bmatrix} 4 \\ -1 \end{bmatrix}$, $z = \begin{bmatrix} 3 \\ 0 \end{bmatrix}$에 대하여 다음 각 등식이 성립하는지 여부를 밝히시오.

(1) $3(x - y) = 3x - 3y$

(2) $(3 + 2)x = 3x + 2x$

(3) $x + (y + z) = (x + y) + z$

(4) $3(x \cdot y) = (3x) \cdot y = x \cdot (3y)$

(5) $x \cdot y = y \cdot x$

(6) $(x - y) \cdot z = x \cdot z - y \cdot z$

(7) $(x \cdot y) \cdot z = x \cdot (y \cdot z)$

2. 다음 3개의 행렬에 대하여 다음 각 등식이 성립하는지 여부를 밝히시오.

$$A = \begin{bmatrix} 2 & 3 \\ 0 & -1 \end{bmatrix},\ B = \begin{bmatrix} 5 & 1 \\ -1 & 0 \end{bmatrix},\ C = \begin{bmatrix} 1 & 0 & -1 \\ 0 & 1 & -1 \end{bmatrix}$$

(1) $A + B = B + A$

(2) $(A + B) - C = A + (B - C) = A + B - C$

(3) $(AB)C = A(BC) = ABC$

(4) $(A + B)C = AC + BC$

3. 다음 3개의 행렬에 대하여 다음 질문에 답하시오.

$$A = \begin{bmatrix} 2 & 3 \\ 0 & -1 \end{bmatrix},\ B = \begin{bmatrix} 5 & 1 \\ -1 & 0 \end{bmatrix},\ C = \begin{bmatrix} 1 & 0 & -1 \\ 0 & 1 & -1 \end{bmatrix}$$

(1) $A + X = B$일 때 행렬 X를 구하시오.

(2) $D = (-2)C$를 만족하는 행렬 D를 구하시오.

(3) $E = CI_{3 \times 3}$를 만족하는 행렬 E를 구하고 C와 같음을 증명하시오.

(4) $F = (C^T)^T$를 만족하는 행렬 F를 구하고 C와 같음을 증명하시오.

(5) $(AC)^T = C^T A^T$임을 보이시오.

(6) $(A + B)^T = A^T + B^T$임을 보이시오.

4. (1) 역행렬의 정의를 이용하여 다음 두 행렬의 역행렬을 각각 구하시오.

$$A = \begin{bmatrix} 2 & 3 \\ 0 & -1 \end{bmatrix},\ B = \begin{bmatrix} 5 & 1 \\ -1 & 0 \end{bmatrix}$$

(2) $(A^{-1})^{-1} = A$임을 보이시오.

(3) $(AB)^{-1} = B^{-1}A^{-1}$임을 보이시오.

5. 다음에 주어진 4개의 행렬 중에서 어떤 것이 다른 것의 역행렬인가를 보이시오.

$$D = \begin{bmatrix} 1 & 12 \\ 0 & 3 \end{bmatrix},\ E = \begin{bmatrix} 1 & 1 \\ 6 & 8 \end{bmatrix},\ F = \begin{bmatrix} 1 & -4 \\ 0 & 1/3 \end{bmatrix},\ G = \begin{bmatrix} 4 & -1/2 \\ -3 & 1/2 \end{bmatrix}$$

참고문헌

김형욱(1993), 경영수학, 법경사.

한국과학기술원 생산경영연구실(1997), 생산관리, 석정.

Hillier, F S. and M. S. Hillier(노형봉 외 5인 번역)(2004), 경영과학, 2nd Ed., 한경사.

Krajewski, L. J. and L. P. Ritzman(2004), Operations Management, 7th Ed., Prentice Hall.

제5장

미분

미분은 경영학이나 경제학 분야에서 다양하게 활용되고 있다. 미분은 우리가 관심을 가지는 함수가 특정 변수가 증가 또는 감소하는 경우에 어떻게 변화하는지를 알려주기 때문에, 이를 이용하여 주어진 명제나 현상들을 설명하는 데 사용한다. 또한 의사결정시 목적함수의 최적값과 이에 대응하는 의사결정변수 값을 도출하는 경우에도 사용된다.

본 장에서는 미분에 관련된 가장 기초적인 이론들을 소개한다. 구체적으로 살펴보면, 미분계수와 도함수, 합성함수의 미분, 고계도함수, 다변수함수의 편미분 등이다.

1. 순간변화율과 도함수

우선 순간변화율과 미분계수의 기하학적 의미를 살펴보기 위하여 함수 $f(x)$의 그래프를 그린 <그림 1-1>을 보기로 한다.

그림에서 선분 PQ의 기울기는 다음과 같다.

$$\frac{\Delta y}{\Delta x} = \frac{f(c+\Delta x)-f(c)}{(c+\Delta x)-c} = \frac{f(c+\Delta x)-f(c)}{\Delta x} \qquad (1\text{-}1)$$

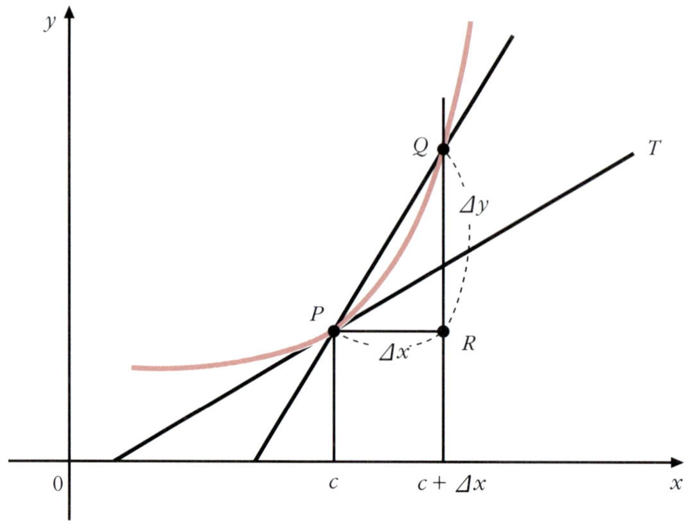

〈그림 1-1〉 순간변화율과 미분계수

이는 변수 x가 c에서 $c + \Delta x$로 증가하는 동안에 함수값 $f(x)$가 증가한 **평균변화율**이다.

만일 Δx가 무한히 작아지면 점 Q는 점 P에 무한히 근접하게 된다. 이때 선분 PQ는 직선 PT가 되는데, 직선 PT는 점 $P(x = c)$에서의 접선이다. 따라서 직선 PT의 기울기는 점 P에서의 순간변화율이며, 수식으로 표현하면 다음과 같다.

$$\text{직선 } PT\text{의 기울기} = (x = c)\text{에서의 접선의 기울기}$$

$$= \lim_{\Delta x \to 0} \frac{\Delta y}{\Delta x}$$

$$= \lim_{\Delta x \to 0} \frac{f(c + \Delta x) - f(c)}{\Delta x} \tag{1-2}$$

$x = c$에서의 **접선의 기울기**를 $f'(c)$라고 정의하면,

$$f'(c) = \lim_{\Delta x \to 0} \frac{f(c + \Delta x) - f(c)}{\Delta x} \tag{1-3}$$

이 식에서 $(c + \Delta x)$ 대신 변수 x를 대입하면(따라서 $\Delta x \to 0$ 대신 $x \to c$를 대입한다),

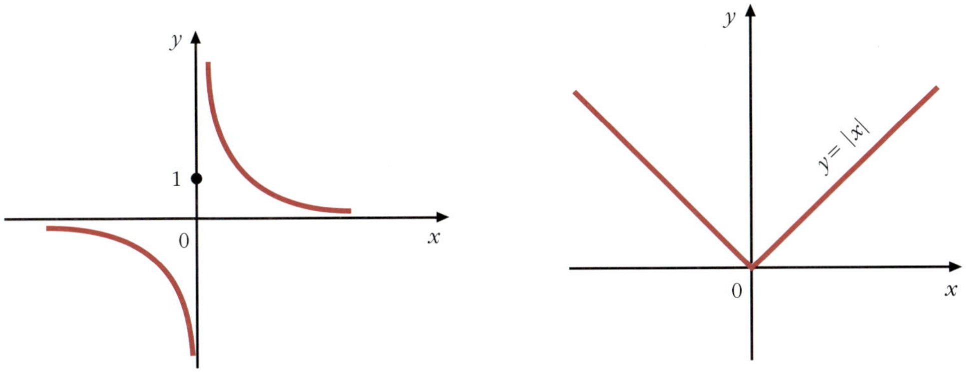

(a) (b)

〈그림 1-2〉 미분이 불가능한 경우

$$f'(c) = \lim_{x \to c} \frac{f(x) - f(c)}{x - c} \tag{1-4}$$

이러한 $f'(c)$를 함수 $f(x)$의 $x = c$에서의 미분계수(differential coefficient)라고 한다. 따라서 미분계수는 특정점 P에서의 접선의 기울기 또는 함수값의 순간변화율을 의미한다.

점 c에서 미분계수 $f'(c)$가 존재하면(즉, 식 (1-4)의 우변의 극한치가 존재하면), 함수 $f(x)$는 점 c에서 미분가능하다고 한다. 미분이 불가능한 경우, 즉 식 (1-4)의 우변 극한치가 존재하지 않는 경우의 예를 들면 <그림 1-2>와 같다.

좌측 그림 (a)는 $x = 0$에서 미분이 불가능한데, $x = 0$에서 불연속이기 때문이다. 한편 우측 그림 (b)는 $x = 0$에서 연속이지만 미분이 불가능하다. 왜냐하면 우측에서의 기울기의 수렴치와 좌측에서의 기울기 수렴치가 다르기 때문이다. 이에 대한 자세한 설명은 생략하기로 한다.

식 (1-3)에서는 특정한 점 c에서의 미분계수를 고려하였는데, 이를 특정점 c가 아니라 일반점 x에서 미분계수로 변형시켜보자. 그러면

$$f'(x) = \lim_{\Delta x \to 0} \frac{f(x + \Delta x) - f(x)}{\Delta x} \tag{1-5}$$

만일 함수 $f(x)$가 구간 (a, b)의 모든 임의의 점 x에서 미분가능할 때(즉, 식 (1-5)의 $f'(x)$가 존재할 때), $f'(x)$를 함수 $f(x)$의 도함수(derivative)라고 부른다. (도함

수는 이 외에도 다양하게 표기하는데, 예를 들면 $(f(x))'$, y', $\dfrac{dy}{dx}$, $\dfrac{d}{dx}f(x)$)이다. 따라서 $x = c$에서의 미분계수 $f'(c)$는 도함수 $f'(x)$의 $x = c$에서의 함수값이 된다. 한 함수가 있을 때, 이 함수의 도함수를 구하는 것을 **미분한다**고 한다.

다음은 기본함수 및 이들의 연산의 **도함수**를 보여준다. 도함수를 구하는 과정의 설명은 생략하기로 한다. 독자들은 이를 암기하여 사용하는 것이 좋다. 여기서는 도함수의 표현으로 $(f(x))'$을 사용하였다.

$$(c)' = 0, \quad \text{여기서 } c\text{는 상수} \tag{1-6}$$

$$(x^n)' = n\,x^{n-1} \tag{1-7}$$

$$(cf(x))' = cf'(x) \tag{1-8}$$

$$(f(x) \pm g(x))' = f'(x) \pm g'(x) \tag{1-9}$$

$$(f(x) \cdot g(x))' = f'(x)g(x) + f(x)g'(x) \tag{1-10}$$

$$\left(\frac{f(x)}{g(x)}\right)' = \frac{f'(x)g(x) - f(x)g'(x)}{(g(x))^2} \tag{1-11}$$

다음은 **초월함수의 도함수**이다.

$$(e^x)' = e^x \tag{1-12}$$

$$(\ln x)' = \frac{1}{x} \tag{1-13}$$

$$(\sin x)' = \cos x \tag{1-14}$$

$$(\cos x)' = -\sin x \tag{1-15}$$

$$(\tan x)' = \left(\frac{\sin x}{\cos x}\right)' = \frac{1}{\cos^2 x} = \sec^2 x \tag{1-16}$$

삼각함수의 역수는 별도의 기호를 사용하여 표기하는데 다음과 같다.

$$\cot x = \frac{1}{\tan x} \tag{1-17}$$

$$\sec x = \frac{1}{\cos x} \tag{1-18}$$

$$\operatorname{cosec} x = \frac{1}{\sin x} \tag{1-19}$$

예 함수 $f(x) = \frac{1}{x}$에서 $x = 0.1$과 $x = -0.1$에서의 미분계수를 구해보자. 우선 이 함수의 도함수는 식 (1-7)로부터

$$f'(x) = -\frac{1}{x^2}$$

그러므로 두 미분계수는 도함수에 0.1과 −0.1을 대입하면 구할 수 있다.

$$f'(0.1) = -100 \tag{1-20}$$

$$f'(-0.1) = -100 \tag{1-21}$$

만일 x값이 0에 더 근접하게 되면 식 (1-20)과 (1-21)의 값은 더 작아져서 $-\infty$에 근접하게 된다. □

예 지수함수 $f(x) = e^x$에서 $x = 0$, $x = 1$에서의 접선의 기울기를 구해보자. 이는 두 점에서의 미분계수를 구하는 것과 같다. 우선 도함수를 구하면

$$f'(x) = e^x$$

따라서

$$f'(0) = 1$$

$$f'(1) = e = 2.7183$$

□

예 $f(x) = \sin x \cdot \tan x$에서 $x = 0$, $x = \pi$에서의 접선의 기울기를 구해보자.

$$f'(x) = \cos x \tan x + \sin x \sec^2 x$$

따라서

$$f'(0) = \cos 0 \tan 0 + \sin 0 \sec^2 0 = 0$$

$$f'(\pi) = \cos \pi \tan \pi + \sin \pi \sec^2 \pi = 0$$ □

예 $f(x) = (x^3 + 3)/\sqrt{x}$ (단, $x > 0$)의 도함수를 구하시오.

$$f'(x) = \frac{3x^2 x^{\frac{1}{2}} - (x^3 + 3)(\frac{1}{2} x^{\frac{-1}{2}})}{(x^{\frac{1}{2}})^2}$$

$$= \frac{5}{2} x^{\frac{3}{2}} - \frac{3}{2} x^{\frac{-3}{2}}$$ □

예 한 국가의 경제인구에서 여성이 차지하는 비율은 다양한 의미를 지니는데, 특히 그중에서 여성의 사회적 지위가 대표적이다. 그러나 경제인구 중 여성의 비율은 노동공급의 고임금화에 따른 **대체효과**(substitution effect)와 **소득효과**(income effect)를 반영한다고 볼 수 있다. 대체효과에 따르면 고임금의 근로자로 하여금 더욱 노동을 중시하게 하며 결국 이와 같은 고임금으로 말미암아 한 국가의 경제인구가 증가하는 경향을 보인다. 그렇지만 다른 한편으로는 임금이 올라감에 따라 경제인구에 의한 노동공급이 감소하는 경향이 나타나는데, 이는 고소득 근로자의 경우 보수가 제공되지 않는 활동(예를 들어, 육아 또는 여가활동)에 더 많은 시간을 갖기를 원하기 때문이다.

서로 반대 방향으로 움직이는 대체효과와 소득효과는 한 국가의 1인당 국민소득과 여성의 경제활동 참여율 사이에 **U자형 관계**를 형성시킨다. 저소득 국가에서 경제개발은 일반적으로 남성을 고용하는 제조업부터 시작되는데, 이들 국가의 경제가 발전하고 1인당 국민소득이 증가하면서, 가족수입의 증가와 도시화에 따른 가족농사의 감소로 인하여 여성의 경제활동 참여율은 오히려 감소하는 경향이 있다. 이후 경제개발이 특정 수준에 이르면 여성은 서비스업에서 더 많은 일자리 기회를 찾는다. 또한 1인당 국민소득이 증가하면서 여성의 교육수준 역시 현저히 높아지는데, 이에 따라 고소득 국가의 경우 여성에 대한 고용기회가 증가하는 양상을 보인다. 이와 관련하여 Claudia Goldin(1995)은 아프리카와 남아시아의 경우 1인당 국민소득과 여성의 경제활동 참여율 사이에는 U자형 관계에서 하락형의 추세를, 중남미 국가의 경우는 U자형 관계에서 저점형을, 유럽 및 동아시아와 산업국가의 경우 U자형 관계에서 상승형의 추세를 찾아냈다.

Kristin Mammen과 Christina Paxson(2000)은 전 세계 90개 국가로부터 획득한 경제발전의 네 가지 단계별 경제관련 지표들을 분석하여 1인당 국민소득과 여성의 경제활동 참여율 사이의 관계를 추정하였다. 그들은 45세에서 59세 사이의 여성의 경제활동 참여율 P는 1인당 국민소득 Y와 다음과 같은 대수관계가 있음을 발견하였다.

$$P = 501.42 - 120.43 \ln Y + 7.68(\ln Y)^2$$

이 식은 여성의 경제활동 참여율 P와 1인당 국민소득 Y가 U자형의 관계라는 것을 나타내는 함수이다. 식 (1-5)로부터 $\ln Y$에 대한 P의 도함수, 즉 $\ln Y$가 변함에 따라서 여성의 경제활동 참여율의 변화량을 다음과 같이 나타낼 수 있다.

$$\frac{dP}{d\ln Y} = -120.43 + 15.36 \ln Y$$

이 도함수는 $\ln Y$가 7.84보다 작을 때 음수값을 가지며, 따라서 여성의 경제활동 참여율 함수는 0부터 7.84 사이에서 감소한다고 볼 수 있다. 또한 이 도함수는 $\ln Y = 7.84$에서 0이고, 이는 1인당 국민소득이 \$2,540($=e^{7.84}$)인 경우를 나타내며, 이 값에서 여성의 경제활동 참여율 함수의 접선이 편평하다는 것을 보여준다. 더구나 여성의 경제활동 참여율 함수는 $\ln Y$가 7.84보다 클 경우 증가하는데, 이는 도함수 $\frac{dP}{d\ln Y}$가 이 범위에서 양수값을 가지기 때문이다. 따라서 여성의 경제활동 참여율 함수는 <그림 1-3>과 같은 형태를 가진다.

이 도함수를 이용하면 다양한 소득수준에서 1인당 국민소득의 변화가 여성의 경제활동 참여율의 변화에 어느 정도 영향을 미치는지를 추정할 수 있다. 예를 들어, 1985년 인도의 1인당 국민소득은 \$1,140이었는데, 이는 $\ln(1140) = 7.04$이므로, 당시 인도 여성의 경제활동 참여율을 다음과 같이 추정할 수 있다.

$$P = 501.42 - 120.43 \times 7.04 + 7.68 \times (7.04)^2 = 34.23(\%)$$

이 추정치는 1985년 인도 여성의 실제 경제활동 참여율인 33.42%와 거의 차

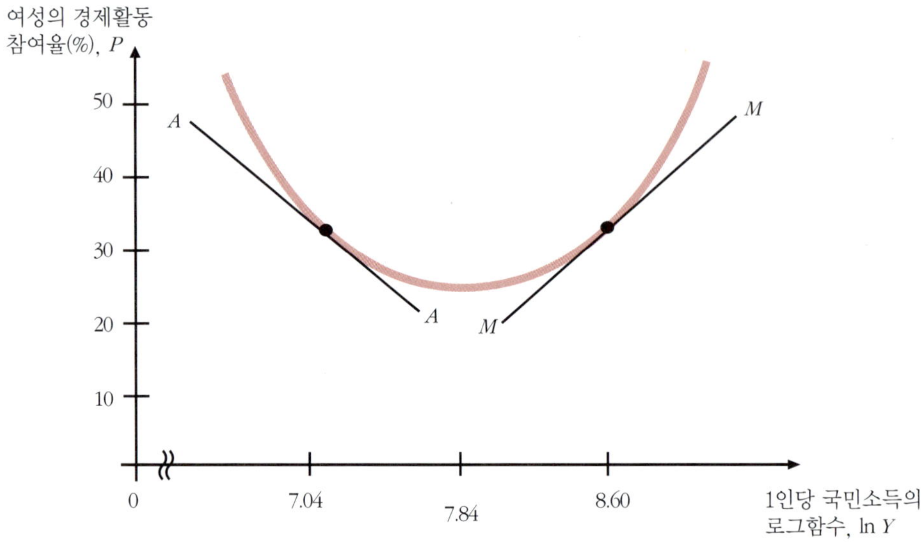

〈그림 1-3〉 1인당 국민소득과 여성의 경제활동 참여율 사이의 U자형 관계

이가 없다. 또한 한 국가의 1인당 국민소득 $1,140에서 도함수를 추정하면,

$$\frac{dP}{d\ln Y} = -120.43 + 15.36 \times 7.04 = -12.30$$

따라서 여성의 경제활동 참여율 함수에서 ln Y = 7.04에서의 접선의 기울기는 −12.30이며, 이는 <그림 1-3>의 직선 AA와 같다. 이로부터 인도의 경우 1인당 국민소득의 소폭 상승이 여성의 경제활동 참여율을 떨어뜨린다고 볼 수 있다. 예를 들어, ln Y가 7.04에서 7.05로 증가하면, 즉 1인당 국민소득 Y가 $1,140.00에서 $1,151.40으로 1%만큼 소폭 상승하면, 여성의 경제활동 참여율은 −0.123%(= −12.30 × 1%)만큼 떨어진다.

또 다른 예로 멕시코의 경우 1985년에 1인당 국민소득이 $5,416으로 인도보다 높았지만, 멕시코 여성의 경제활동 참여율은 다음과 같이 33.70%로 추정될 수 있다.

$$P = 501.42 - 120.43 \times \ln(5{,}416) + 7.68 \times (\ln(5{,}416))^2 = 33.70(\%)$$

이 참여율 33.70%는 1인당 국민소득이 $1,140인 인도 여성의 경제활동 참여율의 추정치에 근접하지만, 도함수는 다음과 같이 양수값을 갖는다.

$$\frac{dP}{d\ln Y} = -120.43 + 15.36 \times \ln(5{,}416) = -120.43 + 15.36 \times 8.60 = 11.67$$

따라서 멕시코의 경우 1인당 국민소득의 상승이 여성의 경제활동 참여율을 높인다고 볼 수 있다. 즉, 여성의 경제활동 참여율 함수에서 $\ln Y = 8.60(= \ln(5{,}416))$에서의 접선의 기울기는 11.67이며, 이는 <그림 1-3>의 직선 MM과 같다. 결국 $\ln Y$의 8.60에서 8.61로의 증가, 즉 1인당 국민소득 Y의 \$5,416.00에서 \$5,470.16으로의 1% 상승은 여성의 경제활동 참여율을 0.1167%(=11.67×1%)만큼 높이는 효과가 있다. □

2. 합성함수의 도함수와 고계 도함수

두 함수 $f(\cdot)$와 $g(\cdot)$가 $y = f(u)$, $u = g(x)$로 정의되면 두 함수의 **합성함수**는 다음과 같이 정의한다.

$$f \cdot g(x) = f(g(x)) \tag{2-1}$$

두 함수 $f(\cdot)$와 $g(\cdot)$가 모두 미분가능하면 **합성함수 $f \cdot g(\cdot)$의 도함수**는 다음과 같다.

$$\begin{aligned} y' &= [f(g(x))]' \\ &= \frac{dy}{dx} = \frac{d}{dx}f(g(x)) = \frac{dy}{du} \cdot \frac{du}{dx}, \text{ 여기서 } u = g(x) \\ &= f'(u) \cdot u' \end{aligned} \tag{2-2}$$

예 ① $y = (3x + 1)^2$

$u = 3x + 1$로 놓으면, $f(u) = u^2$

$$\frac{dy}{dx} = \frac{dy}{du} \cdot \frac{du}{dx} = 2u \cdot 3 = 6(3x + 1)$$

② $y = \left(\dfrac{x - 1}{x + 1}\right)^2$

$$u = \frac{x-1}{x+1}$$로 놓으면, $y = u^2$

$$\frac{dy}{dx} = 2\left(\frac{x-1}{x+1}\right) \cdot \frac{(x+1)-(x-1)}{(x+1)^2} = \frac{4(x-1)}{(x+1)^3}$$ □

다음은 초월함수의 합성함수를 미분하는 경우의 예이다.

예 ① $(e^{g(x)})' = e^{g(x)} \cdot g'(x)$ (2-3)

② $(\ln g(x))' = \dfrac{1}{g(x)} \cdot g'(x)$ (2-4)

③ $(\sin(g(x)))' = \cos(g(x))g'(x)$ (2-5) □

복잡한 함수의 미분은 **로그미분법**을 사용하면 편리하다. 이는 주로 로그함수의 연산방법과 합성함수의 미분공식인 식 (2-4)를 사용하여 미분하는 것이다. 두 가지 예를 통하여 설명하기로 한다.

예 $y = \dfrac{x^2}{(x+3)(2x+1)}$의 도함수를 구하고자 한다. 물론 식 (1-11)을 이용하여 미분할 수 있으나 복잡하기 때문에, 로그미분법을 사용하여 구하려는 것이다. 우선 양변에 ln을 취하면,

$$\ln y = 2\ln x - \ln(x+3) - \ln(2x+1)$$

이를 x에 대해 미분하면,

$$\frac{1}{y} \cdot \frac{dy}{dx} = 2 \cdot \frac{1}{x} - \frac{1}{x+3} - \frac{2}{2x+1}$$

$$\frac{dy}{dx} = y\left(\frac{2}{x} - \frac{1}{x+3} - \frac{2}{2x+1}\right) = \frac{x^2}{(x+3)(2x+1)}\left(\frac{2}{x} - \frac{1}{x+3} - \frac{2}{2x+1}\right)$$

이를 간단하게 정리하면

$$\frac{dy}{dx} = \frac{x(7x+6)}{(x+3)^2\,(2x+1)^2}$$ □

예 $y = x^x$의 도함수를 구하고자 한다. 이는 앞에서 기술한 미분 공식에 의하여 미분할 수 없으므로, 로그미분법을 사용할 수밖에 없다. 따라서 마찬가지로 양변에 로그를 취하면,

$$\ln y = x \ln x$$

이를 x에 대하여 미분하면

$$\frac{1}{y} \cdot \frac{dy}{dx} = \ln x + x \cdot \frac{1}{x} = 1 + \ln x$$

$$\frac{dy}{dx} = y(1 + \ln x) = x^x(1 + \ln x) \qquad \square$$

전술한 바에 의하면 한 함수를 미분하면 도함수를 구할 수 있다. 그런데 도함수도 역시 하나의 함수이므로 이를 다시 미분할 수 있다. 이와 같이 한 함수를 두 번 미분하여 구한 도함수를 **2계 도함수**라고 한다. 이를 수식으로 표현하면 다음과 같다.

$$f''(x) = \frac{d}{dx} f'(x) = \frac{d^2 f}{dx^2} \tag{2-6}$$

이를 연장하여 생각하면 ***n*계 도함수**도 구할 수 있다.

$$f^{(n)}(x) = \frac{d}{dx} f^{(n-1)}(x) = \frac{d^n f}{dx^n} \tag{2-7}$$

예 다음 그림은 경영학 분야에서 흔히 볼 수 있는 **로지스틱 곡선**(logistic curve) 또는 ***S* 곡선**(*S*-curve)이다. 이 그래프는 초기에는 상승속도가 점차 증가하다가 변곡점(inflection point)을 지나면 상승속도가 점차 감소하는 경우를 표현하기 위하여 많이 쓰인다. 여기서 상승속도란 접선의 기울기를 의미한다.

임의의 한 점 x에서의 접선의 기울기는 도함수를 의미한다고 볼 수 있다. 따라서 S 곡선은 도함수가 **변곡점** 이전에는 증가하다가 변곡점 이후에는 감소하는 경우라고 볼 수 있다. 그러므로 변곡점에서의 접선 기울기가 가장 크게 된다.

다음 식 (2-8)은 S 곡선의 형태를 가지는 함수의 한 예이다. 이 함수는 시간 x

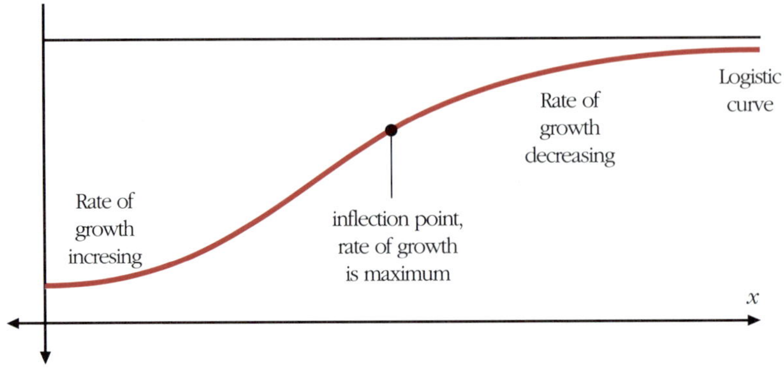

〈그림 2-1〉 S 곡선

가 변함에 따라서 시간당 제품 판매량이 변하는 것을 나타낸다.

$$y = f(x) = \frac{10,000}{1 + 100e^{-x}} \tag{2-8}$$

y 절편은 시간이 0인 경우의 함수값이므로, $x = 0$을 대입하면

$$f(0) = 99.01$$

이 함수값(판매량)은 시간이 무한히 흐르면 어느 한 값으로 수렴하는데, x 대신에 ∞를 대입하면

$$f(\infty) = 10,000$$

그렇다면 변곡점은 어디일까? 이를 구하기 위해서는, 변곡점에서 도함수의 증가가 멈추고 오히려 감소를 시작한다는 사실을 이용해야 한다. 이는 곧 도함수가 변곡점에서 하나의 봉우리를 가지고, 봉우리 정상에서는 접선의 기울기가 0인 사실을 이용할 수 있음을 의미한다. 즉, 도함수의 도함수, 즉 **2계 도함수**가 0이 된다. 따라서 변곡점에서는

$$f''(x) = 0 \tag{2-9}$$

우선 로그미분법을 이용하여 y'을 구체적으로 구해보면,

$$\ln y = \ln 10000 - \ln(1 + 100e^{-x})$$

$$\frac{y'}{y} = \frac{100e^{-x}}{1 + 100e^{-x}}$$

$$y' = 1{,}000{,}000\frac{e^{-x}}{(1 + 100e^{-x})^2}$$

여기에 다시 로그미분법을 적용하여 y''을 구하면

$$\ln y' = \ln 1{,}000{,}000 - x - 2\ln(1 + 100e^{-x})$$

$$\frac{y''}{y'} = -1 + \frac{200e^{-x}}{1 + 100e^{-x}} = \frac{-1 + 100e^{-x}}{1 + 100e^{-x}}$$

$$y'' = 1{,}000{,}000\frac{e^{-x}(100e^{-x} - 1)}{(1 + 100e^{-x})^3}$$

그런데 $y'' = 0$ 이다. 분모는 1보다 크고 e^{-x}도 0보다 크므로,

$$e^{-x} = 0.01$$

$$-x = \ln 0.01$$

따라서 $x = 4.605$에서 변곡점을 가진다. □

함수의 형태가 복잡하여 직접적으로 다루기 힘들 경우에는 그 함수를 **다항함수로 근사**시켜서 다루는 것이 편리할 경우가 있다. 특히 적분이 불가능한 함수의 경우가 대표적인 예이다. 복잡한 함수를 다루기 용이한 다항함수로 근사시키는 방법에는 Taylor 전개가 있으나 여기서는 설명을 생략하기로 한다.

3. 다변수함수의 편도함수

변수가 복수 개인 함수는 모든 변수에 대하여 미분을 할 수 있다. 이러한 미분을 **편미분**이라고 한다. 우선 2변수함수 $f(x_1, x_2)$의 편미분에 대하여 살펴보기로 한다.

x_1에 대한 편미분은 x_2를 상수로 보고 x_1에 대해서만 미분한다. x_1에 대한 편도함수는 편의에 따라서 f_1, $\partial f/\partial x_1$, $f_1(x_1, x_2)$, f_{x_1} 등으로 표기한다. 반대로 x_2에 대한

편미분은 x_1를 상수로 보고 x_2에 대해서만 미분한다. x_2에 대한 편도함수도 f_2, $\partial f/\partial x_2$, $f_2(x_1, x_2)$, f_{x_2} 등으로 표기한다.

한 점 (a, b)에서의 **편미분계수**는 편도함수에 (a, b)를 대입하여 구하는데, x_1과 x_2에 대한 편미분계수는 각각 $f_1(a, b)$, $f_2(a, b)$라고 표기한다. 이러한 편미분계수의 기하학적 의미를 살펴보기 위하여 다음 그림을 살펴보기로 한다.

함수 $y = f(x_1, x_2)$의 그래프가 <그림 3-1>의 곡면이라고 할 때, $y = f(x_1, b)$의 그래프는 곡면 $y = f(x_1, x_2)$를 평면 $x_2 = b$로 절단하여 얻은 곡선 APB이다. 이 때 곡선 APB에 대한 점 $P(a, b)$에서의 접선의 기울기는 $y = f(x_1, b)$의 미분계수 $f_1(a, b)$이 된다. 즉

$$f_1(a, b) = \text{점 } P\text{에서의 곡선 } APB\text{의 } \textbf{접선의 기울기(순간변화율)} \qquad (3\text{-}1)$$

마찬가지로

$$f_2(a, b) = \text{점 } P\text{에서의 곡선 } CPD\text{의 접선의 기울기(순간변화율)} \qquad (3\text{-}2)$$

식 (3-1)과 (3-2)의 두 접선이 포함되는 평면을 **접평면**이라고 부른다.

변수가 n 개인 **다변수함수**의 x_i에 대한 편도함수는 f_i 또는 $\partial f/\partial x_i$로 표기한다.

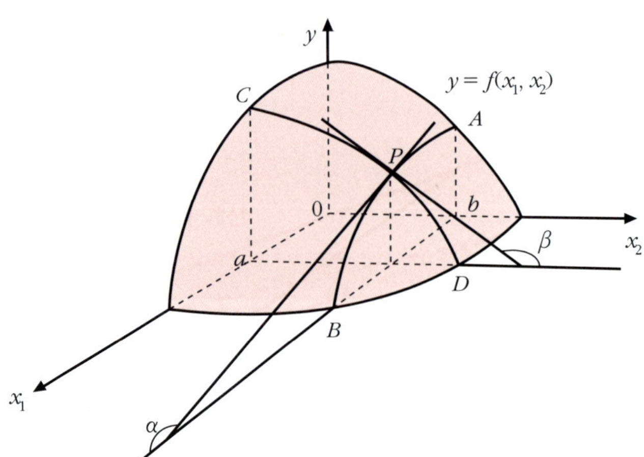

〈그림 3-1〉 편미분계수의 기하학적 의미

예 $y = f(x_1, x_2) = x_1^3 x_2 + x_1 x_2^2$의 편도함수를 구하면,

$$f_1 = \frac{\partial f}{\partial x_1} = 3x_1^2 x_2 + x_2^2$$

$$f_2 = \frac{\partial f}{\partial x_2} = x_1^3 + 2x_1 x_2$$ □

도함수와 마찬가지로 편도함수도 **고계 편도함수**를 정의할 수 있다. 함수 $y = f(x_1, x_2)$의 1계 편도함수는 다음과 같다.

$$f_1 = \frac{\partial f}{\partial x_1} \tag{3-3}$$

$$f_2 = \frac{\partial f}{\partial x_2} \tag{3-4}$$

(3-3)을 다시 x_1과 x_2에 대하여 각각 편미분하면 다음과 같다.

$$\frac{\partial}{\partial x_1}\left(\frac{\partial f}{\partial x_1}\right) = \frac{\partial^2 f}{\partial x_1^2} = f_{11} \tag{3-5}$$

$$\frac{\partial}{\partial x_2}\left(\frac{\partial f}{\partial x_1}\right) = \frac{\partial^2 f}{\partial x_2 \partial x_1} = f_{21} \tag{3-6}$$

(3-4)를 다시 x_1과 x_2에 대하여 각각 편미분하면 다음과 같다.

$$\frac{\partial}{\partial x_1}\left(\frac{\partial f}{\partial x_2}\right) = \frac{\partial^2 f}{\partial x_1 \partial x_2} = f_{12} \tag{3-7}$$

$$\frac{\partial}{\partial x_2}\left(\frac{\partial f}{\partial x_2}\right) = \frac{\partial^2 f}{\partial x_2^2} = f_{22} \tag{3-8}$$

식 (3-5)~(3-8)에서 구한 것이 **2계 편도함수**들이다. 이러한 과정을 반복하면 ***n*계 편도함수**도 구할 수 있다.

일반적으로 $f_{21} = f_{12}$는 성립하지 않지만, 함수 f가 연속함수이면 성립한다. (이를 **Young의 정리**라고 한다.) 다음에 한 예를 들어보자.

예 $f(x_1, x_2) = x_1^3 + x_1 x_2^2 + x_2^4$는 모든 정의역에서 연속함수이다. 따라서

$$f_1 = 3x_1^2 + x_2^2, \quad f_2 = 2x_1 x_2 + 4x_2^3$$

$$f_{21} = 2x_2 = f_{12}$$

□

예 $f(x_1, x_2) = x_1^3 + x_1 x_2^2 + x_2^4$은 점 (1, 1)에서 x_1과 x_2축의 순간변화율이 얼마인가?

이는 편도함수에 (1, 1)을 대입하여 구할 수 있다. 즉

$$f_1(1, 1) = 3x_1^2 + x_2^2 = 3 + 1 = 4$$

$$f_2(1, 1) = 2x_1 x_2 + 4x_2^3 = 2 + 4 = 6$$

□

토론문제

1. 다음 함수의 도함수를 구하고 가능한 한 간단히 정리하시오.

(1) $y = \left(\dfrac{x + 2}{x^2 + 2x - 1}\right)^3$　　(2) $w = \dfrac{(u^2 - 1)^5}{(u^5 + 3)^2}$

(3) $y = x^2 e^{2x}$　　(4) $y = \ln\left(\dfrac{3x}{1 + x}\right)$

(5) $y = \operatorname{cosec} \theta$　　(6) $y = \ln(e^x \sin x)$

2. $f(x) = \dfrac{g(x) + x^2}{g(x) + 1}$, $g(0) = 0$이고, $g'(0) = 1$일 때 $f'(0)$를 구하시오.

3. 두 함수 $f(x, y) = x^3 y - xy^3$, $g(x, y) = x^3 - 3xy^2$에서

(1) $f_{11} + f_{22}$를 구하시오.

(2) $g_{11} + g_{22}$를 구하시오.

(3) 점 (1, 1)에서의 x와 y축의 순간변화율을 두 함수에 대하여 구하시오. 두 함수의 순간변화율을 비교하시오.

4. $f(x, t) = A \cos m(x + at) + B \sin n(x - at)$일 때, f_{tt}를 f_{xx}의 함수로 표현하시오. (단, A, B, a, m, n은 상수이다.)

연습문제

1. 다음과 같은 함수들이 ① $x = 0$에서 미분계수를 가지는지를 결정하시오. ② 이를 그래프로 나타내시오. 그리고, ③ 만약 가진다면 그 미분계수가 무엇인지를 구하시오.

(1) $f(x) = x|x|$

(2) $f(x) = x + |x|$

(3) $f(x) = \dfrac{x}{|x|}$

2. 함수 $f(x)$가 다음과 같이 정의될 때, $f(x)$가 $x=1$에서 미분가능한지를 결정하시오.

(1) $f(x) = \begin{cases} x, & x \le 1 \\ x^2, & x > 1 \end{cases}$

(2) $f(x) = \begin{cases} 2x^2, & x < 1 \\ 4, & x \ge 1 \end{cases}$

3. 다음에 주어진 함수 $f(x, y)$는 연속함수인가? 또는 불연속함수인가? 이를 판정하시오.

(1) $f(x, y) = \dfrac{1}{x^2 + y^2}$

(2) $f(x, y) = e^{x^2 + y^2}$

4. 어느 제조업체의 특정 제품에 대한 1주일 동안의 생산량(단위 : 백만 개)은 이 제품을 생산하는 데 필요한 두 가지 투입요소, 즉 노동(x)과 자본(y)의 함수라고 하자. 이때 이 두 가지 투입요소의 양에 의한 특정 제품의 생산량을 다음과 같은 식으로 추정하였을 때, 각 질문에 대하여 답하시오.

$$f(x, y) = \left(\frac{1}{3}x^{-\frac{1}{3}} + \frac{2}{3}y^{-\frac{1}{3}}\right)^{-3}$$

(1) $f_x(27, 64)$를 구하고 그 의미를 해석하시오.

(2) $f_y(27, 64)$를 구하고 그 의미를 해석하시오.

5. 어떤 제품을 생산하는 데 필요한 두 가지 투입요소의 양을 각각 x, y라 하고, 이 제품을 3,240개 생산하기 위하여 투입될 수 있는 모든 (x, y)는 방정식

$60x^{3/4}y^{1/4} = 3,240$에 의하여 결정된다고 하자(이와 같은 방정식의 그래프를 생산함수의 등고선(level curve 또는 constant product curve), 또는 등위선이라고 한다). $x = 81$, $y = 16$에서 이 방정식의 그래프의 기울기를 구하시오. 여기서 $\frac{dy}{dx}$를 첫 번째 요소의 두 번째 요소에 대한 한계대체율이라고 부른다.

6. 한 소비자의 효용함수가 $U = U(x_1, x_2) = (x_1 + 2)^2(x_2 + 3)^3$라 하자. 여기서, U는 총효용이고, x_1과 x_2는 두 상품의 소비량이다.

(1) 각 상품에 대한 한계효용함수를 구하시오.

(2) 각 상품의 소비량이 3단위일 때, 첫째 상품의 한계효용의 값을 구하시오.

7. 한 소비자의 효용함수가 $U = U(x, y) = x^{1/4}y^{3/4}$일 때 다음을 구하시오. 여기서, U는 총효용이고, x, y는 서로 다른 두 상품의 소비량이다.

(1) $x = 100$, $y = 200$일 때, 각 상품에 대한 한계효용은 얼마인가?

(2) x가 100에서 99로 1단위 감소하면서 y는 200에서 201로 1단위 증가할 때, 총효용의 변화량은 얼마인가?

참고문헌

김태웅(2003), 경영수학의 이해, 신영사.

김형욱(1993), 경영수학, 법경사.

신준용(1996), 경영학과 경제학을 위한 수학, 학현사.

안상형(1990), 경영수학, 법문사.

Bradley, T. and P. Patton(2002), Essential Mathematics for Economics and Business, 2nd. Ed., John Wiley & Sons, Ltd.

Goldin, C.(1985), "The U-Shaped Female Labor Force Function in Economic Development and Economic History," in T. P. Schultz, Ed. Investment in Women's Human Capital, University of Chicago Press.

Mammen, K. and C. Paxson(2000), "Women's Work and Economic Development," Journal of Economic Perspective, Vol. 14, No. 4, 141-164.

제6장

적분과 확률

한 함수를 미분하면 도함수를 얻을 수 있다. 도함수는 임의의 점 x에서의 접선의 기울기를 의미한다. 따라서 한 점 x에서의 기울기를 함수로 표현한 것이 있다면, 반대로 이 함수를 이용하여 원시함수를 구할 수 있을 것이다. 이와 같이 도함수를 조작하여 원시함수를 구하는 것을 적분한다고 한다. 이 경우에 도함수를 피적분함수라고 말한다.

본 장에서는 우선 이러한 적분의 개념과 방법을 소개하고, 다음으로는 적분을 활용하여 확률과 기대값을 구하는 방법에 대하여 살펴보기로 한다.

1. 적분의 개념

적분의 개념을 설명하기 위하여 다음 사례를 살펴보자.

〈SX 석유화학사 사례〉 재고보충시간의 추정

SX 석유화학사의 주 생산원료는 납사(naptha)이다. 납사는 액체이어서 송유관을 통하여 외부로부터 저장탱크에 입고된다. 그런데 납사의 유입속도는 입고시간 동안 항상 일정한 수준을 유지하는 것이 아니라 펌프의 압력 변화에 따라서 변한다. 즉, 입고시작 후 처음 10분 동안은 유입속도가 증가하다가 어느 정도 채워지면 10분 후부터 얼마 동안은 일정한 유입속도(1,000 배럴/분)로 채우고, 마지막 5분 동안은 송유관을 막고 유입속도를 감소시켜 저장탱크를 모두 채우게 된다. 탱크 용량과 현재고량을 고려해볼 때 추가로 유입될 수 있는 납사량은 최대 5만 배럴이라고 한다. 그렇다면 몇 분 동안 송유관을 열어놓아야 하는가? 열어놓는 시간을 x라고 하자. 그러면 분당 유입량의 변화가 다음 <그림 1-1>이 된다.

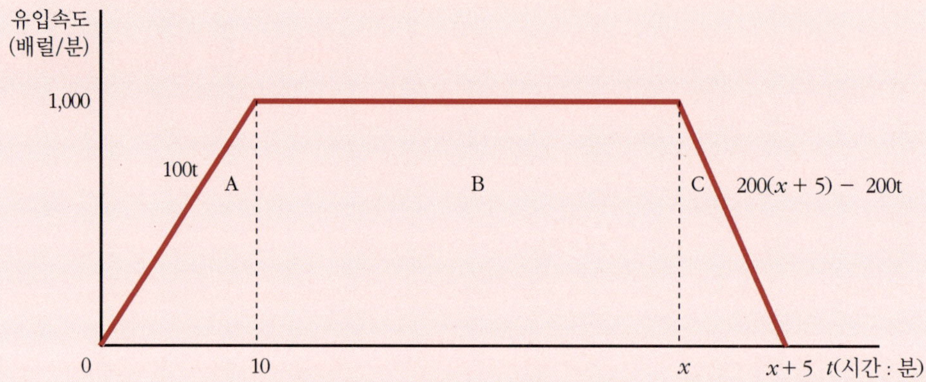

〈그림 1-1〉 납사의 유입속도의 변화

풀이 처음 10분 동안은 유입속도가 0에서 선형으로 증가하여 최고 1,000 배럴의 속도로 유입된다. 그렇다면 처음 10분 동안 유입된 양은 삼각형 A의 면적과 같다. 즉,

$$A = \frac{1}{2} \times 1{,}000 \times 10 = 5{,}000 \text{ (배럴)}$$

이어서 10분 후부터 송유관을 막을 x분 후까지 일정한 속도로 유입되므로 이 기간 동안 유입된 총 납사량은 다음과 같다.

$$B = 1{,}000 \times (x - 10) \text{ (배럴) } (x \geq 10)$$

마찬가지로 마지막 5분 동안 유입된 양은

$$C = \frac{1}{2} \times 1{,}000 \times 5 = 2{,}500 \text{ (배럴)}$$

이 된다.

그러므로 총유입량은

$$\text{총유입량} = A + B + C = -2{,}500 + 1{,}000x \text{ (단, } x \geq 10) \qquad (1\text{-}1)$$

이를 그래프로 그리면 다음 <그림 1-2>와 같다.

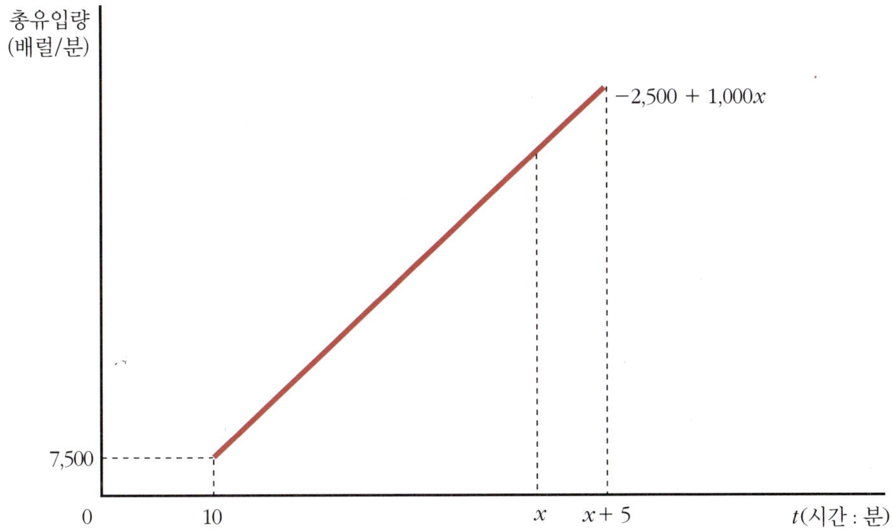

〈그림 1-2〉 납사 유입량의 변화

총유입량은 최대 입고허용량 50,000배럴과 같아야 하므로,

$$-2{,}500 + 1{,}000x = 50{,}000 \tag{1-2}$$

이를 풀면 $x = 52.5$(분)

<그림 1-1>은 납사 **유입속도**를 표현하고 있다. 이는 곧 한 시점에서의 **재고수준의 순간변화율**을 의미한다. 따라서 납사 총유입량을 나타내는 함수의 **도함수**라고 볼 수 있다.

위 사례에서 구하고자 하는 재고수준을 구하려면, 전술한 바와 같이 **도함수(피적분함수)**를 **적분**해야 한다. 그런데 재고수준을 얻기 위해서 우리는 앞에서 함수의 그래프와 시간축 사이의 면적을 구하였다. 그러므로 적분을 한다는 것은 **함수의 그래프와 독립변수 축 사이의 면적**을 구하는 것과 같다고 볼 수 있다.

2. 일변수함수의 적분

여기서는 우선 일변수함수의 적분을 다루기로 한다. 도함수 $f(x)$를 적분하여 원시함수 $F(x)$를 구하는 것을 **부정적분**한다고 한다. 이를 수식으로 표현하면

$$\int f(x)dx = F(x) + c \tag{2-1}$$

여기서 c는 임의의 상수이고, $F(x)$는 다음 식을 만족하는 원시함수이다.

$$\frac{dF(x)}{dx} = f(x) \tag{2-2}$$

일반함수 $f(x)$를 부정적분하려면 식 (2-2)를 만족하는 원시함수 $F(x)$를 매번 구해야 한다. 그러나 다행스럽게도 일반적으로 많이 사용되는 기본 함수의 원시함수에 대해서는 공식으로 알려져 있기 때문에 이를 활용하면 부정적분을 용이하게 할 수 있다. 예를 들면 다음과 같다.

$$\int x^n\, dx = \frac{1}{n+1}x^{n+1} + c, \quad n \neq -1 \tag{2-3}$$

$$\int \frac{1}{x}\, dx = \ln|x| + c \tag{2-4}$$

$$\int e^x\, dx = e^x + c \tag{2-5}$$

$$\int \ln x\, dx = x\ln x - x + c \tag{2-6}$$

$$\int \sin x\, dx = -\cos x + c \tag{2-7}$$

$$\int \cos x\, dx = \sin x + c \tag{2-8}$$

$$\int \sec^2 x dx = \tan x + c \tag{2-9}$$

앞 절에서 적분을 한다는 것은 함수의 그래프와 독립변수 축 사이의 면적을 구하는 것과 같다고 하였다. 면적을 구체적으로 구하기 위해서는 면적을 구하는 구간이 정의되어야 한다. SX 석유화학사 사례에서는 0에서부터 $(x + 5)$까지의 구간에서 면적을 구하였다. 이와 같이 주어진 구간에서 면적을 구하기 위하여 적분하

는 것을 정적분한다고 한다.

구간 $[a, b]$에서 함수 $f(x)$를 정적분하는 것을 수식으로 표현하면 다음과 같다.

$$\int_a^b f(x)dx = F(b) - F(a) \tag{2-10}$$

여기서 함수값 $F(b)$, $F(a)$는 $f(x)$의 원시함수 $F(x)$의 b와 a에서의 함수값을 나타낸다. 여기서 원시함수값 $F(b)$의 의미는 무엇일까? $F(b)$는 구간 $(-\infty, b]$에서 함수 $f(x)$를 정적분한 값, 즉 $-\infty$에서 b까지 $f(x)$와 x 축 사이의 면적을 의미한다. 마찬가지로 $F(a)$도 정의할 수 있다. 그렇다면 식 (2-10)의 우측인 $F(b) - F(a)$는 구간 $[a, b]$에서 $f(x)$와 x 축 사이의 면적을 의미한다고 볼 수 있다.

복잡한 형태의 함수를 정적분하는 경우에는 다음과 같은 정적분의 성질을 이용하면 편리하다. 이에 대한 증명은 생략한다.

$$\int_a^b c\, f(x)dx = c \int_a^b f(x)dx \tag{2-11}$$

$$\int_a^b [f(x) \pm g(x)]\, dx = \int_a^b f(x)dx \pm \int_a^b g(x)\, dx \tag{2-12}$$

$$\int_a^b f(x)dx = \int_a^c f(x)dx + \int_c^b f(x)dx \tag{2-13}$$

$$\int_a^b f(x)dx = -\int_b^a f(x)dx \tag{2-14}$$

예 $f(x) = x$를 $[-1, 1]$에서 정적분하면,

$$\int_{-1}^{1} x\, dx = \left[\frac{1}{2}\, x^2\right]_{-1}^{1} = \frac{1}{2} - \frac{1}{2} = 0$$

한 함수를 어느 구간에서 정적분한 값은 해당구간에서 그 함수와 x축 사이의 면적과 같다. 그러나 함수가 x축 밑에 존재하는 구간에서의 정적분 값은 해당면적의 음수값과 같다. 따라서 $f(x) = x$를 $[-1, 1]$ 구간에서 정적분한 값은 0이 되는 것이다. □

예 앞의 SX 석유화학사의 사례에 적용해보자. 이를 위해서는 유입속도를 나타내는 함수 $f(t)$를 우선 구해야 한다. 이를 수식으로 표현하면,

$$f(t) = \begin{cases} 100\,t, & 0 \le t \le 10 \\ 1{,}000, & 10 \le t \le x \\ 200(x+5) - 200\,t, & x \le t \le x+5 \end{cases} \tag{2-15}$$

여기서 x는 일단 주어진 상수라고 간주한다.

이 함수를 $[0,\ x+5]$에서 정적분해야 하는데, 함수 $f(t)$가 구간별로 다른 형태를 가지므로 정적분도 구간별로 해야 한다.

$$\begin{aligned} \int_0^{x+5} f(t)dt &= \int_0^{10} f(t)dt + \int_{10}^{x} f(t)dt + \int_x^{x+5} f(t)dt \qquad (2\text{-}16) \\ &= [100/2\ t^2]_0^{10} + [1000\ t]_{10}^{x} + [200(x+5)\,t - 200/2\ t^2]_x^{x+5} \\ &= 5{,}000 + 1{,}000x - 10{,}000 + 2500 \\ &= -2{,}500 + 1{,}000x \end{aligned}$$

이 결과는 식 (1-1)과 같다. □

다음 사례를 살펴보자.

〈SDC 정밀기계(주) 사례〉 총원가의 산출

SDC 정밀기계(주)는 일반 제조기업에서 사용하는 파이프 밸브를 생산하는 기업이다. 이 파이프 밸브를 x개 생산했을 경우의 **한계원가**(1개를 더 생산하는 경우에 추가로 소요되는 원가, 즉 원가의 순간변화율)는 $35 - 0.008x$만 원이라고 한다. 따라서 처음 1개를 생산할 때의 제조원가는 35만 원이고 그 다음부터는 생산량이 증가할 때마다 0.008만 원씩 제조원가가 감소한다.

오늘 고객사로부터 파이프 밸브 1,000개에 대한 주문이 들어왔다. 주문을 접수한 영업사원은 납품가격을 결정해야 하는데, 현재 이 회사에서는 총제조원가에 15%의 마진을 붙여서 판매가격을 결정하고 있다. 그렇다면 이 주문에 대한 단위당 납품가격은 얼마로 책정하는 것이 적당할까?

풀이 우선 **총제조원가**를 구해야 하는데, 한계원가는 총제조원가의 순간변화율이므로 한계원가를 적분하여 구할 수 있다. 생산량을 x라고 할 때 총제조원가함수를 $f(x)$라고 하자. 그러면 한계원가함수는 $f'(x) = 35 - 0.008x$이다. 따라서 총제조원가함수는

$$f(x) = \int f'(x)dx = \int(35 - 0.008x)dx = 35x - 0.004x^2 + c \qquad (2\text{-}17)$$

그런데 $f(1) = 35$이므로 $c = 0.004$이고, 따라서

$$f(x) = 35x - 0.004x^2 + 0.004$$

1,000개의 주문량을 생산하는 경우의 총원가는 $f(1{,}000)$을 구하는 것과 같으므로

$$f(1{,}000) = 35{,}000 - 4{,}000 + 0.004 = 31{,}000.004 \fallingdotseq 31{,}000(\text{만 원})$$

따라서 판매단가는

$$\text{판매단가} = 31{,}000 \times 1.15 \div 1{,}000 = 35.65(\text{만 원})$$

■

〈GT 통신서비스사 사례 II〉 마케팅 활동의 최적수준의 결정

GT 통신서비스사는 새로운 서비스를 시작하면서 대대적인 마케팅 활동을 벌이기로 하였다. 이 서비스는 매우 독특한 것으로서 서비스 가입자에게는 이용량에 관계없이 월 3만 원을 받으려고 한다. 현재 예측한 평균 서비스이용량에 따른 원가를 감안하여 산출한 가입자 1인당 월 이익은 2만 원으로 예상하고 있다.

마케팅 활동은 통신서비스 부문에 특화된 마케팅 전문기업에 일괄적으로 의뢰하기로 하였다. 이러한 경우 대개 마케팅 비용은 유치 고객수에 따라서 다르다고 한다. 현재 이 기업이 요구하는 비용은 1인당 월 $0.002Q$(원)을 요구하고 있다. 즉, Q번째 유치고객의 비용을 월 $0.002Q$로 하자는 것이다. 앞에서 가입자 1인당 월이익을 예측할 때 이 마케팅 비용은 고려되지 않았으므로, 순이익을 계산하려면 마케팅 비용을 삭감해주어야 할 것이다.

그렇다면 마케팅 활동을 어느 정도 수행하여야 월 총순이익을 최대로 할 수 있을까?

풀이 현재 유치고객 **1인당** 월이익과 월 마케팅비용을 그래프로 그리면 다음과 같다.

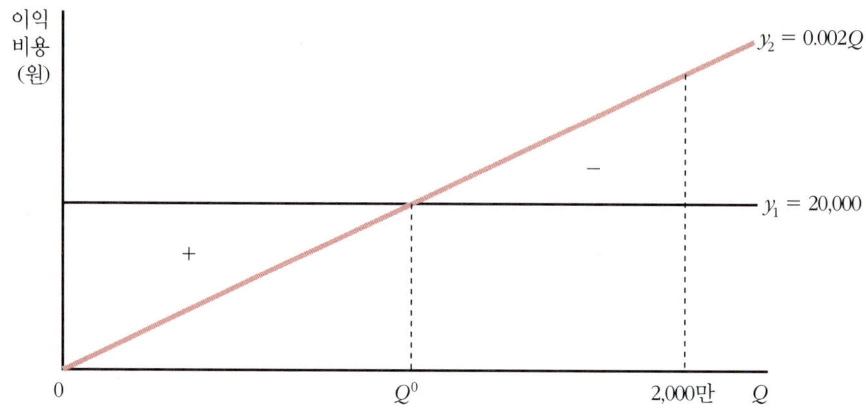

〈그림 2-1〉 판매이익과 마케팅비용

그림에서 가입자 수가 늘어도 가입자당 이익은 일정하다. 그러나 마케팅비용은 가입자 수가 증가함에 따라 선형으로 증가함을 알 수 있다. 한편 가입자당 순이익은 가입자당 이익에서 마케팅비용을 삭감한 액수이므로, 직선 y_1에서 y_2를 빼준 것과 같다. 따라서 가입자 수가 Q^0가 될 때까지는 순이익이 발생하고 따라서 총순이익도 증가하지만, 그 이상이면 가입자당 이익보다 마케팅비용이 더 발생하므로 총순이익이 감소하게 된다. 그러므로 총순이익이 최대가 되는 가입자 수는 Q^0가 된다.

그렇다면 임의의 가입자 수 Q^*일 때 총순이익은 얼마일까? 이를 구하기 위해서는 직선 y_1과 y_2 사이의 면적을 구해야 한다. 이는 삼각형의 면적을 계산하면 용이하게 구할 수 있지만, y_1, y_2가 일반적인 함수일 때를 가정한다면 0에서부터 Q^*까지 $(y_1 - y_2)$를 정적분해야 한다.

$$\text{총순이익} = \int_0^{Q^*} (20{,}000 - 0.002Q)\, dQ \qquad (2\text{-}18)$$

$$= [20{,}000Q - 0.001Q^2]_0^{Q^*}$$

$$= 20{,}000Q^* - 0.001(Q^*)^2 \qquad (2\text{-}19)$$

만일 $Q^* = 2{,}000$만이라면 총순이익은 0이 된다. 이를 <그림 2-1>에서 살펴보면 '+' 표시가 있는 삼각형에서는 면적이 양수이지만 '−' 표시가 있는 부분은 y_2가 y_1보다 위에 있으므로 면적은 음수가 된다. 따라서 0에서 2천만까지 정적분하면 면적이 서로 상쇄되어 0이 되는 것이다.

만일 $Q^* = 1{,}000$만이라면 총순이익은 1,000억 원이며, 이때가 총순이익이 가장 큰 경우이다. ■

예

상품에 따라서는 소비자가 현재의 시장가격보다 높은 가격을 지불하더라도 구입할 용의가 있는 경우가 많다. 어떤 상품에 대해 소비자가 최대한 지불해도 좋다고 생각하는 가격인 수요 가격에서 실제로 지불하는 가격인 시장 가격을 뺀 차액을 **소비자잉여**(consumer's surplus)라 한다. 예를 들어, <그림 2-2>의 (a)에

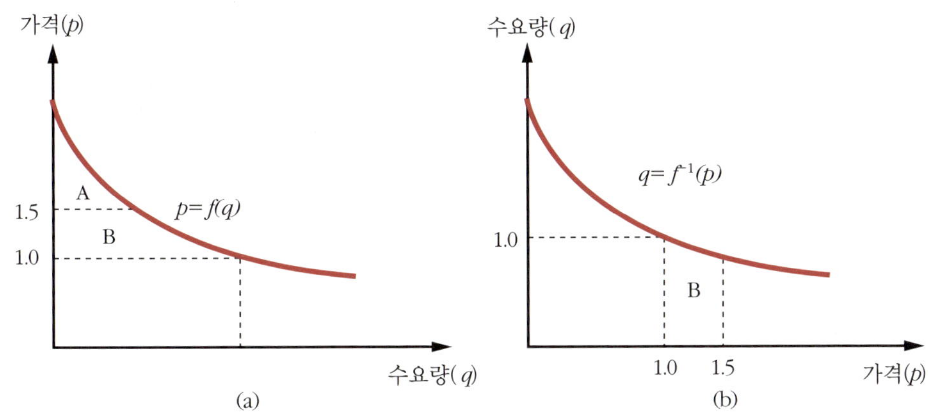

〈그림 2-2〉 소비자잉여

서처럼 수요곡선이 $p=f(q)$인 경우 소비자잉여는 가격(p) 1.0에서 면적 A와 B의 합과 같고, 가격 1.5에서는 오직 면적 A이다. 따라서 가격이 1.0에서 1.5로 증가할 때 소비자잉여는 면적 B만큼 감소한다.

소비자잉여에서의 이와 같은 변화를 측정하기 위하여 적분을 이용할 수 있다. 즉 가격의 함수로서 수요량(q)을 나타내는 수요함수에 대한 적분으로부터 <그림 2-2>의 (a)에서 면적 B와 동등인 (b)에서의 면적 B를 구함으로써 소비자잉여를 계산할 수 있다. 이를 구체적으로 설명하기 위해 세 가지 상이한 수요함수들이

주어졌을 때 소비자잉여의 변화를 각각 구해보기로 한다. 우선 각 수요함수에서 현재의 가격(p)은 1.0이고 수요량(q)은 10이라 할 때, 가격이 1.5로 상승하는 경우 소비자잉여의 변화를 계산한다.

첫째, 어떤 상품에 대한 수요함수가 다음과 같은 선형함수일 경우를 고려해보자.

$$q = 15 - 5p$$

이 경우 소비자잉여의 감소량은 4.375이다.

$$\int_1^{1.5}(15 - 5p)dp = \left[15p - \frac{5p^2}{2}\right]_1^{1.5} = 16.875 - 12.5 = 4.375$$

둘째, 어떤 상품에 대한 수요함수가 다음과 같이 일정한 대체탄력성(constant elasticity of substitution)을 갖는 경우를 고려해보자.

$$q = 10 \cdot p^{-1/2}$$

이 경우에는 소비자잉여의 감소량이 4.49가 된다.

$$\int_1^{1.5}(10 \cdot p^{-1/2})\, dp = [20p^{1/2}]_1^{1.5} = 24.49 - 20 = 4.49$$

마지막으로, 어떤 상품에 대한 수요함수가 다음과 같을 때 소비자잉여를 구해보자.

$$q = \frac{10}{p}$$

이 경우 소비자잉여의 감소량은 4.055이다.

$$\int_1^{1.5}(\frac{10}{p})\, dp = [10\ln(p)]_1^{1.5} = 4.055 - 0 = 4.055$$ □

일변수함수를 적분하는 경우에 전술한 공식만으로 적분이 곤란한 경우에 사용될 수 있는 방법으로 치환적분법과 부분적분법이 있는데, 이에 대해서는 부록에 수록하였다.

3. 다변수함수의 적분

지금까지는 변수가 하나인 함수의 적분을 다루었다. 이제는 변수가 2개 이상인 경우의 적분을 다루기로 한다. **다변수함수**의 적분은 **이변수함수**의 적분을 연장한 것이므로 여기서는 이변수함수의 적분만을 다루기로 한다.

이변수함수의 적분은 이변수함수의 미분, 즉 편미분을 역으로 수행한다고 생각하면 된다. 우선 일반 적분공식을 사용하여 적분하는 방법을 살펴보기로 한다.

두 변수 x_1, x_2에 의하여 정의되는 함수 $f(x_1, x_1)$가 있을 때, x_1은 **구간** $[a_1, a_2]$에서, x_2는 구간 $[b_1, b_2]$에서 정적분한다고 가정하자. 그러면 이는 다음 식의 좌변과 같이 표시할 수 있고, 이는 우변과 같이 x_1에 대하여 먼저 적분한 다음 다시 x_2에 대하여 적분하면 된다.

$$\int_{a_2}^{b_2} \int_{a_1}^{b_1} f(x_1, x_2)dx_1\ dx_2 = \int_{a_2}^{b_2}\left[\int_{a_1}^{b_1} f(x_1, x_2)dx_1\right]dx_2 \qquad (3\text{-}1)$$

여기서 x_1에 대하여 적분할 때는 편미분에서와 같이 x_2는 상수로 간주하면 된다. 이후에 x_2에 대하여 적분하는 경우에는 x_1이 없는 관계로 일변수함수의 적분과 마찬가지 방법으로 적분할 수 있다. 다음 예를 살펴보자.

예

$$\int_0^2 \int_0^1 (x_1^2 + x_2^2)dx_1\ dx_2 = \int_0^2\left[\frac{1}{3}x_1^3 + x_2^2 x_1\right]_0^1 dx_2 = \int_0^2 (x_2^2 + \frac{1}{3})dx_2$$

$$= \left[\frac{1}{3}x_2^3 + \frac{1}{3}x_2\right]_0^2 = \frac{8}{3} + \frac{2}{3} = \frac{10}{3} \qquad \square$$

다음 예는 x_2에 대하여 먼저 적분하는 경우이다. 이 경우에도 앞에서와 마찬가지로 x_1를 상수로 보고 적분하면 된다. 또한 적분 구간의 상한이 상수가 아니고 변수 x_1에 의하여 정의되어 있으나 x_2에 의하여 적분하는 경우는 x_1이 상수로 취급하기 때문에 문제가 되지 않는다.

예

$$\int_0^2 \int_0^{4-x_1^2} (4 - x_1^2 - x_2)dx_2\ dx_1 = \int_0^2\left[(4 - x_1^2)x_2 - \frac{1}{2}x_2^2\right]_0^{4-x_1^2} dx_1$$

$$= \int_0^2 (8 - 4x_1^2 + \frac{1}{2}x_1^4)dx_1 = \left[8x_1 - \frac{4}{3}x_1^3 + \frac{1}{10}x_1^5\right]_0^2 = \frac{128}{15} \qquad \square$$

4. 확률과 기대값

4.1 확률의 계산

통계학에서는 여러 가지 **확률분포**를 다룬다. 이 중 **연속확률분포**는 **확률밀도함수**로써 표현된다. 이때 주어진 사상이 발생할 확률은 이 확률밀도함수를 정적분하여 구한다. 본 교재는 통계학 교재가 아니므로 자세한 설명은 생략하기로 한다. 다음 사례를 살펴보기로 한다.

〈주선호텔 사례〉 프런트 데스크에서의 고객대기시간의 확률 계산

주선호텔은 오랜 전통을 가지고 있는 특급호텔이다. 비록 설비는 다소 낡았지만 고객서비스가 좋아서 고객들로부터 호평을 받고 있다.

그런데 최근 들어서 투숙고객들이 가장 먼저 접하는 프런트 데스크에서 대기시간이 길다고 불평하기 시작했다. 이에 호텔지배인은 프런트 데스크에서의 고객대기시간에 대한 확률분포를 조사한 결과 평균이 4분인 지수분포를 이루고 있음을 발견하였다.

호텔업계의 정설에 의하면 프런트 데스크에서 대기시간이 5분 이내인 고객이 95% 이상이면 충분하다고 보고 있어서 이 호텔에서도 이에 맞추어 프런트 데스크 인력을 배정하고 있었다. 따라서 고객이 불만을 가질 이유가 없다고 생각하였지만, 구체적으로 대기시간이 5분 이내일 확률을 계산해보기로 하였고, 이를 경영학과 출신인 박태우 대리에게 지시하였다.

과연 대기시간이 5분 이내일 확률은 얼마일까? 고객들의 불만이 타당한 것인가? 아니면 성격이 급한 일부 고객들의 불만이라고 간주할 수 있을까?

풀이 연속확률분포의 확률밀도함수로부터 확률을 계산할 때는 다음의 공식 (4-1)이 활용된다. 즉, 사상이 구간 $[a, b]$에서 발생할 확률은 확률밀도함수를 이 구간에서 정적분하여 구할 수 있다는 것이다.

$$P(a \le x \le b) = \int_a^b f(x)dx \tag{4-1}$$

그런데 지수분포의 확률밀도함수는 다음 식 (4-2)와 같다. 그리고 대기시간이 5분 이내라는 것은 대기시간이 구간 [0, 5]에 있다는 의미이므로 식 (4-2)의 확률밀도함수를 구간 [0, 5]에서 정적분하면 원하는 확률을 계산할 수 있다.

$$f(x) = \frac{1}{\theta} e^{-\frac{x}{\theta}}, \qquad x \geq 0 \tag{4-2}$$

여기서 θ는 주어진 상수인데, 지수분포 평균이므로 여기서는 4이다.

실제대기시간을 T라고 하면 T가 5분 이내일 확률은

$$\begin{aligned} P\{0 \leq T \leq 5\} &= \int_0^5 \frac{1}{4} e^{-\frac{x}{4}} dx \\ &= \left[-e^{-\frac{x}{4}} \right]_0^5 = 1 - e^{\frac{-5}{4}} \\ &= 0.7135 \end{aligned} \tag{4-3}$$

그러므로 대기시간이 5분 이내일 확률은 71.35%로서 다소 작다고 생각된다. 따라서 현재의 고객 불만은 호텔업계의 정설에 부합되며 현재의 프런트 데스크 배정인력을 늘려야 함을 의미하고 있다. ■

일반적으로 확률분포에서 모든 사상이 발생할 확률의 합은 1이다. 이를 연속확률분포에서 해석하면 구간 $(-\infty, \infty)$에서 확률밀도함수를 정적분하면 1이라고 볼 수 있다. 이를 지수분포에 대하여 확인해보기로 한다.

지수분포의 확률밀도함수는 다음과 같다.

$$f(x) = \frac{1}{\theta} e^{-\frac{x}{\theta}}, \quad 0 \leq x < \infty \tag{4-4}$$

이 함수를 전구간에서 정적분하면

$$\begin{aligned} \int_0^\infty \frac{1}{\theta} e^{\frac{-x}{\theta}} dx &= \frac{1}{\theta} \left[-\theta e^{-\frac{x}{\theta}} \right]_0^\infty \\ &= \frac{1}{\theta} [0 + \theta] = 1 \end{aligned} \tag{4-5}$$

4.2 기대값의 계산

수리통계학에서 특정 확률밀도함수 $f(x)$를 가지는 확률변수 X의 기대값 $E(X)$은 확률변수 X의 평균으로서 다음과 같이 정의한다.

$$E(X) = \int_{-\infty}^{\infty} xf(x)\, dx \tag{4-6}$$

이를 지수분포에 대하여 확인하여 보기로 한다. 지수분포의 확률밀도함수 $f(x)$는 식 (4-4)에 주어져 있는데, 지수분포는 확률변수가 음인 경우는 정의하지 않는다. 따라서 기대값은

$$E(X) = \int_{0}^{\infty} x \frac{1}{\theta} e^{-\frac{x}{\theta}} dx \tag{4-7}$$

이를 정적분하기 위해서는 부록에 기술한 부분적분법을 사용해야 한다.

$$E(X) = \theta \tag{4-8}$$

따라서 지수분포의 기대값은 확률밀도함수에 있는 모수 θ이다.

이 결과를 <주선호텔 사례>에 적용해보면, 고객의 대기시간의 기대값, 즉 평균 대기시간은 θ = 4분임을 알 수 있다. 식 (4-3)의 결과를 재해석해보면 대기시간의 평균이 4분일 때 실제 대기시간이 5분 이내일 확률이 약 71%이고 5분보다 클 확률이 29%임을 보여준다.

토론문제

1. 다음 함수에 대하여 답하시오.

$$f(x) = \begin{bmatrix} ax, & 0 \le x \le 1 \\ a(2 - x), & 1 \le x \le 2 \\ 0, & x < 0,\ x > 2 \end{bmatrix} \tag{E-1}$$

(1) 이 함수가 확률밀도함수이기 위해서는 상수 a가 얼마이어야 하는가?

(2) x의 기대값 $E(X) = \int_{-\infty}^{\infty} xf(x)\, dx$를 구하시오.

2. 프로스포츠 의류제조회사는 과거 세일기간 동안의 매출액 변화를 조사한 바 다음 그림과 같은 변화가 공통적으로 있음을 발견했다. 가로축은 시간(단위 : 일)의 흐름을 나타내고 세로축은 단위기간 매출액(단위 : 천 원)인데, 전체 매출액이 아니라 순전히 세일을 했기 때문에 추가된 매출액을 의미한다. 이 그림에 나타난 추가 매출액 변화 그래프를 함수로 표현하면 다음과 같다. 여기서 x는 세일기간인데, 추가 매출액은 세일기간이 끝나도 5일 정도는 나타난다고 한다.

$$f(y) = \begin{bmatrix} 10y^2, & 0 \leq y \leq 10 \\ 1{,}000, & 10 \leq y \leq x \\ 40(y - x - 5)^2, & x \leq y \leq x + 5 \end{bmatrix} \tag{E-2}$$

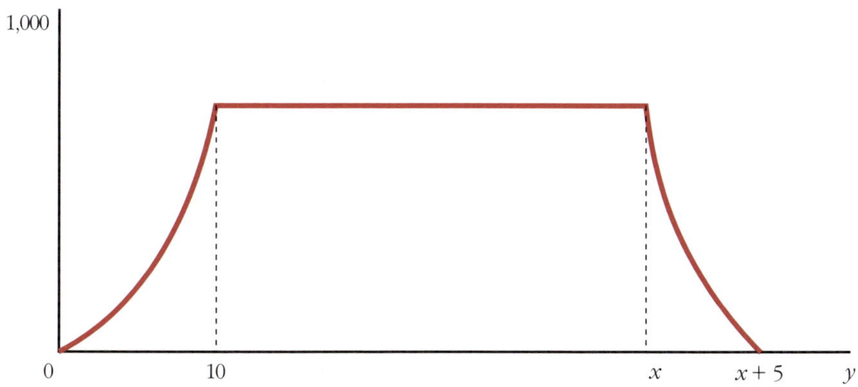

〈그림 E-1〉 추가 매출액의 변화

(1) 세일에 의한 총추가매출액을 x의 함수로 표현하시오.

(2) 총추가매출액을 1억 원으로 하려면 세일기간을 얼마로 하여야 하는가?

3. SDC 정밀기계(주) 사례에서 한계원가가 $35(1 - 0.03 \ln x)$이라면 납품가격은 얼마로 책정하는 것이 바람직하겠는가?

4. 주선호텔 사례에서 대기시간이 5분 이내일 고객이 95% 이상이려면 평균대기시간이 최대 몇 분이어야 하는가? 소수점 첫째 자리까지 구하시오.

연습문제

1. 다음을 구하시오.

(1) $\int_0^{\frac{\pi}{2}} |2x-1|\,dx$

(2) $\int_0^1 \int_0^{x^2} (x-1)(y-2)\,dydx$

2. 어떤 함수 $f(x, y)$의 일계편도함수가 다음과 같을 때, 미지의 함수 $f(x, y)$를 구하시오(미분과 적분과의 관계를 이용하시오).

$$f_x(x, y) = 6x^2y^2 + y,\ f_y(x, y) = 4x^3y + x + 2y \text{ (단, } f(0, 0) = 4)$$

3. 어떤 제품 1개를 팔아 얻어지는 **한계수입**(marginal revenue)이 $50 - 3x + x^2$이라고 할 때, 이 제품에 대한 수입함수를 구하시오. 단, 판매량이 0일 때 수입도 0이라고 가정한다.

4. 삼송전자가 생산하는 어느 가전제품의 한계생산비용이 $(6Q + 1) \cdot \exp(3Q)$로 알려져 있으며, $Q = 0$일 때 생산비용이 2,000만원이라고 한다. 여기서 Q는 가전제품의 생산량이다.

(1) 총생산비용을 구하시오.

(2) 만약 삼송전자가 특정 제품을 30개 생산한 직후 1개를 추가로 생산할 경우에 추가로 소요되는 실제 비용을 구하시오.

【부록 6A】 치환적분과 부분적분

우선 일변수함수를 적분하는 경우에 전술한 공식만으로 적분이 곤란한 경우에 사용될 수 있는 방법, 즉 치환적분법과 부분적분법을 소개한다.

치환적분법은 다음 식에 있는 것과 같이 변수의 치환을 통하여 복잡한 피적분함수를 적분하는 방법이다. 우선 치환적분법을 이용하여 부정적분하는 것을 살펴보기로 한다.

$$\int f(g(x)) \cdot g'(x)dx = \int f(u)du = F(u) + c = F(g(x)) + c \qquad \text{(A-1)}$$

여기서 $u = g(x)$로 치환했기 때문에 $du = g'(x)dx$이다.

다음에는 치환적분의 몇 가지 예를 들기로 한다.

예

① $\int (x^2 + 1)^2\, 2xdx = \int u^2 du = \frac{1}{3}u^3 + c = \frac{1}{3}(x^2 + 1)^3 + c$

여기서 $u = x^2 + 1,\ \ du = 2xdx$

② $\int \frac{x^2 + 2x}{\sqrt{1 + x}}\, dx = \int \frac{u^4 - 1}{u} \cdot 2udu = 2\left(\frac{1}{5}u^5 - u\right) + c$

$$= \frac{2}{5}(1 + x)^{\frac{5}{2}} - 2(1 + x)^{\frac{1}{2}} + c$$

여기서 $u = \sqrt{1 + x},\ du = \frac{1}{2}(1 + x)^{-\frac{1}{2}}dx = \frac{dx}{2u}$

③ $\int \frac{g'(x)}{g(x)}dx = \int \frac{du}{u} = \ln|u| + c = \ln|g(x)| + c \qquad \text{(A-2)}$

여기서 $u = g(x),\ \ du = g'(x)dx$

④ $\int \frac{3x^2 + 4}{x^3 + 4x}dx = \int \frac{du}{u} = \ln|u| + c = \ln|x^3 + 4x| + c$

여기서 $u = x^3 + 4x,\ du = (3x^2 + 4)dx$

⑤ $\int e^{g(x)}\, g'(x)\, dx = \int du = u + c = e^{g(x)} + c$ (A-3)

여기서 $u = e^{g(x)}$, $du = e^{g(x)} g'(x)\, dx$ □

다음에는 치환적분을 이용한 정적분을 소개한다. 부정적분 방법과 동일하나 단지 차이점은 적분 구간을 정의하되, 치환변수의 적분구간으로 변경시켜야 하는 점이다.

$$\int_a^b f(g(x)) \cdot g'(x)dx = \int_{g(a)}^{g(b)} f(u)du = F(g(b)) - F(g(a)) \tag{A-4}$$

여기서 $u = g(x)$, $du = g'(x)dx$

치환적분을 이용한 정적분의 예를 살펴보면 다음과 같다.

예

① $\int_0^2 (3x^2 - 2)e^{-x^3 + 2x}\, dx = \int_0^4 e^{-u}\, du = [-e^{-u}]_0^4 = 1 - e^{-4}$

여기서 $u = x^3 - 2x$, $du = (3x^2 - 2)dx$

② $\int_0^{\frac{\pi}{2}} \sin^3 x \cos x\, dx = \int_0^1 u^3 du = \left[\frac{1}{4}u^4\right]_0^1 = \frac{1}{4}$

여기서 $u = \sin x$, $du = \cos x dx$ □

다음에는 **부분적분법**을 소개한다. 미분공식 (1-10)에서 좌우변을 부정적분하면 다음 식과 같다.

$$f(x) \cdot g(x) = \int [f'(x)g(x) + f(x)g'(x)]dx \tag{A-5}$$

이 식의 우변의 첫 번째 항을 좌변으로 이동하면

$$\int f(x)g'(x)dx = f(x)g(x) - \int f'(x)g(x)dx \tag{A-6}$$

식 (A-6)를 이용하여 적분하는 것을 부분적분법이라고 한다.

예

① $\int xe^x dx = xe^x - \int 1 \cdot e^x dx = xe^x - e^x + c$ (A-7)

② $\int x^2 e^x dx = x^2 e^x - \int 2xe^x dx = x^2 e^x - 2(xe^x - e^x) + c = e^x(x^2 - 2x + 2) + c$

③ $\int \ln x dx = x\ln|x| - \int \frac{1}{x} \cdot xdx = x(\ln|x| - 1) + c$ (A-8) □

부분적분을 이용한 정적분도 치환적분과 같은 방법으로 수행하면 된다. 이를 공식으로 표현하면 다음과 같다.

$$\int_a^b f(x)g'(x)dx = [f(x)g(x)]_a^b - \int_a^b f'(x)g(x)dx \quad \text{(A-9)}$$

예

① $\Gamma(\alpha) = \int_0^\infty x^{\alpha-1}e^{-x}dx$ (α : 자연수) (A-10)

$= [x^{\alpha-1}(-e^{-x})]_0^\infty + (\alpha - 1) \int_0^\infty x^{\alpha-2}e^{-x}dx$

$= (\alpha - 1)\Gamma(\alpha - 1)$

$\therefore \Gamma(\alpha) = (\alpha - 1)(\alpha - 2) \cdots 2 \cdot 1 \int_0^\infty e^{-x}dx$

$= (\alpha - 1)!$ (A-11) □

【부록 6A】 연습문제

1. 다음을 구하시오.

(1) $\int x^3\sqrt{2x^2 + 1}\, dx$

(2) $\int x\ln x\, dx$

(3) $\int 2x^3(\ln x)^2 dx$

(4) $\int \frac{e^x}{(4+e^x)^5}dx$

(5) $\int \frac{e^x - e^{-x}}{e^x + e^{-x}}dx$

(6) $\int x^2 e^{2x+1}dx$

(7) $\int e^{ax} \cdot \sin bx \ dx$

(8) $\int e^{ax} \cos x \ dx$

2. 다음에 주어진 정적분을 계산하시오.

(1) $\int_0^{\infty} \frac{dx}{x \ln x}$

(2) $\int_0^{\infty} e^{-rt}dt$(상수 $r>0$)

(3) $\int_1^4 \sqrt{x} \ln x \ dx$

(4) $\int_2^{\infty} \frac{1}{x(\ln x)^2}dx$

(5) $\int_0^{\pi} \int_0^{\cos x} y \sin x \, dy \, dx$

3. 평균이 μ이고 표준편차가 σ인 정규분포에서 x가 $\mu-\sigma$에서 $\mu+\sigma$ 사이에 있을 확률을 구하려면 다음과 같은 정적분을 구하는 것과 같다.

$$P\{\mu-\sigma \le x \le \mu+\sigma\} = \int_{\mu-\sigma}^{\mu+\sigma} \frac{1}{\sqrt{2\pi\sigma}} e^{-\frac{(x-\mu)^2}{2\sigma^2}} dx$$

그렇다면 평균이 0이고 표준편차가 1인 표준정규분포에서 x가 -1에서 1 사이에 있을 확률을 구하려면 어떠한 정적분을 구하는 것과 같은가?

참고문헌

김형욱(1993), 경영수학, 법경사.

신준용(1996), 경제학과 경영학을 위한 수학, 학현사.

안상형(1990), 경영수학, 법문사.

제 2 부

불확정적 의사결정

제7장

시계열분석과 예측

시계열(time series)이란 특정자료들을 발생시간에 따라 관찰한 것이다. 예로써 기업의 마케팅 부서에서는 특정제품의 월별 판매량과 시장점유율에 관심을 가질 것이고, 재무부서에서는 자사의 일별 주식가격과 환율이 주요 관심 대상이다.

미래에 대한 자료(예 : 수요)를 **예측**하는 방법에는 여러 가지가 존재한다. 그 중 과거 자료의 변화 패턴을 탐지하고 이를 사용하여 미래 자료를 예측하는 방법이 있는데, 이를 **시계열분석기법**(time series forecasting method)이라고 한다.

이 기법은 한 가지 중요한 가정을 하고 있는데, 이는 과거의 **자료 패턴**이 미래에도 그대로 발생할 것이라고 가정하는 것이다. 따라서 시계열분석 기법은 이 기본 가정이 성립하지 않는 경우에는 사용하기에 부적합하다. 이 기본 가정이 성립한다고 한다면, 미래 자료를 예측하기 위해서는 과거 자료 패턴을 파악하는 작업부터 우선적으로 시행해야 할 것이다.

본 장에서는 자료 패턴에는 어떠한 유형이 있으며, 패턴 유형별로 적합한 시계열분석기법에는 어떠한 것들이 있는가를 소개하고자 한다. 또한 각 시계열분석기법들을 통하여 예측하는 방법도 살펴보고자 한다.

1. 과거 자료 패턴

과거 자료의 패턴이 무엇인가를 이해하기 위해서 다음 사례를 살펴보기로 한다.

〈ADIYA 커피숍 체인 사례〉 내년도 커피 수요의 예측

원두커피를 판매하는 프렌차이즈 업체 ADIYA는 내년도 커피 수입량을 결정하기 위하여 특정 커피제품의 과거 판매 자료를 분석하기로 하였다. 과거 10년간의 판매 자료를 수집한 결과 다음 표와 같았다. 표 내의 각 수치는 원두커피의 연간 판매금액(단위 : 억 원)을 나타낸다. 내년도(11년차) 수요는 과연 얼마일까?

〈표 1-1〉 원두커피의 연간 판매금액의 추이

연차	1	2	3	4	5	6	7	8	9	10
판매금액	79	81	89	86	95	99	98	107	112	118

위 <표 1-1>의 자료를 그래프로 그려보면 <그림 1-1>과 같다.

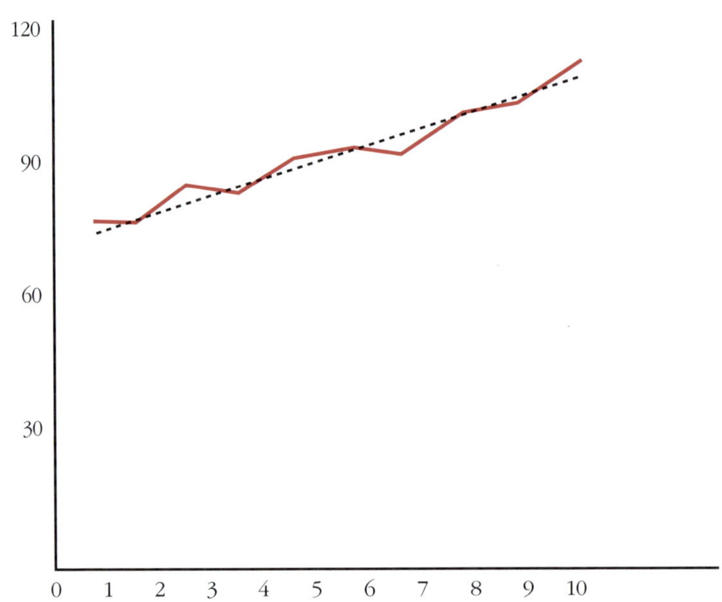

〈그림 1-1〉 원두커피의 과거 수요의 패턴

그림에서 실선은 실제 판매금액의 변화를 나타내고, 점선으로 된 직선은 자료의 분석을 통하여 구한 수요의 패턴을 나타낸다. 점선을 살펴보면 점진적으로 수요가 직선적으로 증가하고 있음을 알 수 있다. 그런데 10개의 판매금액의 변화 패턴을 표현하는 점선은 어떻게 구했을까?

이후부터는 수요의 패턴을 알아내는 방법에 대해서 구체적으로 논하기로 한다. 다만 우리가 고려하려는 자료들이 수요 자료만을 다루지 않기 때문에, 수요 패턴이라는 용어 대신 일반적으로 자료 패턴이라는 용어를 사용하기로 한다.

2. 자료 패턴 : 평균, 이동평균, 지수평활법

과거 자료 변화의 패턴에는 전술한 사례에서와 같이 점진적으로 증가하는 경우도 있지만, 특정값 주변을 무작위하게 진동하는 경우도 있다. 여기서 무작위하다는 것은 사전에 예측이 불가능한 경우를 말한다. 여기서는 후자의 경우를 우선 다루기로 한다.

2.1 산술평균(arithmetic average 또는 average)

구체적인 내용을 소개하기 전에 우선 다음 사례를 살펴보기로 한다.

〈기상대 사례〉 영종도의 향후 연간 안개일수의 예측

기상대는 현재 인천 국제공항 관련 조직으로부터 영종도의 연간 안개일수를 예측해 달라는 의뢰를 받았다. 과거 경험상 연간 안개일수는 매년 약간의 편차를 보이지만 크게 변화하지는 않음을 알고 있다. 즉, 지속적으로 증가 또는 감소하지는 않는다는 것이다. 그래서 담당자는 영종도의 향후 연간 안개일수는 과거 자료를 분석하여 예측하기로 하였다.

과거 10년간 영종도의 연간 안개일수는 다음과 같다.

〈표 2-1〉 영종도의 연간 안개일수

연차	1	2	3	4	5	6	7	8	9	10
안개일수	30	36	37	28	25	31	29	33	25	35

풀이 영종도의 연간 안개일수를 그래프로 표현하면 다음 <그림 2-1>과 같다. 그림을 살펴보면 연간 안개일수는 증가 또는 감소 추세를 보이지 않고, 단지 특정 수평선 상하를 무작위하게 움직이는 것으로 간주할 수 있다. (물론 이러한 결론을 내리기 위해서는 더 많은 자료를 분석해야 한다. 그러나 여기서는 논의의 편의상 이 정도의 자료만으로도 충분히 위의 결론을 내릴 수 있다고 가정한다.)

향후 연간 안개일수를 예측하려면 과거 자료의 변화 패턴, 즉 어떤 수평선 상하를 무작위하게 진동하는가를 밝혀야 한다. 여기서 수평선이라는 개념은 통계학에서의 **평균**(average)의 개념과 매우 유사하다.

통계학에서는 주어진 자료를 대표하는 수치로서 **산술평균**(arithmetic average)을 가장 많이 사용한다. 평균을 구하는 방법은 주어진 자료 모두의 합을 자료의 개수로서 나누어주는 것이다. 기상대 사례에서는

$$\text{평균 연간 안개일수} = (30 + 36 + 37 + 28 + 25 + 31 + 29 + 33 + 25 + 35)/10$$
$$= 30.9$$

따라서 과거 10년간 영종도의 연간 안개일수는 대략 31일이라고 하여도 무방한 것이다. 이는 곧 과거 10년간 영종도의 연간 안개일수를 나타내는 자료 패턴은 31이라는 숫자를 나타내는 수평선이라고 볼 수 있다. 따라서 다음 해(11년차) 영종도의 연간 안개일수는 31일이라고 예측할 수 있다. 물론 이는 내년 연간 안

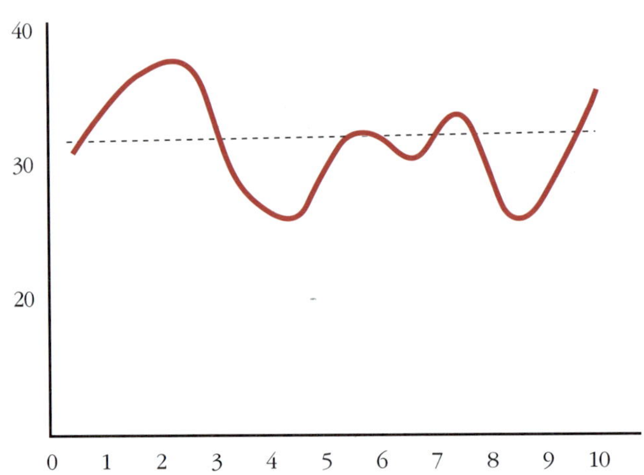

〈그림 2-1〉 영종도의 연간 안개일수

개일수와 정확히 일치하지 않을 수 있다. 그러나 향후 50년간의 안개일수를 예측한다고 할 때, 이보다 정확히 예측할 수 있는 수치는 존재하지 않는다고 할 수 있으므로, 31일을 예측치로 사용하는 것이다. ■

앞에서 기술한 내용을 일반적인 **수리모형**으로 표현하면 다음과 같다.

$$A_t = \frac{\text{과거 모든 자료의 합}}{\text{자료의 개수}} = \frac{D_t + D_{t-1} + \cdots + D_1}{n} \tag{2-1}$$

$$F_{t+1} = A_t \tag{2-2}$$

여기서

D_t = t 시점의 관찰자료

n = 자료의 개수

A_t = t 시점에서의 산술평균

F_{t+1} = $(t+1)$ 시점에 대한 예측치

위 기상대 사례에 대입하면

$$F_{11} = A_{10} = \frac{35 + 25 + \cdots + 30}{10} = 30.9(\text{일})$$

11년차 이후에 대한 예측방법은 별도로 없기 때문에 F_{11}을 그대로 사용할 수밖에 없다.

2.2 이동평균(simple moving average 또는 moving average)

앞에서 소개한 산술평균은 기상대의 사례에서 안개일수를 예측하는 데 매우 적합하다고 할 수 있다. 왜냐하면 특정 지역의 평균 안개일수는 시간의 흐름에 따라서 거의 변동을 보이지 않을 것으로 예상할 수 있기 때문이다. 따라서 모든 자료의 평균을 가지고 미래를 예측하는 것이 타당하다.

그러나 모든 예측에서 이러한 사실이 성립하지는 않는다. 예로써 특정 요인에 의하여 평균값이 변할 수도 있기 때문이다. 다음 사례는 대형 댐이 건설됨으로 인

하여 인근 지역의 연간 안개일수가 변화한 경우를 보이고 있다.

〈중청댐 사례〉 중청댐 인근지역의 향후 연간 안개일수의 예측

중청댐 인근지역은 댐 건설의 영향을 받아서 최근 환경에 많은 변화가 있다고 한다. 특히 안개가 끼는 날이 서서히 증가하고 있어서 농업에 많은 지장을 받는다고 주민들은 호소하고 있다. 이에 따라서 한 민간단체가 연간 안개일수의 변화를 분석하기로 하였다. 담당자가 과거 10년간 연간 안개일수를 조사한 바 다음 표와 같았다. 댐은 3년차 말에 건설이 완료되어 7년차 말에 만수가 되었다고 한다.

이런 경우 연간 안개일수의 증가를 어떻게 입증할 수 있을까? 그리고 향후 연간 안개일수는 얼마일까?

〈표 2-2〉 중청댐 인근지역의 연간 안개일수

연차	1	2	3	4	5	6	7	8	9	10
안개일수	27	28	26	29	34	32	39	38	39	40

풀이 현재 조사하고 있는 민간단체는 댐 건설에 의하여 연간 안개일수의 평균이 변했다고 가정하고 분석하려는 것이다. 따라서 우선적으로 생각할 수 있는 방법은 댐 건설 이전과 이후의 연간 안개일수의 평균을 구해서 비교하는 방법을 생각하였다.

$$\text{건설 이전의 평균} = (27 + 28 + 26)/3 = 27.0\text{일}$$
$$\text{건설 이후의 평균} = (29 + 34 + \cdots + 40)/7 = 35.9\text{일}$$

평균이 크게 증가했으므로 연간 안개일수는 댐 건설에 의해 영향을 받았다고 주장할 수 있을까? 전력회사에서 우연히 최근에 안개가 많이 끼어서 이러한 결과를 초래했다고 주장하면 어떻게 반박할 것인가?

이런 경우를 위하여 개발된 기법이 **이동평균법**이다. 즉, 평균을 구하되 전체 기간이 아니라 최근 일정기간 동안의 자료만을 사용하자는 것이다. 즉, 시간이 경과하여 새로운 자료가 추가되면, 가장 오래된 자료는 계산과정에서 배제함으로써 항상 일정한 수의 최근 자료만을 사용하여 평균을 구하자는 것이다. 이렇게 평균을 구함으로써 개별 자료의 변화가 아니라 평균 자체의 변화를 감지하고자 하는 것이다.

예를 들어서 평균을 구하는 기간을 5년으로 설정하자. 그러면 처음 5년간 연간 안개일수의 평균을 구하면

$$A_5 = (27 + \cdots + 34)/5 = 28.8$$

여기서 A_5는 5년차에 구한 최근 5년간 평균을 의미한다. 마찬가지 방법으로 A_6를 구하면(즉, 가장 과거의 자료인 1차년도 연간 안개일수 27을 배제하고 가장 최근 자료인 6차년도 연간 안개일수 32를 추가하여 구했다)

$$A_6 = (28 + \cdots + 32)/5 = 29.8$$

마찬가지 방법으로 나머지 이동평균을 구하면

$$A_7 = (26 + \cdots + 39)/5 = 32.0$$
$$A_8 = (29 + \cdots + 38)/5 = 34.4$$
$$A_9 = (34 + \cdots + 39)/5 = 36.4$$
$$A_{10} = (32 + \cdots + 40)/5 = 37.6$$

이렇게 구한 6개의 이동평균을 그림으로 표현하면 <그림 2-2>의 점선과 같다.

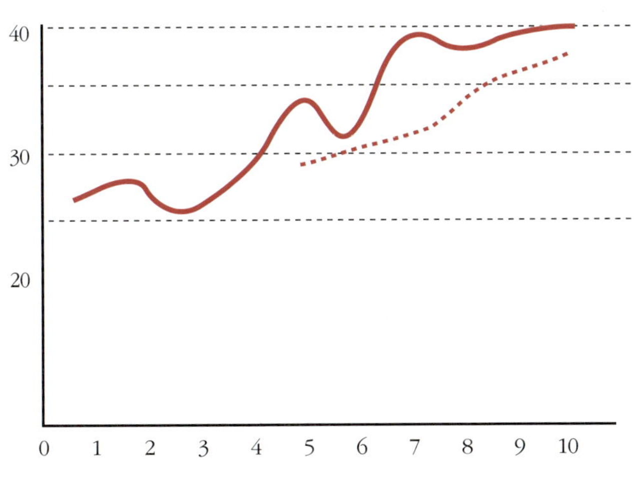

〈그림 2-2〉 연간 안개일수와 이동평균

그림에서 실선은 실제 연간 안개일수의 변화를 나타낸다. 따라서 실제 자료는 급격하게 진동하면서 변하여도 이동평균은 완만하게 변하여서 전반적인 추세를 보여주고 있다. 이를 살펴보면 점차 증가추세라는 것을 알 수 있다. (그렇지만 최근들어서 연간 안개일수는 안정되고 있는 양상을 보인다.) 이는 앞에서 댐 건설 이전과 이후로 나누어서 평균을 구했을 때는 알 수 없었던 정보이다. 이처럼 이동평균을 구하면 자료의 변화 패턴을 명확히 밝힐 수 있다.

만일 11년차의 안개일수를 예측한다면 얼마로 하는 것이 바람직할까? 아마도 10년차에서 구한 이동평균이 가장 최근의 자료를 반영한 것이므로 바람직할 것으로 보인다. 즉 11년차에 대한 예측치 F_{11}은

$$F_{11} = A_{10} = 37.6$$

11년차 이후에 대한 예측방법은 별도로 없기 때문에 F_{11}을 그대로 사용할 수 밖에 없다.

이 기법을 일반적인 수리모형으로 표현하면 다음과 같다.

$$A_t = \frac{\text{최신자료 } n\text{개의 합}}{n} = \frac{D_t + D_{t-1} + \cdots + D_{t-(n-1)}}{n} \tag{2-3}$$

$$F_{t+1} = A_t \tag{2-4}$$

여기서

n = 사용자료의 개수
A_t = t 시점에서의 이동평균
F_{t+1} = $(t+1)$ 시점에 대한 예측치

따라서 이 기법을 사용하기 위해서는 몇 개의 자료의 이동평균을 구할 것인지를 결정해야 한다. 최근 변화를 조속히 반영하려면 평균기간을 적게 잡아야 하고, 무작위한 변화가 심한 경우는 이를 완화시키기 위하여 평균기간을 길게 잡아야 할 것이다.

만일 1년이 지나서 11년차의 실제 안개일수가 40일이었다고 하자. 그러면 12년차의 안개일수를 예측하는 경우에는 새로운 관찰치 40일은 고려하지만 가장

오래된 6년차 관찰치 32일은 더 이상 고려하지 않는다. 새로운 예측치 F_{12}를 구해보면

$$F_{12} = A_{11} = \frac{39 + 38 + 39 + 40 + 40}{5} = 39.2(\text{일})$$ ■

2.3 가중이동평균(weighted moving average)

전술한 이동평균법은 전체 자료가 아니라 최근 자료만을 반영하여 평균을 구하고 이를 활용하여 예측하려는 기법이다. 하지만 산술평균을 취한다는 것은 평균을 취하는 자료들을 모두 동등하게 취급한다는 것을 의미한다. 앞에서 소개한 <중청댐 사례>에서 최근 5년간 자료를 이용하여 미래를 예측하는 경우, 5년간 자료는 모두 20%의 비중을 가지고 평균에 반영된다고 볼 수 있다.

<그림 2-2>의 점선(이동평균)을 살펴보면, 실제로는 댐 건설 이전과 이후의 평균이 급격하게 변하고 있음에도 불구하고 이동평균은 완만하게 증가하며 실제 자료보다 작게 나타나고 있다. 이는 최근 변화가 확실하게 반영되지 않았다고 볼 수 있다. 이러한 경우에 변화를 효과적으로 이동평균에 반영시킬 수 있는 방법은 무엇일까?

이를 위해서는 최근 5년간 평균을 구하되 최근 자료에 더 많은 **가중치**를 부여하면 된다. 즉 **가중평균**을 구하는 것이다. 예로써 가중치를 1년차에 0.05, 2년차에 0.1, 3년차에 0.15, 4년차에 0.3, 5년차에 0.4를 주면(가중치의 합은 1이다), 최근 자료에 많은 가중치를 줄 수 있다. 이렇게 **가중이동평균**을 구하면 다음과 같다.

$$A_5 = 0.05 \times 27 + 0.1 \times 28 + 0.15 \times 26 + 0.3 \times 29 + 0.4 \times 34 = 30.4$$

여기서 A_5는 5년차에 구한 최근 5년간 가중평균을 의미한다. 단순 이동평균인 28.8보다 크게 나타났음을 알 수 있다.

마찬가지 방법으로 A_6를 구하면(즉, 가장 과거의 자료인 27을 배제하고 가장 최근 자료인 32을 추가하여 구했다)

$$A_6 = 0.05 \times 28 + 0.1 \times 26 + 0.15 \times 29 + 0.3 \times 34 + 0.4 \times 32 = 31.4$$

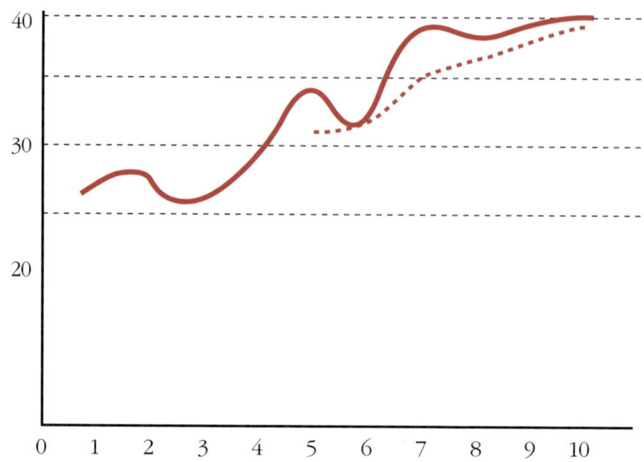

〈그림 2-3〉 연간 안개일수와 가중이동평균

$$A_7 = 34.5$$

$$A_8 = 36.6$$

$$A_9 = 37.8$$

$$A_{10} = 38.9$$

이를 <그림 2-3>에 점선으로 표현하였다. <그림 2-2>의 점선(단순 이동평균)과 비교해보면 실제 자료를 잘 추적하고 있음을 알 수 있다.

만일 11년차의 안개일수를 예측한다면 얼마로 하는 것이 바람직할까? 아마도 10년차에서 구한 가중이동평균이 가장 최근의 자료를 반영한 것이므로 바람직할 것으로 보인다. 즉 11년차 예측치 F_{11}은

$$F_{11} = A_{10} = \text{약 } 39\text{일}$$

이 기법 역시 11년차 이후에 대한 예측방법은 별도로 없기 때문에 F_{11}을 그대로 사용할 수밖에 없다.

이 기법을 일반적인 수리모형으로 표현하면 다음과 같다.

$$A_t = \alpha_0 D_t + \alpha_1 D_{t-1} + \cdots + \alpha_{n-1} D_{t-(n-1)} \tag{2-5}$$

여기서 가중치 α_i의 합은 1이어야 한다.

$$F_{t+1} = A_t \tag{2-6}$$

여기서

n = 사용자료의 개수

A_t = t 시점에서의 가중이동평균

F_{t+1} = $(t + 1)$ 시점에 대한 예측치

이를 보면 가중이동평균을 적용하기 위해서는 이동평균을 취할 기간과 기간별 가중치를 사전에 설정해야 함을 알 수 있다. 가중치는 최근 자료에 비중을 얼마로 줄 것인가에 따라서 의사결정자가 주관적으로 결정하면 된다. 그러나 가중치의 합은 반드시 1이어야 한다.

2.4 지수평활법(exponential smoothing)

앞에서 소개한 이동평균과 가중이동평균법을 시행하려면 최소한 평균을 구하는 기간의 시계열 자료는 보관하고 있어야 한다. 또한 평균을 구하는 연산을 해야 한다(평균을 구하는 기간이 길면 연산량이 많아진다). 중청댐 사례의 경우는 자료의 수가 적고 연산량도 정말 미미하여 수작업으로도 충분하다. 그런데 예측을 하려는 자료 집단이 큰 경우에는 컴퓨터 없이는 불가능하며, 설사 컴퓨터가 있다고 하더라도 인력으로 자료를 관리하기가 어렵다.

대형할인점을 예로 들어보자. 여기서 판매하는 품목의 수는 최소한 수만 개이다. 또한 수요 예측을 하기 위해서는 최소한 3년 정도의 주별 판매자료를 사용한다. 왜냐하면 계절별, 월별, 주별 수요변화, 그리고 추석, 여름휴가 등 특정 이벤트 시점에서의 수요 변화를 반영하기 위해서이다. 다른 예로써 국내 한 가전업체의 예를 들어보자. 이 회사는 대략 20만 개의 품목을 유지하고 있다. 매 주말에는 다음 주 품목 주문량 및 생산량을 산출하기 위하여 예측을 수행하고 있다. 예측에는 과거 60주분의 사용량 자료를 활용한다. 이런 경우에는 컴퓨터 없이는 계산이 불가능하며 자료 보관량도 엄청나다. 그리고 시간이 흐름에 따라서 자료는 계속 증가하고 따라서 계산량도 계속 증가할 것이다. 이러한 경우에는 어떻게 해야 할까?

이러한 경우를 위해서 개발된 기법이 **지수평활법**이다. 이 기법은 매 예측시 필요한 자료가 단 두 가지이다. 그리고 계산량도 적어서 수작업으로도 가능하다. 중청

댐 사례에 적용해보기로 한다.

이 기법은 일종의 가중평균법으로써, **당기에 대한 예측치**(전기에서 예측한 것임)와 당기 **실적치**의 가중평균을 구하여 차기 예측치로 사용하는 것이다. **가중치**는 주관적인 판단에 의하여 구하는데, 이 역시 당기 실적치에 어느 정도 비중을 둘 것인가에 따라서 달라진다. 지수평활법에서는 이 가중치를 **평활상수**라고 한다.

중청댐 사례에 적용해보자. 10년차 연간 안개일수에 대한 예측치가 38일이었고 10년차의 실적치(실제 연간 안개일수)가 40일이었다고 하자. 그리고 실적치에 대한 평활상수가 0.3이라고 하자. 그러면 11년차 안개일수에 대한 예측치는

$$
\begin{aligned}
F_{11} &= 0.3 \times \text{당기 실적치} + (1 - 0.3) \times \text{당기에 대한 예측치} \\
&= 0.3 \times 40 + 0.7 \times 38 = 38.6
\end{aligned}
$$

즉, 예측치는 38일이었으나 실제로는 이보다 많아서 40일이었다. 그렇지만 차기 예측시 당기 실적치에 비중을 30%밖에 주지 않았기 때문에 차기 예측치는 38일에 가깝게 구해진 것이다. 만일 평활상수를 0.7로 주었다면,

$$
\begin{aligned}
F_{11} &= 0.7 \times \text{당기 실적치} + (1 - 0.7) \times \text{당기에 대한 예측치} \\
&= 0.7 \times 40 + 0.3 \times 38 = 39.4
\end{aligned}
$$

실적치에 비중을 많이 두었으므로 예측치는 당연히 실적치에 가까운 39.4일이 되었다.

당연히 평활상수는 1에 가까운 것이 좋을 듯하지만, 당기 실적치가 무작위성에 의하여 우연히 높게 나왔다면 이를 즉각 반영하여(즉, 평활상수를 크게 하여) 예측하는 것이 바람직하지 않기 때문에 평활상수는 1에 가깝게 두지 않는 것이 보편적이다. 그렇다면 평활상수는 얼마로 하는 것이 좋을까? 대부분의 경우 0.1~0.3이 바람직하다고 한다. 만일 실제 자료에 잘 맞는 평활상수가 0.3보다 훨씬 크다면 지수평활법 자체가 현 자료의 예측에 바람직하다고 볼 수 없고, 따라서 다른 예측기법을 탐색해야 할 것이다.

이 기법을 체계적으로 중청댐 사례에 적용해보기로 한다. 평활상수는 0.3으로 책정한다. 우선 1년차부터 시작하기로 한다. 그런데 1년차 실적치 27일은 있는데, 1

년차에 대한 예측치가 현재로서는 없다. 왜냐하면 1년차에 대한 예측치는 0년차에 예측해야 하는데, 이때는 예측하지 않았기 때문이다. 따라서 1년차 예측치를 하나 가정해야 하는데, 여기서는 1년차 실적치를 그대로 사용하기로 한다. 따라서

$$A_1 = 0.3 \times D_1 + 0.7 \times A_0 = 0.3 \times 27 + 0.7 \times 27 = 27$$

여기서

A_1 = 1년차까지의 지수평활치(즉, 2년차에 대한 예측치)
D_1 = 1년차의 실적치
A_0 = 0년차까지의 지수평활치(즉, 1년차에 대한 예측치)

계속해서 구해보면,

$$A_2 = 0.3 \times D_2 + 0.7 \times A_1 = 0.3 \times 28 + 0.7 \times 27 = 27.3$$
$$A_3 = 0.3 \times D_3 + 0.7 \times A_2 = 0.3 \times 26 + 0.7 \times 27.3 = 26.9$$
$$\cdots$$
$$A_9 = 0.3 \times D_9 + 0.7 \times A_8 = 0.3 \times 39 + 0.7 \times 34.4 = 35.8$$
$$A_{10} = 0.3 \times D_{10} + 0.7 \times A_9 = 0.3 \times 40 + 0.7 \times 35.8 = 37.0$$

따라서 11년차 예측치는

$$F_{11} = A_{10} = 37.0$$

11년차 이후에 대한 예측방법은 별도로 없기 때문에 F_{11}을 그대로 사용할 수밖에 없다.

이를 그림으로 그려보면 다음 <그림 2-4>와 같다.

그림을 살펴보면 지수평활치가 실제자료의 변화 패턴을 보여주기는 하나, 자료 변화를 따라가는 형상이고 실제 자료값과는 다소 차이를 보이고 있다. 이는 현 평활상수가 실제 자료에 30%의 비중만을 주어서 급격한 변화를 보이고 있는 안개일수를 잘 표현하지 못하였기 때문이다. 이를 교정해주기 위하여 평활상수를 70%로 바꾸면 어떻게 될까? <그림 2-5>의 점선이 이를 보여준다.

<그림 2-4>의 경우보다 훨씬 실제 자료를 잘 추적하고 있다. 이처럼 평활상수가

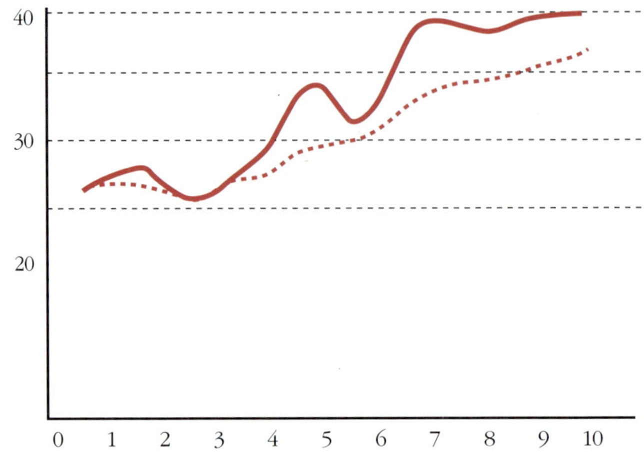

〈그림 2-4〉 연간 안개일수와 지수평활치(α = 0.3)

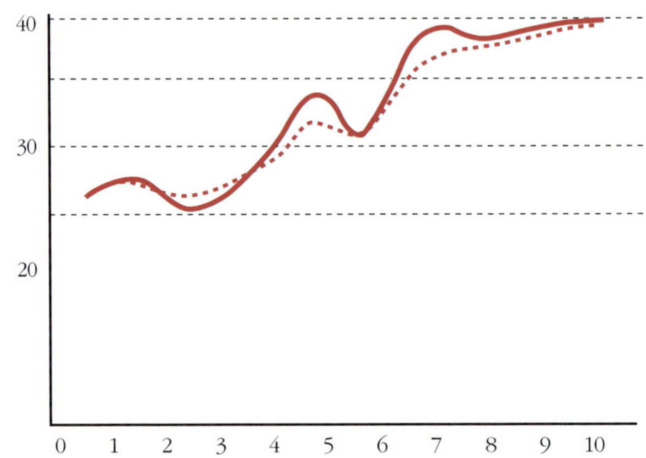

〈그림 2-5〉 연간 안개일수와 지수평활치(α = 0.7)

1에 가까운 경우는 자료가 급변하는 경우에 잘 어울린다. 그러나 전술한 바와 같이 자료가 급변하는 경우는 지수평활법이 아니라 다른 기법을 사용하는 것이 더 적합하다고 볼 수 있다. 다음에 소개할 기법들은 이처럼 자료가 특정추세를 가지고 움직이는 경우에 더 적절한 기법들이다.

지금까지 다룬 지수평활법을 일반적인 수리모형으로 표현하면 다음과 같다.

$$A_t = \alpha D_t + (1 - \alpha) A_{t-1} \qquad (2\text{-}7)$$

여기서 α는 평활상수이고, $0 < \alpha < 1$을 만족해야 한다. 식 (2-7)에서 초기치는 $A_0 = D_1$이라고 가정한다. 다른 서적에서는 이전에 사용했던 산술평균, 이동평균, 또는 주관적 추정치를 사용하도록 추천하고 있다. 예측방법은

$$F_{t+1} = A_t \tag{2-8}$$

3. 자료 패턴 : 추세변동과 최소자승법

이제부터는 시계열자료에 추세가 있는 경우를 살펴보기로 한다. 여기서 추세란 시계열 자료가 시간의 흐름에 따라서 점차 증가 또는 감소하는 경향을 말한다. 특히 여기서는 증가 또는 감소하는 양이 시점에 관계없이 일정한 경우만을 다룬다. 이는 전술한 <ADIYA 커피숍 체인 사례>에서 본 바와 같은 경우이다.

전술한 <중첨댐 사례>에서 시계열자료는 연간 안개일수를 말한다. 댐 건설 후 물을 채우기 시작하면서 연간 안개일수는 댐 건설 이전의 평균값으로부터 증가하였고, 만수 후에는 연간 안개일수가 특정 평균값을 가지고 안정될 것이다. 즉, 2개의 평균값 사이를 이동하는 사이에는 시계열자료가 증가 현상을 보이는 것이다. 이러한 현상은 제품의 수요가 증가 또는 감소하는 경우에도 발생한다. 이렇게 증가 또는 감소 경향을 보이는 자료값은 어떻게 예측해야 할까?

구체적인 내용을 소개하기 전에 다음 사례를 살펴보기로 한다.

〈LZ 홈쇼핑 사례〉 헬스기구 판매량의 예측

LZ 홈쇼핑에서는 다양한 상품을 판매하고 있다. 최근 들어서 소비자의 건강에 대한 관심이 높아지면서 헬스기구의 판매가 급증하고 있다. 이에 헬스기구 판매 담당자인 최영삼 씨는 보다 많은 케이블 방송시간을 배정받으려고 한다. 그런데 방송시간 배분을 책임지고 있는 전규하 씨는 많은 담당자로부터 방송시간 배정을 요청받고 있어서 타당한 근거를 제시하지 않으면 시간 배정을 많이 해주지 않고 있다. 이에 최영삼씨는 과거 판매 자료를 사용하여 다음 해의 수요를 예측한 다음 이를 근거로 내년도 총방송시간을 요청할 예정이다. 일단 연간 총방송시간이 배정되면, 이를 다시 분기별 및 월별로 배분한다고 한다.

다음 <표 3-1>은 과거 4년간 분기별 판매자료이다. 헬스기구는 그 특성상 판매량이 계절변동을 보여서 판매금액이 들쑥날쑥하다. 따라서 과거 자료를 어떻게 분석해야만 정확히 내년도 수요를 예측할 수 있는지 고민하고 있다. 어떻게 예측하면 좋을까?

〈표 3-1〉 헬스기구의 4년간 판매금액

분기	1차년도	2차년도	3차년도	4차년도
1	45	70	100	100
2	335	370	585	725
3	520	590	830	1160
4	100	170	285	215
합계	1000	1200	1800	2200

풀이 일단 최영삼 씨는 연간 총 방송시간을 배정받아야 하므로, 연간 수요의 증가 경향을 입증해야 한다. 그리고 이를 근거로 내년도 수요를 예측함으로써 방송시간 배정의 합리적인 근거를 제공해야 할 것이다.

연간 수요의 변화는 <표 3-1>의 마지막 행에 주어져 있다. 연간 수요의 변화를 그래프로 그리면 다음 <그림 3-1>과 같다. 가로축은 시점을 나타내고, 세로축은 연간 수요를 나타낸다. 단순히 자료의 변화만을 보아도 증가 추세라는 것을

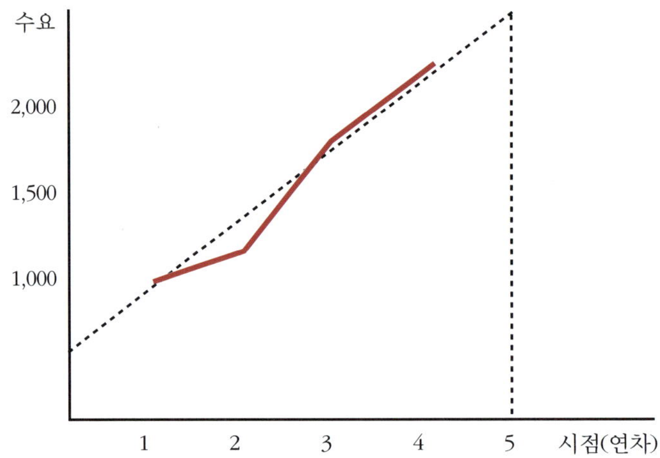

〈그림 3-1〉 연간 수요의 변화

알 수 있지만, 보다 논리적으로 이를 설명할 수 있어야 한다.

자료의 추세(정량 변동)를 분석하는 경우에는 최소자승법이 흔히 이용된다. **최소자승법**(least square method)은 주어진 자료의 추세를 가장 잘 표현하는 **추세선**을 찾는다. 그리고 이 추세선을 이용하여 예측을 한다. ■

이 기법에서 주어진 자료를 가장 잘 표현한다는 의미는 다음과 같다. 우선 하나의 추세선이 있다고 가정한다. (여기서 추세선은 직선이라고 가정한다.) 각 시점별로 추세선 상의 점과 주어진 자료와의 차이값인 **편차**를 구한다. 다음에는 편차의 제곱의 합을 구한다. 만일 추세선이 여러 개 있고 이 중 하나를 선택해야 한다면, **편차 제곱의 합**이 최소가 되는 추세선이 가장 바람직할 것이다.

여기서 주의할 사항은 단순히 편차의 합이 최소가 되는 추세선이 가장 바람직하지 않다는 점이다. 왜냐하면 편차는 음수도 가질 수 있기 때문에 편차의 합을 구하면 서로 상쇄되어 별로 바람직하지 않은 추세선이 편차의 합이 최소가 될 수도 있기 때문이다. 이와 같은 이유에서 편차 제곱의 합을 최소로 하는 추세선을 찾는 것이고, 이와 같은 기법을 최소자승법이라고 부르는 것이다. (원래는 최소제곱법이 올바른 표현이나 최소자승법이라는 표현이 관례가 되었다.)

그런데 문제는 기존의 자료를 표현하는 추세선은 무수히 많다는 점이다. 무수히 많은 추세선을 일일이 비교하여 가장 좋은 추세선을 찾는 것은 불가능하다. 다행스럽게도 이러한 노력없이도 최선의 추세선을 찾는 방법이 개발되어 있다. 최선의 추세선을 찾는 방법에 대해서는 설명을 생략하기로 한다. 여기서는 다만 그 결과를 이용하여 최선의 추세선을 도출하는 과정만을 설명하기로 한다.

추세선은 직선(예 : <그림 3-1>의 경사진 점선)이므로 다음과 같이 직선의 식으로 표현할 수 있다.

$$\widetilde{y}_T = a + bT \tag{3-1}$$

여기서

T = 시점

$\widetilde{y}_T$ = 시점 T에서의 추세선 상의 값

a = 추세선의 **y 절편**

b = 추세선의 **기울기**

그런데 실제 자료값(y_T)들은 이 직선 상에 있지 않고 다소 편차를 보인다. 따라서 이 편차를 ε_T라고 하고 수식으로 표현하면,

$$\varepsilon_T = y_T - (a + bT) \tag{3-2}$$

여기서

ε_T = T 시점에서의 편차

y_T = T 시점의 실제 수요 자료

최소자승법은 각 시점에서의 **편차 제곱의 합**을 최소로 하는 것이므로,

$$\sum_{T=1}^{n} \varepsilon_T^2 = \sum_{T=1}^{n} (y_T - a - bT)^2 \tag{3-3}$$

을 최소로 하는 직선의 식을 찾는 것이다. 여기서 n은 시점의 수를 나타낸다.

그런데 y_T와 T는 이미 각 시점별로 자료로써 주어져 있다. (LZ 홈쇼핑 사례에서는 4개의 연도 1, 2, 3, 4와 연도별 수요 자료가 그 예이다.) 그러므로 직선의 식을 찾는 것은 a와 b를 찾는 것으로 귀결된다. 최선의 추세선에 해당하는 미지의 상수값 a와 b를 찾으면 다음과 같다.

$$b = \frac{\sum_{T=1}^{n} Ty_T - n\overline{T} \cdot \overline{y}}{\sum_{T=1}^{n} T^2 - n\overline{T}^2} \tag{3-4}$$

$$a = \overline{y} - b\overline{T} \tag{3-5}$$

여기서

$\overline{T}$ = T의 평균값

$\overline{y}$ = 수요 y_T의 평균값

LZ 홈쇼핑 사례의 자료를 활용하여 a, b를 구하면 다음과 같다.

〈표 3-2〉 자료 계산 과정

	T	y_T	$T\,y_T$	T^2
	1	1,000	1,000	1
	2	1,200	2,400	4
	3	1,800	5,400	9
	4	2,200	8,800	16
합계	10	6,200	17,600	30
평균	2.5	1,550		

따라서

$$b = (17{,}600 - 4 \times 2.5 \times 1{,}550)/(30 - 4 \times 2.5^2)$$
$$= 2{,}100/5 = 420$$
$$a = 1{,}550 - 420 \times 2.5$$
$$= 500$$

그러므로 최선의 추세선은

$$\tilde{y}_T = 500 + 420T \qquad (3\text{-}6)$$

이 추세선을 그리면 <그림 3-1>의 점선과 같다. 기존 자료를 나타내는 실선을 잘 묘사하고 있다. 내년도(5차년도) 수요의 예측치는 식 (3-6)의 독립변수 T에 5를 대입하여 구한다.

$$F_5 = 500 + 420 \times 5 = 2600$$

만일 5차년도 이후의 예측치도 필요하다면, T 대신에 해당 연차 수를 대입한다.

$$F_T = a + bT \qquad (3\text{-}7)$$

여기서

$$F_T = T \text{ 시점에 대한 예측치}$$

만일 6차년도 수요의 예측치를 구한다면

$$F_6 = 500 + 420 \times 6 = 3020$$

4. 자료 패턴 : 계절변동과 승법계절모형

수요가 계절변동을 보이는 제품이나 서비스는 흔히 볼 수 있다. 계절변동이란 매 주기마다 수요량이 증감을 반복하는 현상을 말한다. 예로써 은행 업무를 보려는 고객들의 수를 살펴보면 매일 시간대별로 일정한 패턴을 보인다. 그리고 매월 일별로도 일정한 패턴을 보이기도 한다. 다른 예로는 청량음료를 들 수 있다. 이 제품의 수요는 연간 계절별로 일정한 패턴을 보인다. 따라서 주기란 1년, 1달, 1주일, 1일 등 제품이나 서비스에 따라서 다양하게 나타난다. 다음 <그림 4-1>은 LZ 홈쇼핑 사례에서의 판매량의 변화를 보이는 데, 그 주기는 1년이다.

계절변동을 보이는 시계열을 예측하는 방법에는 여러 가지가 있으나, 여기서는 승법계절모형(multiplicative seasonal method)만을 소개하기로 한다. 승법계절모형은 각 시점별 수요는 해당 주기의 계절별 평균 수요와 시점별 계절지수의 곱으로 표현된다고 가정한다. 따라서 승법계절모형을 적용하여 예측하기 위해서는, 우선 예측하려는 다음 주기의 전체 수요를 예측해야 하고, 다음으로는 계절지수를 도출해야 한다. 주기의 전체 수요의 예측에는 여러 가지 방법이 적용 가능한데, LZ 홈

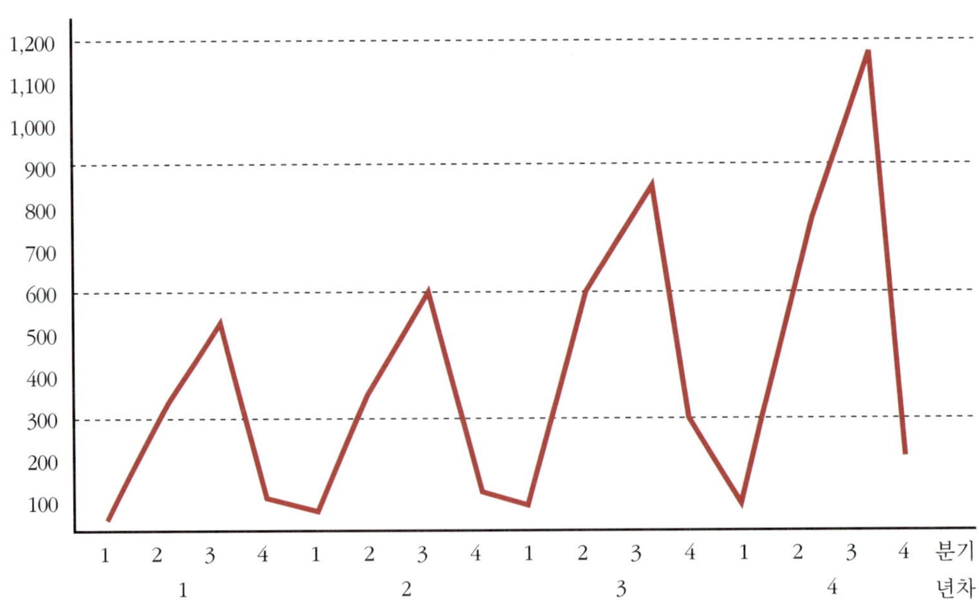

〈그림 4-1〉 LZ 홈쇼핑 과거 판매자료

쇼핑 사례에서는 이미 다음 주기 전체 수요(5차년도 수요)를 최소자승법을 사용하여 구한 바 있다.

다음에는 과거 자료를 사용하여 계절지수를 도출하는 방법을 소개하기로 한다. LZ 홈쇼핑 사례를 기준으로 설명할 예정이므로, 주기는 1년이고 계절은 4개(분기의 수)이다.

1단계 : 주기별 총수요를 계절의 수로 나누어서 평균 계절수요를 구한다. LZ 홈쇼핑 사례에 적용하면 다음 표와 같다. 예로써 1차년도 평균 계절수요는 1,000/4 = 250으로 계산되었다.

〈표 4-1〉 평균계절수요

분기	1차년도	2차년도	3차년도	4차년도
합계	1,000	1,200	1,800	2,200
평균수요	250	300	450	550

2단계 : 각 연도별로 실제 계절 수요를 평균 계절수요로 나누어서 계절지수를 구한다. 예로써 1차년도 1분기 계절지수는 실제 수요 45를 1차년도 평균계절수요 250으로 나누어서 계산되었다.

〈표 4-2〉 연도별 계절지수

분기	1차년도	2차년도	3차년도	4차년도
1	45/250 = 0.18	70/300 = 0.23	100/450 = 0.22	100/550 = 0.18
2	335/250 = 1.34	370/300 = 1.23	585/450 = 1.30	725/550 = 1.32
3	520/250 = 2.08	590/300 = 1.97	830/450 = 1.84	1,160/550 = 2.11
4	100/250 = 0.40	170/300 = 0.57	285/450 = 0.63	215/550 = 0.39

3단계 : 각 계절별로 평균계절지수를 구하여 이를 5차년도 계절지수로 사용한다. 경우에 따라서는 산술평균이 아니라 가중평균 또는 지수평활법을 사용하여 5차년도 계절지수를 도출할 수도 있다. 여기서는 산술평균을 사용하기로 한다. 예로써 1분기 평균계절지수는 4년간 1분기 계절지수를 모두 합하여 4로 나눈 결과이다.

〈표 4-3〉 평균계절지수

분기	평균계절지수
1	(0.18 + 0.23 + 0.22 + 0.18)/4 = 0.20
2	(1.34 + 1.23 + 1.30 + 1.32)/4 = 1.30
3	(2.08 + 1.97 + 1.84 + 2.11)/4 = 2.00
4	(0.40 + 0.57 + 0.63 + 0.39)/4 = 0.50
계	4.00

4단계 : 다음 주기의 총수요를 예측한 다음, 계절의 수로 나누어서 계절별 평균수요를 구한다. 다음 주기의 총수요는 전술한 여러 가지 기법 중 하나를 사용하여 예측할 수 있다. LZ 홈쇼핑 사례에서는 최소자승법을 사용하여 예측한 값, 2,600이다. 따라서 평균계절수요는 이를 4로 나눈 값, 즉 2,600/4 = 650이다.

5단계 : 그 다음에는 3단계에서 구한 계절지수를 4단계에서 구한 평균계절수요에 곱해서 계절별 수요를 예측한다. LZ 홈쇼핑 사례에 적용하면 다음과 같다.

〈표 4-4〉 분기별 예측치

분기	5차년도
1	650 × 0.20 = 130
2	650 × 1.30 = 845
3	650 × 2.00 = 1,300
4	650 × 0.50 = 325
합계	2,600

따라서 내년도 수요는 130, 845, 1,300, 325로 예측된다.

5. 자료 패턴 : 정률변동과 학습곡선

본 장 제3절에서는 자료 패턴이 직선적으로 증가 또는 감소 추세를 보이는 경우를 다루었다. 그러나 증가 또는 감소 추세가 있더라도 실제로는 직선적이 아니라 곡선적인 경우도 많이 발생한다. 이러한 경우에는 곡선 추세선을 사용하여 과거 자료를 분석하고 이를 활용하여 미래의 자료를 예측하는 것이 더 바람직하다. 다음 사례를 살펴보자.

〈대주중공업 사례〉 대형터빈 주문에 따른 인력 수요의 예측

대주중공업의 영업부는 지난 주에 30대의 대형터빈에 대한 납품 계약을 체결하였다. 이에 따라서 생산계획 담당자는 기존의 타제품 생산계획을 고려하여 향후 5개월간 대형터빈을 매달 2, 3, 5, 8, 12대를 생산하는 계획을 수립하였다. 담당자는 이 생산계획이 가능하도록 작업원 투입계획도 수립하려고 한다.

신규 주문 터빈 생산의 과거 경험에 의하면, 최초 터빈의 생산에는 직접 노동시간이 30,000시간 필요하다고 한다. 그런데 생산이 진행됨에 따라 작업원들의 작업능률이 개선되면서 작업시간이 점차 감소한다고 한다. 과거 경험에 의하면 누적 생산량이 2배가 될 때마다 작업시간이 90%로 감소하였다고 한다.

작업자 1인은 월 평균 150시간 작업한다면, 향후 5개월간 이 주문에 투입해야 할 작업자는 매달 몇 명이어야 하는가?

풀이 매달 투입 작업자 수를 계산하려면, 매달 필요한 작업시간을 산출해야 한다. 이는 각 터빈을 생산하는 데 필요한 작업시간을 알아야 가능한데, 현재 알고 있는 정보는 최초 터빈의 생산에 30,000시간의 작업시간이 필요하며, 누적 생산량이 2배가 될 때마다 작업시간이 90%로 감소한다는 사실뿐이다.

이 사실을 이용하면 두 번째 터빈 생산에는 30,000 × 0.9 = 27,000시간이 소요된다는 것을 알 수 있다. 그리고 네 번째 터빈 생산에는 27,000 × 0.9 = 24,300시간이 소요될 것이다. 그렇다면 세 번째 터빈 생산에는 얼마나 소요될까? 그리고 다섯 번째는?

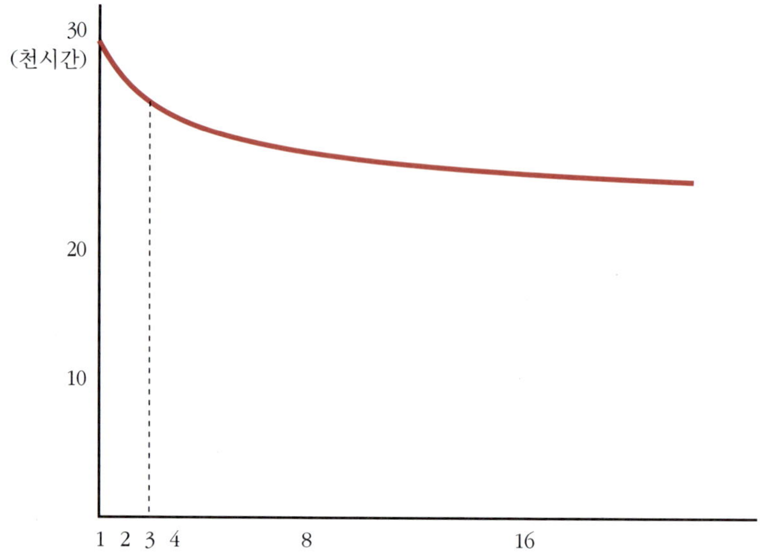

〈그림 5-1〉 단위당 소요작업시간의 변화

현재 알고 있는 정보만을 사용하여 단위당 소요작업시간의 변화를 개략적으로 묘사한 것이 <그림 5-1>이다. 이를 살펴보면 단위당 소요작업시간은 곡선의 추세선을 가짐을 알 수 있다. 그렇다면 곡선의 추세선을 이용하여 세 번째 터빈 생산에 소요되는 시간을 정확히 알 수 있을까? 현재 그래프의 함수를 알지 못하므로 작업시간을 정확히 산출할 수 없다. 따라서 현재 알고 있는 정보를 최대한 활용하여 그래프의 함수를 도출하는 것이 필요하다.

이런 경우에 적합한 분석기법이 학습곡선(learning curve)이다. 학습곡선은 단위당 작업시간과 누적생산량과의 관계를 함수의 형태로 표현해주는 기법이다. 학습곡선을 도출하기 위해서는 다음과 같은 가정을 한다.

(1) 누적생산량이 증가함에 따라서 소요작업시간은 일정한 비율(학습률)로 감소한다.
(2) 작업시간의 감소는 지수함수의 형태를 따른다.

이 가정들을 활용하여 학습곡선의 함수를 구하면 다음과 같다.

$$y(x) = y(1)\ x^b \qquad (5\text{-}1)$$

여기서

$$y(x) = x\text{번째 단위의 소요작업시간}$$
$$x = \text{누적생산량}$$
$$b = \frac{\log_{10}r}{\log_{10}2} = \log_2 r$$
$$r = \text{학습률}$$

여기서 r 값은 주어져 있으므로 b 값도 주어진 상수이다. 따라서 $y(x)$는 x을 독립변수로 하는 함수이다. 식 (5-1)을 이용하여 3, 5번째 터빈의 작업시간을 계산해 보자.

$$b = (\log 0.9)/(0.3010) = (-0.0458)/(0.3010) = -0.1522 \quad (5\text{-}2)$$
$$y(3) = 30{,}000 \times 3^{-0.1522} = 30{,}000 \times 0.8460 = 25{,}380(\text{시간})$$
$$y(5) = 30{,}000 \times 5^{-0.1522} = 30{,}000 \times 0.7827 = 23{,}481(\text{시간})$$

다음 <표 5-1>은 매월 소요작업시간과 작업자 수를 계산한 표이다.

월별 소요작업시간은 해당 월에 생산할 터빈별 작업시간의 합이다. 예로써 두 번째 달에 소요되는 작업시간은 3, 4, 5번째 터빈 생산시간의 합으로 구하였다. 즉

$$y(3) + y(4) + y(5) = 25{,}380 + 24{,}300 + 23{,}481 = 73{,}161(\text{시간})$$

월별 소요작업자 수는 월별 소요작업시간을 작업자당 월 작업시간 150으로 나누어서 구하였다. 예로써 두 번째 달 소요작업자 수는

$$73{,}161/150 \fallingdotseq 488(\text{명})$$

〈표 5-1〉 대주중공업 소요작업자 수의 산출

월	생산량	누적생산량	소요작업시간	소요작업자 수
1	2	2	57,000	380
2	3	5	73,161	488
3	5	10	109,655	731
4	8	18	160,202	1,068
5	12	30	221,778	1,479

<표 5-1>을 살펴보면 매달 생산량은 급격하게 증가하여도 소요 작업자 수는 상대적으로 적게 증가함을 알 수 있다. 이는 생산량이 증가함에 따라 생산성이 증가하여(즉, 단위당 작업시간이 감소하여) 작업자가 덜 필요하게 되어 발생한 현상이다. 이러한 것을 **학습효과**라고 말한다.

토론문제

1. 오피스 리스(주)는 고객에게 복사기 등 사무기기를 대여해주는 회사이다. 이 회사의 최근 6주간 복사기 대여 대수는 다음과 같이 변하였다고 한다. <표 E-1> 안의 숫자는 현재 대여해주고 있는 총 복사기 수로써, 해당 주에 신규로 대여해준 것과 이전 대여분을 연장해서 대여한 것을 망라하고 있다. 복사기 담당자는 다음 주 수요를 예측하여 복사기를 추가로 구매할 것인가를 결정하려고 한다.

〈표 E-1〉 주별 복사기 대여수

주	1	2	3	4	5	6
대수	45	50	52	56	58	61

이 담당자는 좋은 예측기법은 예측오차의 평균값이 적은 것이라고 생각하며, 예측오차로는 예측치와 실적치의 차이의 절대값을 사용하고 있다(최종예측치는 정수값으로 구하되 반올림하시오).

(1) 3주 단순이동평균을 사용하여 4~7주 수요를 예측하고, 4~6주의 평균 예측오차를 구하시오.

(2) 4주 단순이동평균을 사용하여 5~7주 수요를 예측하고, 5~6주의 평균 예측오차를 구하시오.

(3) 3주 가중이동평균을 사용하여 4~7주 수요를 예측하고, 4~6주의 평균 예측오차를 구하시오. 단, 가중치는 0.1, 0.3, 0.6을 사용한다.

(4) 지수평활법을 사용하여 2~7주 수요를 예측하고, 3~6주의 평균 예측오차를 구하시오. 단, 평활상수는 0.3이다.

(5) 지수평활법을 사용하여 2~7주 수요를 예측하고, 3~6주의 평균 예측오차를 구하시오. 단, 평활상수는 0.8이다.

(6) 최소자승법을 이용하여 3~7주 수요를 예측하시오. 3~6주의 평균 예측오차를 구하시오.

(7) 평균 예측오차가 가장 적은 예측기법은 무엇인가? 이 기법은 7주차 수요를 얼마로 예측하였는가?

(8) 그렇다면 이 회사는 복사기를 추가로 구매해야 하는가? 만일 구매한다면 몇 대가 적당하겠는가?

2. 울진전력판매회사 경영자는 내년 분기별 전력수요를 예측하고자 한다. 이는 올해에 발전회사와 구매 계약을 체결하여 사전에 전력을 배정받아야 하기 때문이다. 전력 수요는 계절성을 가지고 있으며, 지난 4년간 분기별 전력수요는 다음 <표 E-2>와 같다고 한다(단위 : 메가와트).

(1) 최소자승법을 사용하여 내년도와 내후년도 총 전력수요를 예측하시오.

(2) 승법계절모형을 사용하여 내년도 분기별 전력수요를 예측하시오.

〈표 E-2〉 분기별 전력수요

연도	1분기	2분기	3분기	4분기
1	103	95	119	109
2	126	116	141	132
3	145	137	159	150
4	166	153	178	169

3. (주) CG 식품은 냉장식품을 판매하는 회사이다. 이 회사는 자사의 제품을 판매하는 대리점에 냉장고를 설치해주고 있다. 최근 들어 환경문제가 대두되면서 프레온가스를 사용하는 냉장고를 사용하지 않는 추세이다. 이 회사도 기업 이미지를 고려하여 대리점에 설치한 냉장고들을 모두 프레온가스를 사용하지 않는 냉장고로 교체해줄 예정이다. 향후 5주간 특정 지역에 대하여 <표 E-3>과 같은 일정에 따라 냉장고를 교체할 계획을 수립하였다.

〈표 E-3〉 주별 냉장고 교체 계획

주	1	2	3	4	5
교체냉장고	2	6	10	14	12

한편 현재 예산의 제약 때문에 주당 최대 4명의 인력만을 배정할 수 있고, 향후 5주간 총 800시간의 작업시간을 사용할 수 있다고 한다. 한 작업자의 주당 작업시간은 40시간이다. 첫 번째 냉장고 교체시간은 30시간이라고 하며, 전통적으로 이 회사는 이와 같은 업무에서 누적량이 2배가 될 때마다 90%의 학습률을 보여왔다고 한다.

(1) 현재 이 계획은 주당 최대 인력 측면에서 실행가능한가?

(2) 현재 이 계획은 총작업시간 측면에서 실행가능한가?

(3) 실행이 불가능한 경우가 있으면 현재의 여건하에서 어떻게 수정하는 것이 바람직한가?

(힌트 : 계산 노력을 줄이기 위하여 엑셀 프로그램 사용을 권장함).

4. 중청댐 사례에서 평균을 구하는 기간을 5년 대신 3년을 사용한다고 가정하고,

(1) <그림 2-2>와 같이 이동평균의 변화를 그래프로 그리고 <그림 2-2>와 비교하시오.

(2) 11년차에 대한 예측치를 새로 구하고 원래 예측치와 비교하시오.

참고문헌

김형욱(1993), 경영수학, 법경사.

이순용(1990), 생산관리론, 법문사.

정충영(1985), 생산관리론, 무역경영사.

한국과학기술원 생산경영연구실(1997), 생산관리, 석정.

Hillier, F S. and M. S. Hillier(노형봉 외 5인 번역)(2004), 경영과학, 2nd Ed., 한경사.

Krajewski, L. J. and L. P. Ritzman(2004), Operations Management, 7th Ed., Prentice Hall.

제8장

의사결정분석

1. 의사결정분석의 개념

기업뿐 아니라 인간은 살아가면서 끊임없이 의사결정의 순간을 경험하게 된다. 그럴 때 어떻게 하는 것이 가장 합리적인 의사결정을 할 수 있는지에 대한 이론적 체계를 제시해준 것이 바로 의사결정분석이론이다. 그런데 통상은 우리가 부딪히는 의사결정상황에서는 의사결정변수(또는 의사결정대안)와 상황변수가 주어지면 정해진 의사결정기준에 따라 합리적인 의사결정을 하게 되고, 그 결과 일정한 성과가 도출되게 된다. 그런데 바로 이 상황변수의 불확실성 정도에 따라 의사결정문제는 통상 다음과 같이 구분되는 것이 일반적이다. 이는 본서의 제1장에서 이미 설명하였다.

1.1 확정적 상황하의 의사결정

확정적 상황하의 의사결정(decision making under certainty : DMUC)은 상황변수가 항상 확정적인 것을 말한다. 즉, 비가 확실히 온다(말하자면 100% 비가 온다)는 식이다. 이렇게 확정적 상황이 주어지면 의사결정은 쉽다. 예컨대 비가 올 것이 확실하다면 우산을 갖고 갈 것인가, 말 것인가에 대해 고민할 필요없이 가지고 가면 되는 것이다. 그런데 문제는 이 상황변수가 불확실할 때이다.

1.2 불확정적 상황하의 의사결정

상황변수가 불확정적일 때는, 그 불확실성의 정도에 따라 다시 두 가지의 의사결정 문제로 나뉜다. 즉, 불확실성의 정도를 확률적으로 예측할 수 있는가, 아니면 없는가로 나누는 것이다. 만일 확률을 예측할 수 있을 때 이를 **위험상황하의 의사결정**(decision making under risk : DMUR)이라 하고, 그렇지도 못할 때를 **(완전)불확실성하의 의사결정**(decision making under uncertainty : DMUU)이라 한다. 그런데 이 중에서도 (완전)불확실성하의 의사결정보다는 위험상황하의 의사결정문제가 많이 주어지며, 또한 그 합리적 분석이 중요한 경우가 많아 여기서는 이 위험상황하의 의사결정문제를 중심으로 의사결정분석과정을 설명하고자 한다.

2. 의사결정분석의 예

이제 다음의 의사결정문제를 생각해보자.

〈ABC 디지털사의 사례〉 신설공장 규모의 결정

ABC 디지털사는 신제품을 개발하고 이를 대량생산할 공장을 지으려 하고 있다. 공장규모는 소형, 중형, 대형의 세 가지를 생각하고 있는데, 수요가 불확실하여 적정규모를 결정하기가 힘든 상황이다. 수요예측을 정확히 하기는 힘들지만 대체로 상, 중, 하의 세 가지 상황을 생각할 수가 있으며, 이 상황에 따라 이익이 달라지게 된다. 현재 각 상황에 따른 월평균이익을 예측해보니, 소형공장을 지을 경우, 수요가 상이면 이익은 5천만 원, 중이면 3천만 원, 하이면 천만 원의 이익이 있을 것으로 예상된다. 그리고 중형공장을 지을 경우 수요가 상이면 1억 원, 중이면 6천만 원의 이익이 예상되지만, 수요가 하이면 오히려 1천만 원의 손실이 예상된다. 한편 대형공장을 지을 경우에는 수요가 상이면 이익이 4억 원, 중이면 0원, 하이면 2억 원의 손실이 발생할 것으로 예상된다. 이럴 경우 과연 ABC 디지털사는 어떤 규모의 공장을 지어야 할까?

대체로 이와 같은 의사결정문제를 분석할 때 취할 수 있는 **의사결정변수**(또는 **대안** : decision variable)는 < d_1 : 소형공장건설, d_2 : 중형공장건설, d_3 : 대형공장건설 >이 되고, 상황변수(state variable)는 < S_1 : 상의 수요, S_2 : 중의 수요, S_3 : 하의 수요 >가 되며, 이때 각 경우에 해당하는 이익은 성과(payoff)라 한다. 그리하여 이 경우 <표 2-1>과 같은 성과표(payoff table)를 작성할 수 있게 된다.

〈표 2-1〉 ABC 디지털사 의사결정문제의 성과표

(단위 : 천만 원)

상황 / 대안	S_1(상)	S_2(중)	S_3(하)
d_1(소형)	5	3	1
d_2(중형)	10	6	−1
d_3(대형)	40	0	−20

그런데 이러한 의사결정상황에서 상황변수에 대한 발생확률이 주어져 있지 않으면 전술한 바와 같이 (완전)불확실성하의 의사결정이 된다. 이 경우에는 낙관적 의사결정기준(optimistic decision making criterion), 비관적 의사결정기준(pessimistic decision making criterion), 후르비츠기준(Hurwicz criterion), 기회손실비용기준(opportunity loss criterion 또는 세비지기준, Savage criterion) 등과 같은 의사결정기준을 이용하여 합리적인 의사결정을 하는 과정이 있다. 여기서는 위험상황하의 의사결정문제를 주로 다루기로 하였으므로 이들 기준에 대해서는 자세히 설명하지 않기로 한다.

그러면 도대체 위험상황하의 의사결정문제의 경우에는 어떤 의사결정기준을 사용하여 합리적인 의사결정분석을 할 수 있을까?

3. 위험상황하의 의사결정분석

전술한 바와 같이 위험상황하의 의사결정문제는 상황변수의 확률정보가 가능할 경우를 말한다. 그런데 대다수의 의사결정문제의 경우 이 확률정보가 객관적으로 정확히 주어지는 경우보다는 주관적인 확률정보가 주어지는 경우가 많다. 물론 객관적인 측정에 의해 정확도가 매우 높은 확률정보가 가능한 경우도 있겠지만 그것이 힘든 경우 의사결정자 또는 전문가의 주관적 확률정보가 의사결정에 활용되는 경우가 많기 때문이다.

이제 이 확률정보가 주어지면 어떤 기준에 입각하여 보다 합리적인 의사결정을 할 수가 있을까?

3.1 기대금전가치 최대화 기준

이는 주어진 상황변수확률을 이용, 각 의사결정변수의 **기대금전가치**(expected monetary value : EMV)를 계산하여 그 기대치가 최대가 되는 의사결정변수(또는 대안)를 최적의사결정으로 판단하는 방법을 말한다.

예컨대 <ABC 디지털사 사례>와 같은 의사결정문제의 경우, 상, 중, 하의 수요가 발생할 확률이 각각 0.3, 0.4, 0.3으로 예측되었다고 하자. 이 경우 각 의사결정변수의 기대금전가치를 구하면,

$$d_1 : \text{EMV1} = 5 \times 0.3 + 3 \times 0.4 + 1 \times 0.3 = 3.0(\text{천만 원}) \tag{3-1}$$

$$d_2 : \text{EMV2} = 10 \times 0.3 + 6 \times 0.4 - 1 \times 0.3 = 5.1(\text{천만 원}) \tag{3-2}$$

$$d_3 : \text{EMV3} = 40 \times 0.3 + 0 \times 0.4 - 20 \times 0.3 = 6.0(\text{천만 원}) \tag{3-3}$$

가 되고, 기대금전가치 최대화기준에 따르면 기대금전가치가 6천만 원인 d_3, 즉 대형공장건설이 최적의사결정이 되는 것이다. 즉, EMV* = 6.0(천만 원)이다.

3.2 기대기회손실 최소화 기준

이는 주어진 상황에서 각 의사결정변수가 갖는 **기회손실의 기대치**(expected opportunity Loss : EOL)를 최소화하는 의사결정을 하는 방법을 말한다.

예컨대 상기 의사결정문제의 경우, 만약 수요가 상이 된다고 하면 예상이익이 4억 원이 되는 d_3 의사결정이 가장 좋은 대안이 될 것이므로 이에 대해 d_1과 d_2의 기회손실은 각각 3억 5천만 원과 3억 원이 될 것이다. 마찬가지로 수요가 중이 되는 경우에는 예상이익 6천만 원의 최적대안 d_2에 대한 d_1과 d_3의 기회손실은 각각 3천만 원, 6천만 원이 되며, 수요가 하일 경우는 최적대안 d_1에 대한 d_2, d_3의 기회손실은 각각 2천만 원, 2억 1천만 원이 되는 것이다(〈표 3-1〉 참조).

〈표 3-1〉 ABC 디지털사 의사결정문제의 기회손실

(단위 : 천만 원)

대안 \ 상황	S_1(상)	S_2(중)	S_3(하)
d_1(소형)	35	3	0
d_2(중형)	30	0	2
d_3(대형)	0	6	21

따라서 상황변수의 발생확률을 고려하여 d_1, d_2, d_3의 기대기회손실을 계산하면,

$$d_1 : \text{EOL1} = 35 \times 0.3 + 3 \times 0.4 + 0 \times 0.3 = 11.7(\text{천만 원}) \quad (3\text{-}4)$$

$$d_2 : \text{EOL2} = 30 \times 0.3 + 0 \times 0.4 + 2 \times 0.3 = 9.6(\text{천만 원}) \quad (3\text{-}5)$$

$$d_3 : \text{EOL3} = 0 \times 0.3 + 6 \times 0.4 + 21 \times 0.3 = 8.7(\text{천만 원}) \quad (3\text{-}6)$$

이 되어, 결국 기대기회손실 최소화기준에 의하면 기대기회손실이 8.7천만 원인 d_3, 즉 대형공장건설이 최적의사결정이 되는데, 이는 기대금전가치 최대화기준을 사용한 경우와 같은 결과가 된다.

3.3 확실성 기대성과와 완전정보 기대가치

이제 여기서 참고로 의사결정분석시 사용되는 몇 가지 개념을 더 살펴보기로 하자. 바로 **확실성 기대성과**(expected payoff under certainty : EPC)와 **완전정보 기대가치**(expected value of perfect information : EVPI) 개념이다. 우선 확실성 기대성과란 우리가 상황변수에 대한 정보를 확실하게 알 때 획득할 수 있는 기대성과를 말한다. 예컨대 위의 의사결정문제에서 우리가 상의 수요, 중의 수요, 하의 수요에 대한 정보를 확실히 안다고 가정하자. 우선 수요가 확실히 상이 될 것이라면 당연히 예상이익이 4억 원이 되는 d_3 대안을 택하게 될 것이고, 수요가 중인 경우는 예상이익이 6천만 원이 되는 d_2 대안을 택하게 될 것이며, 수요가 하인 경우는 예상이익이 1천만 원이 되는 d_1 대안을 택하게 될 것이다. 따라서 우리가 상황에 대한 확실한 정보를 알게 되는 경우, 예상이익의 기대치, 즉 확실성 기대성과는,

$$EPC = 40 \times 0.3 + 6 \times 0.4 + 1 \times 0.3 = 14.7(\text{천만 원}) \quad (3\text{-}7)$$

가 된다. 한편 상황에 대한 완전한 정보를 모를 때의 최대기대성과는 6천만 원이었으므로(3.1절 참조),

상황에 대한 완전한 정보를 알 때의 기대성과 − 모를 때의 최대기대성과

$$= EPC - \text{EMV}^* = 14.7 - 6.0 = 8.7(\text{천만 원}) \tag{3-8}$$

즉, 8.7천만 원을 우리는 완전정보를 주는 사람에게 기꺼이 줘도 되는 완전정보의 기대가치라 부른다. 말하자면

$$\text{완전정보의 기대가치(EVPI)} = 8.7(\text{천만 원}) \tag{3-9}$$

이 되는 것이다.

여기서 우리는 EVPI = EOL*가 됨을 알 수 있다.

4. 의사결정나무분석

지금까지 간단한 의사결정문제를 통해 불확실한 상황의 의사결정기준과 그 의사결정프로세스에 대해 간단히 살펴보았다. 그런데 보다 복잡한 의사결정문제를 다루게 되는 경우, **의사결정나무**란 개념을 이용하여 의사결정분석을 하면 보다 편리해진다.

이제 이 의사결정나무분석에 대한 이해를 돕기 위해 의사결정문제의 예를 하나 들어 보기로 한다(참고로 독자들은 다음 문제를 앞에서 서술한 방법으로도 한번 분석해보기 바란다).

〈*XYZ* 사의 사례〉 영업전략의 선택

XYZ 사는 현재 판매하고 있는 제품의 수익성이 낮아 새로이 신제품을 개발, 판매하는 안(d_1)을 구상 중이다. 한편 기존 제품의 고급화 방안(d_2)도 동시에 고려하고 있다. 이 두 전략 중 어느 하나를 결정하고자 하는 바, 이에 영향을 미치는 요소는 주로 수요변수이며 수요는 대체로 상, 하로 구분하여 분석하고자 한다.

이제 경영진은 수요의 상, 하 상황을 알아보기 위해 간단한 시장조사를 의뢰해 보니 수요가 상, 하일 확률이 각각 55%, 45%로 나왔다고 한다. 이 경우 이 회사는 어떠한 영업전략을 선택하는 것이 바람직할까?

풀이 먼저 이 의사결정문제의 성과표를 구하면 <표 4-1>과 같다고 한다.

〈표 4-1〉 XYZ사 의사결정문제의 성과표

(단위 : 억원)

상황(수요) / 대안(전략)	S_1(상)	S_2(하)
d_1(신제품)	10	−5
d_2(고급화)	4	1

이때 각 전략의 기대금전가치(*EMV*)를 구해보면

$$EMV(d_1) = 10 \times 0.55 - 5 \times 0.45 = 3.25(\text{억 원}) \quad (4\text{-}1)$$

$$EMV(d_2) = 4 \times 0.55 + 1 \times 0.45 = 2.65(\text{억 원}) \quad (4\text{-}2)$$

이 되고, 최대치는 3.25억 원으로서, 최선의 전략은 신제품개발전략(d_1)이라고 볼 수 있다.

이 문제의 추가적인 정보를 획득하기 위하여 의사결정나무분석을 해보기로 한다. 이 문제의 의사결정나무 분석결과는 <그림 4-1>과 같다.

<그림 4-1>에서 우리는 네모상자 마디를 **의사결정마디**(decision node), 원형

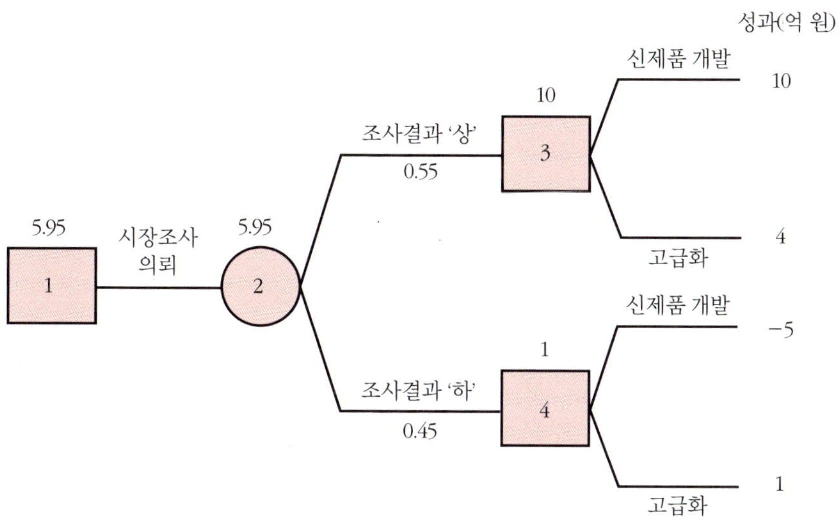

〈그림 4-1〉 XYZ사 의사결정문제의 의사결정나무

마디를 상태마디(state node, 또는 기회마디)라 부른다. 그림에서 **상태마디**로부터 출발하는 선 아래의 숫자는 **상태확률**을 의미한다.

여기서 이 의사결정문제의 **확실성 기대성과**(EPC)를 구해보자. 만일 수요가 '상'이라면 당연히 신제품 개발이 유리하고 그 경우 10억 원의 성과를 얻을 수 있으며(마디 3 참조), 수요가 '하'이면 고급화가 유리하고 1억 원의 성과가 기대된다(마디 4 참조). 그런데 수요가 '상'일 확률이 0.55, 수요가 '하'일 확률이 0.45이므로,

$$\text{확실성 기대성과(EPC)} = 10 \times 0.55 + 1 \times 0.45 = 5.95(\text{억 원}) \qquad (4\text{-}3)$$

가 된다. 이는 <그림 4-1>의 의사결정나무에서 상태마디 2 위에 있는 숫자 '5.95'와 같다. 이 경우 '시장조사 의뢰'를 한 결과 EPC와 같은 성과를 얻었다고 할 수 있다.

여기서 전술한 분석이론에 따라 이 문제에 대한 **완전정보 기대가치**(EVPI)를 계산하면,

$$\begin{aligned}\text{완전정보 기대가치(EVPI)} &= \text{EPC} - \text{최대 기대가치(max EMV)} \\ &= 5.95 - 3.25 = 2.7(\text{억 원}) \qquad (4\text{-}4)\end{aligned}$$

이 된다. ■

그런데 이 문제에서 경영진은 수요 상황에 대한 더 정확한 정보를 알기 위해 고급 컨설팅회사에 정교한 정보조사를 의뢰할 수도 있다. 이 경우 경영진은 간단한 시장조사에 의한 정보보다 더 정확한 정보를 활용할 수 있게 되므로, 의사결정의 위험도를 줄일 수 있고 따라서 의사결정은 보다 더 큰 성과를 기대할 수 있게 된다.

이 경우 사전확률정보와 사후확률정보를 활용하여 베이시안 의사결정분석(Baysian decision analysis)을 통해 보다 세부적인 분석을 할 수 있으나 이 내용은 다소 복잡하므로 여기서는 생략하기로 한다.

토론문제

1. K씨는 집에서 직장까지 자가용으로 출퇴근하고 있는데 고속도로로 가는 경우 시간이 단축되지만 고속도로의 교통량이 많을 때에는 오히려 일반도로로 가는 것이 더 빠르다. 오랜 경험에 의해 K씨는 출근시간에 관해 다음과 같은 데이터를 얻었다. 이때 고속도로 교통량이 많을 확률이 30%라면 K씨는 어느 도로를 택하는 것이 좋은가?

〈표 E-1〉 출근방법에 따른 출근시간

대안 \ 실제상황	*S*1 (고속도로에 교통량이 적음)	*S*2 (고속도로에 교통량이 많음)
*A*1(고속도로 선택)	10분	40분
*A*2(일반도로 선택)	20분	20분

2. K 기업의 사장은 신제품의 가격을 결정하려 하고 있다. 각 가격에 따른 이익은 시장의 수요구조가 어떠한가에 따라 다른데 순이익을 나타내는 이 문제의 성과표가 다음과 같이 주어져 있다.

〈표 E-2〉 신제품 가격에 따른 순이익

대안 \ 실제상황	*S*1(저수요)	*S*2(중수요)	*S*3(고수요)
*A*1(높은 가격)	0	2	10
*A*2(낮은 가격)	1	3	5

K 기업 마케팅 연구실에서는 각 실제상황이 벌어질 확률을 각각 $P(S1) = 0.1$, $P(S2) = 0.7$, $P(S3) = 0.2$로 평가했다. 이 회사는 어느 대안을 선택하면 좋을까?

3. 한 석유회사는 근해의 시추권리를 획득하기 위한 입찰에 대해 의사결정을 하려고 한다. 비슷한 성격의 다른 지역에서의 경험에 따르면, 석유회사의 경영자는 다음 표와 같은 세 가지 가능성이 있다고 생각하고 있다.

상 태	이 득	확 률
1	시추와 생산비용을 회수할 수 없을 정도로 석유가 불충분한 경우 (총 손해액 $25,000,000)	0.40
2	총 석유생산량이 5천만 배럴이 되는 경우	0.50
3	총 석유생산량이 1억 배럴이 되는 경우	0.10

2와 3의 상태일 때 그 지역의 총시추 및 생산비용은 1억 달러가 될 것으로 추정된다. 현재의 석유가격은 배럴당 11달러이다. 경영자는 석유시추권을 획득하기 위하여 입찰을 할 것인지 아닌지 또한 입찰가격은 얼마로 할 것인지를 분석해야 한다. 경쟁회사가 얼마에 입찰할 것인가에 대한 가정을 토대로 하여 배럴당 2, 3 및 4달러의 입찰가격 중 결정하려 하고 있다. 경쟁사를 이길 확률에 대한 경영자의 주관적 확률이 다음에 요약되어 있다.

입찰가($)	경쟁회사를 이길 확률
2	0.10
3	0.30
4	0.60

(1) 의사결정나무를 그리고, 적절히 이름을 붙이시오.

(2) 의사결정나무를 평가하시오.

4. 에이스 건설회사는 한 국립대학에 40개의 조명시설을 갖춘 테니스코트 건설에 대한 비공개 입찰을 하도록 요청받았다. 건설비는 코트당 1,000만 원의 비용이 들며 입찰에 소요되는 총경비는 500만 원이다. 이 회사는 5개의 입찰액을 고려 중에 있으며 과거의 경험에 따르면 각각 이 입찰에서 이길 수 있는 주관적인 확률을 다음의 표와 같이 추정하고 있다.

입찰번호	입찰의 총액	입찰에서 이길 확률
1	비용 + 5%	0.90
2	비용 + 10%	0.75
3	비용 + 15%	0.60
4	비용 + 20%	0.40
5	비용 + 25%	0.10

(1) 이 문제에 대한 의사결정나무를 그리시오.

(2) 에이스 건설회사는 어떤 금액을 입찰하겠는가?

5. 어떤 지방의 운동구점 경영주인인 당신은 만약 축구시즌이 시작되는 7월 31일 이전에 축구공을 산다면 싼 가격에 살 수 있어서 이때에는 1개당 10,000원에 살 수 있으나 축구시즌 동안에 산다면 12,000원을 내야 한다. 만약 재고과잉이 되어 축구시즌이 끝난 후에 팔아야 한다면 1개당 8,000원에 팔아야 할 것이다. 현재 축구공의 소매가격은 18,000원이며 수요는 다음 표와 같이 주어져 있다.

수요(개)	확률
2	0.25
3	0.30
4	0.30
5	0.15

(1) 의사결정나무를 그리고 적절히 이름을 붙이시오.

(2) 7월 31일 이전에 축구공을 얼마나 주문하겠는가?

6. 최근 한국자동차가 프랑스의 르노와 합병하자 한국자동차의 기존 모델에 대한 수요가 증가하기 시작하였다. 경영진은 증가하는 수요에 대응하여 생산능력을 더 늘리는 것을 고려하고 있으며, 이에 따라 마케팅, 생산, 그리고 회계 담당자가 모여 의사결정의 전략적 대안과 미래상황 예측, 그리고 예상되는 이득성과를 다음과 같이 분석하였다.

마케팅 담당자는 미래의 상황에 대해서 수요가 증가할 확률을 0.6, 수요가 감소할 확률을 0.4로 추정하였다. 다른 가능성을 고려대상에서 제외한다면 상황전개는 앞의 2개 상태로 구분할 수 있었다. 한편, 생산 담당자는 기존 모델의 생산에 대하여 세 가지 전략적 대안을 제시하였는데, 하나는 르노의 유휴설비를 이전하여 값싸게 생산라인을 증설하는 방법, 그리고 임시 근로자를 상당히 많이 고용하는 방법, 세 번째는 잔업으로 대처하는 방법이었다. 이에 회계 담당자는 라인증설 투자비용, 원자재비용, 임시근로자 및 잔업근무 시 인건비를 고려하여 다음과 같은 성과표(payoff table)를 제시하였다. 경영진은 성과표를 고려하여 최선의 대안을 선택하는 의사결정을 하고자 한다.

대안 \ 상황	수요 증가 (S1)	수요 감소 (S2)
라인증설(A1)	440억 원	260억 원
임시근로자 고용(A2)	420억 원	280억 원
잔업대처(A3)	340억 원	300억 원

(1) 마케팅 담당자가 미래의 수요변동에 관하여 K라는 전문적인 시장조사 기관에 용역을 의뢰할 것을 제안했다고 하자. 그러나 이 기관의 과거 예측을 살펴보았더니 실제로 수요가 증가한 경우(S1)에 증가한다고 예측(H)한 경우가 90%이었고 실제로 수요가 감소(S2)하였는데 감소한다고 예측(L)한 경우가 80%이었다. 또한 이 기관에 대한 용역의뢰 비용은 2억 원이다. 이에 따라 경영진은 이 기관에 시장조사를 의뢰할 것인가(D1) 또는 의뢰하지 않을 것인가(D2)도 결정해야 한다. 이 의사결정을 포함한 문제 전체의 최적의사결정과 그 기대값을 의사결정나무를 이용하여 구하시오.

(2) 시장조사 기관의 수요예측에 대한 연구의뢰에 대해서 한국자동차가 지불할 용의가 있는 금액의 상한을 구하시오.

(3) 만일 시장조사 기관의 수요예측의 정확도가 1.0이라면 한국자동차는 얼마까지 용역의뢰 비용을 지불할 용의가 있을지 구하시오.

참고문헌

김세헌(1993), 현대경영과학, 무역경영사

김형욱(1993), 경영수학, 법경사.

신준용(1996), 경제학과 경영학을 위한 수학, 학현사.

안상형(1990), 경영수학, 법문사.

안상형 외 2인(1994), 현대 경영과학, 학현사.

Hillier, F S. and M. S. Hillier(노형봉 외 5인 번역)(2004), 경영과학, 2nd Ed., 한경사.

제9장

게임이론

1. 게임이론의 기본개념

게임이론은 상충상황하에 있는 게임당사자가 일정한 규칙에 따라 게임을 행할 때 게임당사자가 합리적으로 취하게 되는 전략 또는 의사결정이 무엇인가를 보여주는 이론적 고찰로서, 1944년 von Neuman과 Morgenstern의 "Theory and Economic Behavior"에서 비롯된다.

게임은 그 특징 및 내용에 따라 통상 다음과 같이 구분된다.

- 2인 게임(two-person game) / N인 게임(N-person game)
- 비협조 게임(non-cooperative game) / 협조 게임(cooperative game)
- 비정화(非定和) 게임(non-constant game) / 정화 게임(constant game)
- 비영화(非零和) 게임(non-zerosum game) / 영화 게임(zero-sum game)

이 중 이론전개상 많이 사용하는 모형은 2인 영화(零和) 게임(two-person zero-sum game)으로서[흔히 이 게임을 직사각형 게임(rectangular game)이라고도 한다] 여기서는 이를 중심으로 설명하고자 한다.

2. 게임의 예

〈H사의 임금협상 사례〉 임금인상액의 결정

지금 H사의 회사측과 노조 간에 임금인상문제가 거론되고 있다. 회사측은 전면파업(*u*1), 합리적 조정(*u*2), 법적 해결(*u*3), 양보(*u*4)의 네 가지 전략을 고려하고 있고, 노조측도 이에 대응하여 동일한 전략(*v*1, *v*2, *v*3, *v*4)을 고려하고 있다. 여기서 회사의 임금지급 측면에서 이 상황에 대한 성과표(payoff matrix)가 <표 2-1>과 같이 작성되었다고 한다. 예를 들면 회사가 *u*1의 전략을 택하고 노조가 *v*1의 전략을 택하게 되면, 회사는 시간당 20원의 임금인상액을 지급해야 한다.

이 게임은 2인 영화 게임이다. 왜냐하면 게임당사자가 2인이며, 회사측이 지급하는 임금인상액과 노조가 지급받는 인상액의 합계가 항상 영(0)이 되기 때문이다.

〈표 2-1〉 H사의 임금인상 성과표(이득행렬)

노조전략 \ 회사전략	*u*1	*u*2	*u*3	*u*4
*v*1	20	15	12	35
*v*2	25	14	8	10
*v*3	40	2	10	5
*v*4	−5	4	11	0

이때 회사측과 노조측 양자가 공히 위 <표 2-1>의 이득행렬 정보를 알고서 합리적인 의사결정을 한다고 가정할 때 이 게임의 균형을 곧 게임의 최적화라 하고 이때 성립되는 이득을 게임의 값이라 한다.

3. 2인 영화 게임분석

3.1 2인 영화 게임의 순수전략

위의 <H사의 임금협상 사례>에서 게임참여자 Ⅰ(노조), Ⅱ(회사)가 비협조 게임을

함에 있어 분석된 이득행렬(<표 2-1> 참조)은 아래와 같다. 이 이득행렬을 P라고 표시하면,

$$P = \mathrm{I}\ \begin{matrix} & \\ v1 \\ v2 \\ v3 \\ v4 \end{matrix} \overset{\textstyle \mathrm{II}}{\overset{\begin{matrix} u1 & u2 & u3 & u4 \end{matrix}}{\begin{bmatrix} 20 & 15 & 12 & 35 \\ 25 & 14 & 8 & 10 \\ 40 & 2 & 10 & 5 \\ -5 & 4 & 11 & 0 \end{bmatrix}}} \qquad (3\text{-}1)$$

이 이득행렬을 분석해보면, Ⅱ가 $u1$을 택하고 Ⅰ이 $v1$을 택하면 Ⅱ는 20원을 잃고 Ⅰ은 20원을 얻게 되며, Ⅱ가 $u3$를 택하고 Ⅰ이 $v4$를 택하면 Ⅱ는 11원을 잃고 Ⅰ은 11원을 얻게 된다.

만약 Ⅰ과 Ⅱ가 P의 정보를 알고 합리적인 의사결정을 한다면 Ⅱ는 Ⅰ이 택하는 전략에 대응하여 가장 적은 인상액을 나타내는 전략을 택하려 할 것이며, Ⅰ은 반대로 Ⅱ의 전략에 대응하여 가장 많은 인상액을 보장받는 전략을 택하려 할 것이다. 즉, Ⅰ이 $v1$을 택하면 Ⅱ는 min(20, 15, 12, 35) = 12의 전략 $u3$를 택하려 할 것이고 Ⅰ이 $v3$를 택하면 Ⅱ는 min(40, 2, 10, 5) = 2의 전략 $u2$를 택하려 할 것이다. 또 Ⅱ가 $u3$를 택하면 Ⅰ은 max(12, 8, 10, 11) = 12의 전략 $v1$을 택하려 할 것이다. 그러므로 이 상황을 정리하면 다음의 식과 같이 된다.

$$\begin{matrix} & & \mathrm{II} & & & \text{min} \\ & \left[\begin{matrix} 20 \\ 25 \\ 40 \\ -5 \end{matrix}\right. & \begin{matrix} 15 \\ 14 \\ 2 \\ 4 \end{matrix} & \begin{matrix} 12 \\ 8 \\ 10 \\ 11 \end{matrix} & \left.\begin{matrix} 35 \\ 10 \\ 5 \\ 0 \end{matrix}\right] & \begin{matrix} \textcircled{12} \\ 8 \\ 2 \\ -5 \end{matrix} \\ \text{max} & 40 & 15 & \textcircled{12} & 35 & \end{matrix} \qquad (3\text{-}2)$$

(행렬 왼쪽에 Ⅰ 표시)

따라서 합리적 의사결정능력을 갖춘 Ⅰ, Ⅱ가 위와 같은 게임을 할 때는 게임의 균형이

$$\begin{aligned} \text{min max} &= \min(40,\ 15,\ 12,\ 35) = 12 \\ &= \max(12,\ 8,\ 2,\ -5) = \text{max min} \end{aligned} \tag{3-3}$$

가 되는 ($v1$, $u3$) 전략에서 이루어질 것이다.

이를 일반적으로 정리하면 게임참여자 Ⅰ, Ⅱ의 전략이 각각 $S_I = (1, \ldots\ldots, m)$, $S_{II} = (1, \ldots\ldots, n)$ 일 때, 이득행렬은

$$P = \text{I} \begin{array}{c} \\ 1 \\ 2 \\ \vdots \\ m \end{array} \begin{array}{c} \text{II} \\ \begin{array}{cccc} 1 & 2 & \cdots & n \end{array} \\ \begin{bmatrix} p_{11} & p_{12} & \cdots & p_{1n} \\ p_{21} & p_{22} & \cdots & p_{2n} \\ \vdots & \vdots & \cdots & \vdots \\ p_{m1} & p_{m2} & \cdots & p_{mn} \end{bmatrix} \end{array} \tag{3-4}$$

이 되고 여기서 앞의 분석과정을 따르면,

$$\begin{array}{rc} & \begin{array}{c} \min \\ j \end{array} \\ P = \begin{bmatrix} p_{11} & p_{12} & \cdots & p_{1n} \\ p_{21} & p_{22} & \cdots & p_{2n} \\ \vdots & \vdots & \cdots & \\ p_{m1} & p_{m2} & \cdots & p_{mn} \end{bmatrix} & \begin{array}{c} p_{1j} \\ p_{2j} \\ \vdots \\ p_{mj} \end{array} \\ \max i \quad p_{i1}, \quad p_{i2}, \quad \cdots \quad p_{in} & \end{array} \tag{3-5}$$

에서

$$\min_j \max_i p_{ij} = v = \max_i \min_j p_{ij} \tag{3-6}$$

인 점에서 게임의 균형전략, 즉 최적해가 성립하게 된다.

여기서 $\min_j \max_i$를 minimax라 부르고 $\max_i \min_j$를 maximin이라 부르며, 이득행렬의 minimax 값과 maximin 값이 동일한 점을 안점(鞍點 : saddle point)이라 한다. 이때는 Ⅰ, Ⅱ가 모두 하나의 전략을 유일하게 택하는 경우가 되므로, Ⅰ, Ⅱ

는 순수전략을 취한다고 한다. 그리고 앞의 식($\min_j \max_i p_{ij} = v = \max_i \min_j p_{ij}$)이 성립하는 순수전략의 게임을 결정적 게임(deterministic game)이라 한다.

3.2 2인 영화 게임의 혼합전략

식 (3-6)의 조건은 경우에 따라서 종종 성립하지 않는 경우가 있다. 즉, 안점이 존재하지 않는 경우가 있기 때문이다. 예를 들어 다음과 같은 이득행렬이 존재한다고 하자.

$$\begin{array}{cccc} & \text{II} & & \text{min maximin} \\ P = \text{I} & \begin{bmatrix} 4 & 1 \\ 2 & 3 \end{bmatrix} & \begin{matrix} 1 \\ 2 \end{matrix} & \Big\} \text{②} \\ \text{max} & \underbrace{4 \quad 3} & & \\ \text{minimax} & \text{③} & & \end{array} \tag{3-7}$$

이 이득행렬에서는

$$\text{minimax} = 3 > \text{maximin} = 2 \tag{3-8}$$

이므로 식 (3-6)의 조건이 성립하지 않고 따라서 안점이 존재하지 않는다.

이 경우에는 게임참여자 쌍방이 순수전략을 취할 수 없는 경우가 된다. 즉, Ⅰ이 minimax 기준에서 둘째 전략을 택하고 Ⅱ가 maximin 기준에서 첫째 전략을 택하면, Ⅱ는 2를 보상하려고 하는데 Ⅰ은 3을 보상받으려 하므로 보상액이 보상요구액보다 작으므로 균형이 성립하지 않는 것이다.

여기서 Ⅰ, Ⅱ는 P의 정보를 알고 있으므로 Ⅱ가 첫째 전략을 택하려 할 때 Ⅰ은 오히려 첫째 전략을 택하려 할 것이고, 이처럼 Ⅰ이 첫째 전략을 택하려 한다면 Ⅱ는 다시 둘째 전략을 택하려 할 것이므로 Ⅰ, Ⅱ는 순수전략을 취할 수 없고, 첫째 전략과 둘째 전략의 혼합전략을 택할 수밖에 없게 된다. 이런 게임을 비결정적 게임(non-deterministic game)이라 한다.

여기서 Ⅰ, Ⅱ가 첫째 전략과 둘째 전략에 적절한 비중을 두어 혼합전략을 택하는 것으로 본다면, 보통 이 비중을 확률로 표시하게 된다.

그리고 통상 다음의 정리가 성립한다.

정리 3-1

$$\min_j \max_i p_{ij} \geq \max_i \min_j p_{ij} \tag{3-9}$$

증명 이 증명과정은 간단하므로 해보기로 하자. 우선

$$p_{ij} \leq \max_i p_{ij}$$

가 성립하므로,

$$\min_j p_{ij} \leq \min_j \max_i p_{ij}$$

가 되고, 위 식의 우변은 상수항이고 좌변의 최대치에 대해서도 동일한 부등호가 성립하므로

$$\max_i \min_j p_{ij} \leq \min_j \max_i p_{ij}$$

가 성립한다. □

3.3 혼합전략의 균형해

이제 다음 기호를 정의해보자.

$$\Delta = \min_j \max_i p_{ij} - \max_i \min_j p_{ij} \tag{3-10}$$

식 (3-9)에서처럼

$$\min_j \max_i p_{ij} \geq \max_i \min_j p_{ij}$$

가 성립할 때, 게임참여자 Ⅰ, Ⅱ는 식 (3-10)의 Δ값을 적정 분할함으로써 게임의 균형에 도달하게 된다. 이때 적정 분할하는 혼합전략의 선택을 위해 Ⅰ, Ⅱ는 각 전략에 어떤 비중(또는 확률)을 부여할 것인가가 중요한 관건이 된다.

예를 들어 이득행렬이 다음과 같을 때

$$\begin{array}{cc} & \text{II} \\ \text{I} & \begin{bmatrix} 4 & 1 \\ 2 & 3 \end{bmatrix} \end{array} \tag{3-11}$$

Ⅰ은 두 전략을 각각 x_1, x_2의 확률로 택하고 Ⅱ는 두 전략을 각각 y_1, y_2의 확률로 택한다고 하면, 이때 $\begin{bmatrix} x_1 \\ x_2 \end{bmatrix}$을 Ⅰ의 혼합전략, $\begin{bmatrix} y_1 \\ y_2 \end{bmatrix}$를 Ⅱ의 혼합전략이라 한다. 여기서

$$x_1 + x_2 = 1 \qquad (3\text{-}12)$$

$$y_1 + y_2 = 1 \qquad (3\text{-}13)$$

$$x_1, x_2, y_1, y_2 \geq 0$$

가 성립함은 물론이다. 여기서 Ⅰ의 기대이득은

$$\text{Ⅰ의 기대이득} = 4x_1y_1 + x_1y_2 + 2x_2y_1 + 3x_2y_2 \qquad (3\text{-}14)$$

이 될 것이다.

일반적으로 이득행렬 $P = (p_{ij})$, $i = 1, \cdots, m$; $j = 1, \cdots, n$에서 안점이 존재하지 않을 때, Ⅰ의 혼합전략을 $x = \begin{bmatrix} x_1 \\ \vdots \\ x_m \end{bmatrix}$, Ⅱ의 혼합전략을 $y = \begin{bmatrix} y_1 \\ \vdots \\ y_n \end{bmatrix}$이라 하면, Ⅰ의 기대이득은 (여기서 x^t는 벡터 x의 전치벡터이다)

$$E(x, y) = x^tPy = \sum_{i=1}^{m}\sum_{j=1}^{n} x_i p_{ij} y_j \qquad (3\text{-}15)$$

가 된다.

여기서 Ⅰ가 혼합전략 $\overline{x}$를 택할 때 $E(x, y)$가 최대치가 된다고 하자. 즉

$$E(\overline{x}, y) = \max_x E(x, y) \qquad (3\text{-}16)$$

그리고 Ⅱ가 $\overline{y}$를 택할 때 $E(x, y)$가 최소치가 된다고 하자. 즉

$$E(x, \overline{y}) = \min_y E(x, y) \qquad (3\text{-}17)$$

그러면 식 (3-9) (<정리 3-1>)

$$\min_j \max_i p_{ij} \geq \max_i \min_j p_{ij}$$

에 따라

$$\min_y \max_x E(x, y) = \min_y E(\overline{x}, y) \geq \max_x \min_y E(x, y) = \max_x E(x, \overline{y}) \quad (3\text{-}18)$$

가 성립하게 되며 이는 곧,

$$\min_y \max_x x^t Py \geq v \geq \max_x \min_y x^t Py \quad (3\text{-}19)$$

의 결과가 된다. 여기서

$$\min_y \max_x x^t Py = x^{*t} Py^* = \max_x \min_y x^t Py \quad (3\text{-}20)$$

가 되는 x^*, y^*를 각각 Ⅰ, Ⅱ의 최적혼합전략이라 하고, 이때 게임은 균형상태에 도달하게 된다고 한다.

$$v^* = x^{*t} Py^* \quad (3\text{-}21)$$

가 게임의 (균형)값이 된다. 또한, (x^*, y^*, v^*)를 게임의 균형해(최적해)라 한다.

예 2인 영화 게임에서 이득행렬이 다음과 같을 때

$$P = \begin{bmatrix} 4 & 1 \\ 2 & 3 \end{bmatrix}$$

$x = \begin{bmatrix} x_1 \\ x_2 \end{bmatrix}, y = \begin{bmatrix} y_1 \\ y_2 \end{bmatrix}$라 하면,

$$\begin{aligned} E(x, y) &= x^t Py \\ &= 4x_1y_1 + x_1y_2 + 2x_2y_1 + 3x_2y_2 \\ &= 4x_1y_1 + x_1(1 - y_1) + 2(1 - x_1)y_1 + 3(1 - x_1)(1 - y_1) \\ &= 4(x_1 - 1/4)(y_1 - 1/2) + 5/2 \end{aligned}$$

가 되고,

이때 $x^* = \begin{bmatrix} 1/4 \\ 3/4 \end{bmatrix}, y^* = \begin{bmatrix} 1/2 \\ 1/2 \end{bmatrix}$이라 하면,

$$\min_y E(x^*, y) = E(x^*, y^*) = \max_x E(x, y^*) = 5/2$$

가 된다. 즉, (x^*, y^*)가 최적해가 되고 게임의 값은 5/2가 되는 것이다. □

연습문제

1. 다음 게임 중에서 결정적인 게임을 찾아보아라. 또 결정적인 게임인 경우에는 그 게임값과 게임참여자 P1, P2의 최적전략을 구하여라.

①

P1 \ P2	1	2
1	0	2
2	−1	4

②

P1 \ P2	1	2
1	5	0
2	0	2

③

P1 \ P2	1	2	3	4
1	1	5	1	7
2	−2	8	0	−9
3	1	12	1	3

④

P1 \ P2	1	2	3
1	1	0	2
2	0	3	2

2. 다음 이득행렬의 안점이 존재하면 이를 구하여라.

① $\begin{bmatrix} 4 & 0 & 1 \\ 5 & 3 & 8 \end{bmatrix}$

② $\begin{bmatrix} 6 & 0 & 7 \\ 3 & 1 & 6 \\ 5 & 4 & 2 \end{bmatrix}$

3. 다음 게임의 게임값과 최적전략을 구하여라.

①

P1 \ P2	1	2
1	1	0
2	−1	2

②

P1 \ P2	1	2
1	7	−6
2	5	8

③

P1 \ P2	1	2
1	1	2
2	3	4

④

P1 \ P2	1	2
1	15	3
2	−1	2

4. 두 사람 P1, P2는 손가락을 하나 또는 둘을 내보여서, 보인 손가락 수의 합이 짝수이면 P1이 그 합만큼 얻고, 홀수이면 P2가 그 합만큼 얻는 게임을 생각해보자.

① 이 게임의 이득표는 다음과 같음을 보여라.

P1 \ P2	1	2
1	2	−3
2	−3	4

② 게임값과 최적전략을 구하여라.

5. 다음의 이득행렬을 갖는 게임의 해를 구하여라(3개 이상의 혼합전략의 경우는 선형계획모형을 사용해야 함).

① $\begin{bmatrix} 4 & -1 \\ -2 & 5 \end{bmatrix}$

② $\begin{bmatrix} 4 & 2 \\ 3 & 1 \end{bmatrix}$

③ $\begin{bmatrix} 3 & 1 \\ 2 & 6 \end{bmatrix}$

④ $\begin{bmatrix} 2 & 0 \\ 1 & 2 \end{bmatrix}$

⑤ $\begin{bmatrix} 5 & 2 \\ 2 & 5 \end{bmatrix}$

⑥ $\begin{bmatrix} 3 & 4 & 2 \\ -3 & 1 & -2 \\ 4 & 2 & 5 \end{bmatrix}$

⑦ $\begin{bmatrix} 6 & 1 & 3 & 5 & 4 \\ 2 & 4 & 5 & 4 & 1 \end{bmatrix}$

⑧ $\begin{bmatrix} 1 & 9 & 6 & 0 \\ 2 & 3 & 8 & 4 \\ -5 & -2 & 10 & -3 \\ 7 & 4 & -2 & -5 \end{bmatrix}$

6. 기업 1과 2는 경쟁기업이다. 기업 1이 이익을 보면 기업 2는 손실을 본다. 기업 1의 효용은 다음과 같다. 균형해를 구하여라.

〈표 E-1〉 기업 1의 효용

기업 2 / 기업 1	광고 없음	보통광고	대형광고
광고 없음	60	50	40
보통광고	70	70	50
대형광고	80	60	70

7. 한국대학교의 2011학년도 총학생회장 선거에서 두 학생이 입후보하였으며, 곧 선거운동이 시작될 시점에 각 후보는 선거유세에서 주로 강조할 정책을 선정하여야 한다. 각 후보자별 정책 발표 시 예상되는 후보자 Ⅰ의 득표증가율(전체 유권자의 표들 중 %로 표시)의 예측치가 다음의 표와 같을 때, 각 후보자별, 즉 후보자 Ⅰ과 후보자 Ⅱ의 최적 정책과 기대되는 득표율 증감량을 구하시오.

후보자 Ⅰ / 후보자 Ⅱ	정책 1	정책 2
정책 1	3	−2
정책 2	−1	2

참고문헌

곽노균, 최태성(1994), 계량경영학, 다산출판사

김세헌(1993), 현대경영과학, 무역경영사

김형욱(1993), 경영수학, 법경사.

신준용(1996), 경제학과 경영학을 위한 수학, 학현사.

안상형 외 2인(1994), 현대 경영과학, 학현사.

Hillier, F S. and M. S. Hillier(노형봉 외 5인 번역)(2004), 경영과학, 2nd Ed., 한경사.

제3부

고급 분석

제10장

고급 재무분석

1. 적금의 미래가치

적금은 일정한 금액을 일정 기간 동안 계속하여 적립하는 것을 말한다. 여기서는 특별한 언급이 없는 한 매 적립은 항상 매 기초(예 : 연초)에 발생한다고 가정한다. 또한 한 기간의 초기는 직전 기간의 말과 같다고 가정한다. 적금에 관련된 재무적 의사결정은 기업뿐만 아니라 개인에게 있어서도 매우 중요한 의사결정이다.

〈한민은행 사례〉 적금액의 결정

박씨는 한민은행에 목돈마련 적금에 가입하려고 한다. 적립기간은 5년으로 하고 만기에 1,000만 원을 수령하기를 원한다. 한민은행은 이 저축의 연 이자율로 8%를 제시하고 있다. 그렇다면 박씨는 매년 초에 적금을 얼마씩 부어야 하는가?

풀이 우선 박씨의 현금흐름도를 그려보기로 한다.

다음 그림에서 연도를 표시하는 숫자는 매년 말을 표시하고 있으므로 다음 해 초라고 보아도 된다. 참고로 이 사례에서는 적금을 매년 초에 불입한다고 가정하였다. 이 의사결정은 매년 초에 얼마씩 적금을 적립하여야 하는지를 결정하는 것이므로 이를 미지수 A라고 놓자.

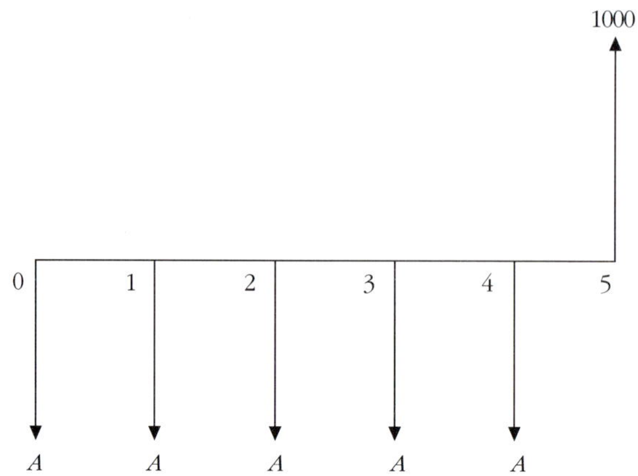

〈그림 1-1〉 박씨의 현금흐름도

그러면 매년 초에 적립하는 적립액 A들의 5차년도 말에 대한 미래가치의 합계가 1,000만 원이 되면 된다. 우선 첫해 초기의 적립금 A의 미래가치는 이자율 8%로 5년간 증식된 금액이다. 마찬가지 방법으로 나머지 시기의 적립금 A의 미래가치를 구하여 합산하면

$$F = 1{,}000$$

$$= A(1+0.08)^5 + A(1+0.08)^4 + A(1+0.08)^3 + A(1+0.08)^2 + A(1+0.08)$$

$$= A\left[\frac{1}{0.6806} + \frac{1}{0.7350} + \frac{1}{0.7938} + \frac{1}{0.8573} + \frac{1}{0.9259}\right] \qquad (1\text{-}1)$$

$$= A\,[1.4693 + 1.3605 + 1.2598 + 1.1665 + 1.0800\,] = A[6.3361] \qquad (1\text{-}2)$$

참고로 식 (1-1)에서 사용한 각 미래가치계수는 제3장 <표 3-1>의 현가계수의 역수를 사용한 것이다. 따라서 매년 불입해야 하는 적금액 A는

$$A = \frac{1000}{6.3361} = 157.83(\text{만 원})$$ ■

2. 연금의 현재가치

연금은 일정한 금액을 일정 기간 동안 계속하여 수령하는 것을 말한다. 여기서는 특별한 언급이 없는 한 매 수령은 항상 매 기말(예 : 연말)에 발생한다고 가정한다.

또한 한 기간의 말기는 다음 기간의 초기와 같다고 가정한다. 연금 또한 기업뿐만 아니라 개인에게 있어서도 매우 중요한 의사결정이다.

〈한민은행 사례 II〉 투자금액의 결정

조씨는 현재 한민은행에 목돈을 투자한 후 향후 4년간 매 연말에 현금 500만 원씩을 지급받고 싶어 한다. 한민은행은 이 투자에 대한 이자율로 10%를 제시하고 있는데, 그렇다면 현재 얼마를 투자해야 하는가?

풀이 조씨의 현금흐름은 다음 <그림 2-1>과 같다.

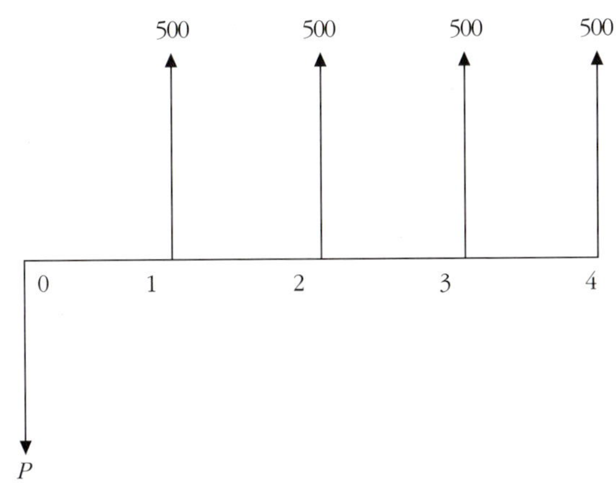

〈그림 2-1〉 조씨의 현금흐름도

조씨는 향후 4년간 매년 500만 원씩을 받기 위해서 이에 대응하는 금액을 초기에 투자해야 한다. 금융기관은 이 자금을 활용하는 대신 연 10%의 이자를 지급하는 것이다. 따라서 현재의 투자금액은 향후 4회에 걸쳐 수령한 연금의 총 현재가치와 동일하다. 이를 계산하기 위해서는 각기 연금액의 현재가치를 구한 후 이들의 합계를 구하면 된다. 현재가치는 이자율 10%를 할인율로 사용하여 구한다. 이를 수식으로 표현하면

$$P = 500/(1 + 0.1) + 500/(1 + 0.1)^2 + 500/(1 + 0.1)^3 + 500/(1 + 0.1)^4$$

$$= 500\left[\frac{1}{(1+0.1)} + \frac{1}{(1+0.1)^2} + \frac{1}{(1+0.1)^3} + \frac{1}{(1+0.1)^4}\right]$$

$$= 500[0.9091 + 0.8264 + 0.7513 + 0.6830] = 1584.9(\text{만 원}) \quad (2\text{-}1)$$

여기서 세 번째 식의 대괄호 안의 숫자들은 제3장 <표 3-1>에서 구한 현가계수들이다.

이를 일반적으로 표현하면 다음 식과 같다.

$$P = A/(1+i) + A/(1+i)^2 + \cdots + A/(1+i)^n \quad (2\text{-}2)$$

$$= A[1/(1+i) + 1/(1+i)^2 + \cdots + 1/(1+i)^n] \quad (2\text{-}3)$$

$$P = A\sum_{k=1}^{n}\frac{1}{(1+i)^k} \quad (2\text{-}4)$$

여기서

P = 연금의 현재가치

A = 매기의 연금

i = 할인율

n = 연금지급기간

재무관리 분야에서는 식 (2-4)의 우측에 있는 $\sum_{k=1}^{n}\frac{1}{(1+i)^k}$를 **연금의 현가계수**라고 한다.

$$\text{연금의 현가계수} = \sum_{k=1}^{n}\frac{1}{(1+i)^k} \quad (2\text{-}5)$$

이 값은 현가계수와 마찬가지로 하나의 표로 작성되어 있기 때문에 일일이 계산할 필요없이 사용할 수 있다. 다음 <표 2-1>이 그것이다.

<표 2-1>의 상단에는 여러 가지 이자율이 표기되어 있고, 좌측에는 여러 가지 연금 지급기간이 표시되어 있다. 가운데는 상단의 이자율과 좌측의 연금 지급기간에 대응하는 연금의 현가계수들이 표시되어 있다. 예를 들어 매년 1원의 연금을 10%의 이자율로 10년간 지급받으려면 초기에 6.1446원을 투자해야 함을 나타낸다.

〈표 2-1〉 연금의 현가계수

기간 (n)	이자율(i)																	
	0.01	0.02	0.03	0.04	0.05	0.06	0.08	0.10	0.12	0.14	0.16	0.18	0.20	0.22	0.24	0.26	0.28	0.30
1	0.9901	0.9804	0.9709	0.9615	0.9524	0.9434	0.9259	0.9091	0.8929	0.8772	0.8621	0.8475	0.8333	0.8197	0.8065	0.7937	0.7813	0.7692
2	1.9704	1.9416	1.9135	1.8861	1.8594	1.8334	1.7833	1.7355	1.6901	1.6467	1.6052	1.5656	1.5278	1.4915	1.4568	1.4235	1.3916	1.3609
3	2.9410	2.8839	2.8286	2.7751	2.7232	2.6730	2.5771	2.4869	2.4018	2.3216	2.2459	2.1743	2.1065	2.0422	1.9813	1.9234	1.8684	1.8161
4	3.9020	3.8077	3.7171	3.6299	3.5460	3.4651	3.3121	3.1699	3.0373	2.9137	2.7982	2.6901	2.5887	2.4936	2.4043	2.3202	2.2410	2.1662
5	4.8534	4.7135	4.5797	4.4518	4.3295	4.2124	3.9927	3.7908	3.6048	3.4331	3.2743	3.1272	2.9906	2.8636	2.7454	2.6351	2.5320	2.4356
6	5.7955	5.6014	5.4172	5.2421	5.0757	4.9173	4.6229	4.3553	4.1114	3.8887	3.6847	3.4976	3.3255	3.1669	3.0205	2.8850	2.7594	2.6427
7	6.7282	6.4720	6.2303	6.0021	5.7864	5.5824	5.2064	4.8684	4.5638	4.2883	4.0386	3.8115	3.6046	3.4155	3.2423	3.0833	2.9370	2.8021
8	7.6517	7.3255	7.0197	6.7327	6.4632	6.2098	5.7466	5.3349	4.9676	4.6389	4.3436	4.0776	3.8372	3.6193	3.4212	3.2407	3.0758	2.9247
9	8.5660	8.1622	7.7861	7.4353	7.1078	6.8017	6.2469	5.7590	5.3282	4.9464	4.6065	4.3030	4.0310	3.7863	3.5655	3.3657	3.1842	3.0190
10	9.4713	8.9826	8.5302	8.1109	7.7217	7.3601	6.7101	6.1446	5.6502	5.2161	4.8332	4.4941	4.1925	3.9232	3.6819	3.4648	3.2689	3.0915
11	10.3676	9.7868	9.2526	8.7605	8.3064	7.8869	7.1390	6.4951	5.9377	5.4527	5.0286	4.6560	4.3271	4.0354	3.7757	3.5435	3.3351	3.1473
12	11.2551	10.5753	9.9540	9.3851	8.8633	8.3838	7.5361	6.8137	6.1944	5.6603	5.1971	4.7932	4.4392	4.1274	3.8514	3.6059	3.3868	3.1903
13	12.1337	11.3484	10.6350	9.9856	9.3936	8.8527	7.9038	7.1034	6.4235	5.8424	5.3423	4.9095	4.5327	4.2028	3.9124	3.6555	3.4272	3.2233
14	13.0037	12.1062	11.2961	10.5631	9.8986	9.2950	8.2442	7.3667	6.6282	6.0021	5.4675	5.0081	4.6106	4.2646	3.9616	3.6949	3.4587	3.2487
15	13.8651	12.8493	11.9379	11.1184	10.3797	9.7122	8.5595	7.6061	6.8109	6.1422	5.5755	5.0916	4.6755	4.3152	4.0013	3.7261	3.4834	3.2682
16	14.7179	13.5777	12.5611	11.6523	10.8378	10.1059	8.8514	7.8237	6.9740	6.2651	5.6685	5.1624	4.7296	4.3567	4.0333	3.7509	3.5026	3.2832
17	15.5623	14.2919	13.1661	12.1657	11.2741	10.4773	9.1216	8.0216	7.1196	6.3729	5.7487	5.2223	4.7746	4.3908	4.0591	3.7705	3.5177	3.2948
18	16.3983	14.9920	13.7535	12.6593	11.6896	10.8276	9.3719	8.2014	7.2497	6.4674	5.8178	5.2732	4.8122	4.4187	4.0799	3.7861	3.5294	3.3037
19	17.2260	15.6785	14.3238	13.1339	12.0853	11.1581	9.6036	8.3649	7.3658	6.5504	5.8775	5.3162	4.8435	4.4415	4.0967	3.7985	3.5386	3.3105
20	18.0456	16.3514	14.8775	13.5903	12.4622	11.4699	9.8181	8.5136	7.4694	6.6231	5.9288	5.3527	4.8696	4.4603	4.1103	3.8083	3.5458	3.3158
21	18.8570	17.0112	15.4150	14.0292	12.8212	11.7641	10.0168	8.6487	7.5620	6.6870	5.9731	5.3837	4.8913	4.4756	4.1212	3.8161	3.5514	3.3198
22	19.6604	17.6580	15.9369	14.4511	13.1630	12.0416	10.2007	8.7715	7.6446	6.7429	6.0113	5.4099	4.9094	4.4882	4.1300	3.8223	3.5558	3.3230
23	20.4558	18.2922	16.4436	14.8568	13.4886	12.3034	10.3711	8.8832	7.7184	6.7921	6.0442	5.4321	4.9245	4.4985	4.1371	3.8273	3.5592	3.3254
24	21.2434	18.9139	16.9355	15.2470	13.7986	12.5504	10.5288	8.9847	7.7843	6.8351	6.0726	5.4509	4.9371	4.5070	4.1428	3.8312	3.5619	3.3272
25	22.0232	19.5235	17.4131	15.6221	14.0939	12.7834	10.6748	9.0770	7.8431	6.8729	6.0971	5.4669	4.9476	4.5139	4.1474	3.8342	3.5640	3.3286
26	22.7952	20.1210	17.8768	15.9828	14.3752	13.0032	10.8100	9.1609	7.8957	6.9061	6.1182	5.4804	4.9563	4.5196	4.1511	3.8367	3.5656	3.3297
27	23.5596	20.7069	18.3270	16.3296	14.6430	13.2105	10.9352	9.2372	7.9426	6.9352	6.1364	5.4919	4.9636	4.5243	4.1542	3.8387	3.5669	3.3305
28	24.3164	21.2813	18.7641	16.6631	14.8981	13.4062	11.0511	9.3066	7.9844	6.9607	6.1520	5.5016	4.9697	4.5281	4.1566	3.8402	3.5679	3.3312
29	25.0658	21.8444	19.1885	16.9837	15.1411	13.5907	11.1584	9.3696	8.0218	6.9830	6.1656	5.5098	4.9747	4.5312	4.1585	3.8414	3.5687	3.3317
30	25.8077	22.3965	19.6004	17.2920	15.3725	13.7648	11.2578	9.4269	8.0552	7.0027	6.1772	5.5168	4.9789	4.5338	4.1601	3.8424	3.5693	3.3321
35	29.4086	24.9986	21.4872	18.6646	16.3742	14.4982	11.6546	9.6442	8.1755	7.0700	6.2153	5.5386	4.9915	4.5411	4.1644	3.8450	3.5708	3.3330
40	32.8347	27.3555	23.1148	19.7928	17.1591	15.0463	11.9246	9.7791	8.2438	7.1050	6.2335	5.5482	4.9966	4.5439	4.1659	3.8458	3.5712	3.3332

<표 2-1>에서 연금의 현가계수(10% 이자율과 4년의 지급기간의 경우)를 구하여 식 (2-4)에 대입하면 초기 투자금액 P는

$$P = 500 \times 3.1699 = 1584.9(\text{만 원}) \tag{2-6}$$

3. 연금의 계산

<한민은행 사례 II>에서 조씨가 초기에 3,000만 원을 투자하면 향후 4년간 얼마씩의 연금을 받을 수 있을까? 이 질문은 <한민은행 사례 II>에서의 '향후 4년간 매년 500만 원씩의 연금을 받으려면 초기에 얼마를 투자해야 하는가?' 라는 질문과 정반대의 질문이다.

〈한민은행 사례 III〉 연금액의 산정

한씨는 현재 한민은행에 1,000만 원을 투자하여 10년간 매년 말에 일정금액의 연금을 받기를 원한다. 은행 측에서는 이자율 8%의 상품을 제시하고 있다. 한씨는 매년 얼마나 받을 수 있을지 매우 궁금하다.

풀이

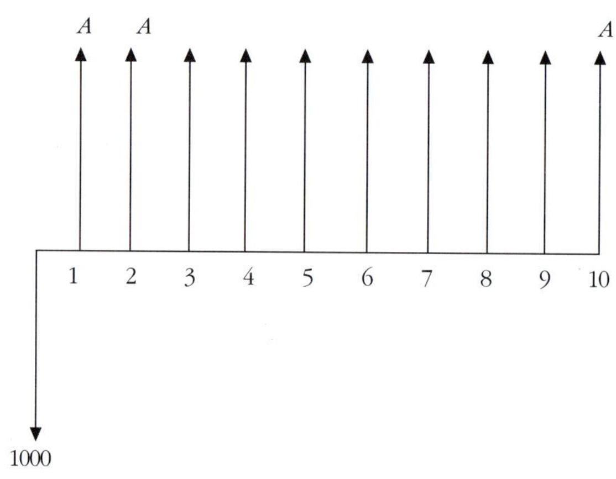

〈그림 3-1〉 한씨의 현금흐름도

한씨의 현금흐름도는 <그림 3-1>과 같다. 연금의 현가계수를 다시 살펴보자. 연금의 현가계수를 M이라고 하면 식 (2-4)로부터

$$P = A \times M \tag{3-1}$$

따라서

$$M = P/A \tag{3-2}$$

식 (3-1)을 보면 연금의 현가계수 M은 매년 수령하는 연금 A가 주어져 있을 때(이자율, 연금지급기간 포함) 초기투자액 P를 구하는 경우에 사용할 수 있다. 여기서 P는 모든 연금의 현재가치이다.

그러나 반대로 초기 투자액이 주어져 있을 때, 매년 수령하는 연금을 구해야 하는 경우도 있다. 바로 이 사례에서 한씨의 의문사항이다. 이 경우를 수식으로 표현하면

$$A = P \times \frac{1}{M} \tag{3-3}$$

즉, 연금은 초기투자액에 연금 현가계수 M의 역수를 곱해주면 구할 수 있다. <표 2-1>에서 이자율 0.08과 기간 10에 해당하는 연금 현가계수를 찾으면 6.7101 이므로,

$$\text{연금} = 1{,}000 \times \frac{1}{6.7101}$$
$$= 1{,}000 \times 0.1490 = 149.0(\text{만 원})$$

■

다른 사례를 하나 더 살펴보기로 한다.

〈공무원 퇴직연금 사례〉 퇴직연금 지급방식의 선택

공무원인 최영삼 씨는 지난 20년간 직장생활을 하면서 매년 말 200만 원씩 적립을 해왔다. 과거 20년간의 연금공단의 평균 투자수익률은 연 12%였고 향후에도 이 수준을 유지할 수 있을 것으로 예측된다. 한편 최씨는 투자수단으로 주로 정기예금을 선호하는데, 향후 20년간 정기예금의 이자율이 평균 10% 정도일 것으로 예상한다.

최씨는 이제 만 60세가 되어서 정년퇴직을 하게 되었기 때문에 퇴직금을 받을 수 있게 되었다. 퇴직금은 일시불로 받을 수도 있고 매년 말 일정금액의 연금을 받을 수도 있는데, 최씨는 어느 것을 선택할지 망설이고 있다. 일시불인 경우는 당장 1억 5천만 원을 받을 수 있고, 연금으로 받는 경우는 매년 말 2,000만 원씩 생존하는 동안 받을 수 있다고 한다. 60세에 퇴직한 남성 공무원의 평균 수명은 77세라고 한다. 최씨의 건강수준도 보통에 해당되므로 잔여 수명을 17년이라고 보아도 무방하다. 그렇다면 최씨는 어느 수령방법을 선택하는 것이 유리할까?

최씨가 유리한 수령방법을 선택한다면 공무원 연금공단의 입장에서 최영삼 씨의 경우 흑자를 보았는가?

풀이 우선 최씨의 두 가지 수령방법을 비교해보기로 한다. 일시불로 수령하는 경우는 현재의 금액으로 표시되지만 연금으로 받는 경우는 미래에 들어올 금액이므로 단순 합계를 가지고 비교할 수는 없다. 이에 매년 연금식으로 받는 경우의 현재가치(퇴직시점 기준)를 계산해보기로 한다. 식 (2-4)를 다시 살펴보면

$$P = A \sum_{k=1}^{n} \frac{1}{(1+i)^k} \tag{3-4}$$

여기서 연금 A는 2,000만 원, 연금지급기간 n은 17년이고 할인율 i는 0.1로 놓는다. 왜냐하면 최씨의 입장에서는 목돈이 생기더라도 이를 정기예금에 가입할 것이고 이는 곧 10%의 수익률을 의미한다. 따라서 향후 20년간 평균 투자수익률인 10%를 할인율로 사용하는 것이 타당하다.

<표 2-1>에서 연금의 현가계수를 구하여 P 값을 계산해보면

$$P = 2{,}000 \times 8.0216 = 16{,}043.2(\text{만 원})$$

따라서 일시불로 받는 금액 1억 5천만 원보다 크므로 매년 연금식으로 받는 것이 유리하다.

연금식으로 받는 경우의 최씨의 현금흐름을 살펴보면 <그림 3-2>와 같다.

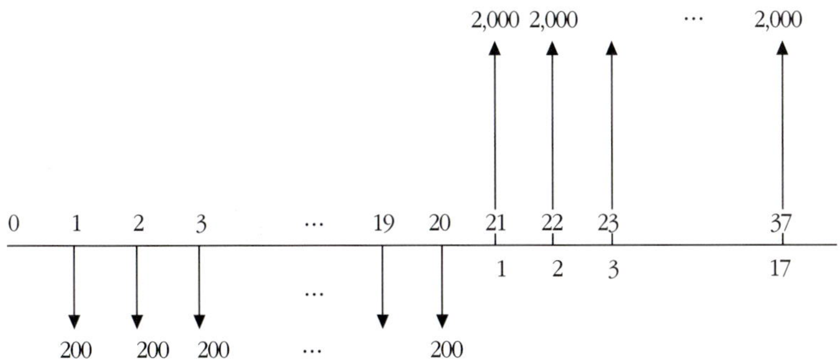

〈그림 3-2〉 최영삼 씨의 현금흐름도(단위 : 만 원)

이제 최씨가 매년 연금식으로 받기로 결정했다고 가정하자. 다음에는 공무원 연금공단의 입장에서 최영삼 씨의 경우의 흑자 여부를 분석해보자.

이를 위해서는 최씨가 과거 20년간 불입한 적립금의 가치와 앞으로 최씨에게 지불할 연금의 가치를 비교해야 한다. 비교방법으로는 두 가치를 동일시점의 화폐가치로 환산하여 비교하는 것이 가장 바람직하다. 여기서는 동일시점으로 퇴직시점을 사용하기로 한다.

최씨는 과거 20년간 매년 말 200만 원씩 적립금을 축적해왔는데, 정년퇴직한 현재 그 가치는 얼마일까? 이를 계산하기 위해서는 매년 지불한 적립금을 현재시점(20년 말)으로 환산하고 이의 합계를 구해야 하는데, 이는 각 적립금의 미래가치를 계산하여 합계를 구하는 것을 의미한다. 여기서 이자율은 12%를 사용했는데 연금공단이 최씨의 적립금을 12%로 운용해왔기 때문이다. 적립금의 미래가치 F를 수식으로 정리하면

$$\begin{aligned} F &= 200(1+0.12)^{19} + 200(1+0.12)^{18} + \cdots + 200(1+0.12) + 200(1) \\ &= 200[1 + (1+0.12) + (1+0.12)^2 + \cdots + (1+0.12)^{19}] \\ &= 200 \sum_{k=0}^{19} (1+0.12)^k \qquad (3\text{-}5) \end{aligned}$$

식 (3-5)를 간편하게 구하기 위해서는 등비수열의 합을 구하는 공식을 이용하면 된다. 즉

$$\sum_{k=0}^{n} (1+i)^k = \frac{(1+i)^{n+1} - 1}{i} \qquad (3\text{-}6)$$

따라서

$$F = 200 \times \frac{(1 + 0.12)^{19+1} - 1}{0.12} \qquad (3\text{-}7)$$

$$= 200 \times (9.6463 - 1)/0.12$$

$$= 14{,}410.5(\text{만 원})$$

다음으로는 최씨에게 향후 17년간 지불할 연금의 현재가치(20년 말 기준)를 구해야 한다. 이 역시 식 (3-4)를 이용하여 구할 수 있는데, 다만 최씨의 경우와 다른 점이 한 가지 있음에 유의해야 한다.

최씨의 경우에는 향후 10%의 투자수익률이 기대되지만 연금공단의 경우에는 12%의 수익률이 기대된다. 따라서 식 (3-4)에서 사용할 할인율로 12%를 사용해야 한다.

$$P = A \sum_{k=1}^{n} \frac{1}{(1+i)^k} \qquad (3\text{-}8)$$

$$= 2000 \times 7.1196 = 14{,}239.2(\text{만 원})$$

따라서 최씨가 현재까지 20년간 적립한 총 불입금액의 미래가치(20년 말 기준)인 14,410.5만 원보다 작음을 알 수 있다. 따라서 공무원 연금공단은 최씨의 경우 흑자임을 알 수 있다.

그러나 이 판단은 최씨가 평균수명인 17년간 생존해 있다는 가정에서만 성립한다. 만일 최씨가 건강이 좋아서 평균수명보다 더 생존한다면 연금 지급액이 증가하여서 적자를 보게 될 가능성도 존재한다. ■

토론문제

1. 신씨는 주택을 구입하기 위하여 X 은행에서 5,000만 원을 대출받고자 한다. 대출금 상환은 매년 말 동일한 금액으로 하되 원금과 대출이자가 포함된 금액이어야 한다고 한다. 또한 상환기간은 5년이라고 하고 대출 이자율은 8%라고 한다. 그렇다면 신씨는 매년 말 얼마씩 상환해야 하는가?

2. 한 통신기기제조사는 현재 생산제품 1단위당 특허 사용료로 0.95달러를 계산하여 매년 말에 지불하고 있다. 이 특허는 향후 5년간 그 효력을 가진다. 이 회사는 제품을 올해 8,000개, 그 이후에는 연도별로 11,000개, 15,000개, 18,000개, 21,000개 만들 것으로 추정하고 있다. 현재 이 회사 사장은 특허권자에게서 특허권을 일시불로 사는 대안과 향후 5년간 매년 말에 같은 금액을 지불하는 대안을 고려하고 있다. 이자율이 8%라고 가정한다. 연금식으로 지불하는 경우, 특허권자가 요구하는 연간 금액이 얼마 이하이면 유리한가?

3. <공무원 퇴직연금 사례>에서 미래에 적용할 할인율이 정확히 몇 %여야 연금공단은 본전을 할 수 있을까? 소수점 첫째 자리까지 구하시오.

연습문제

1. <한민은행 사례>에서 적금을 매년 말에 불입한다면 적금액은 얼마인가? 현금흐름도를 그리고 적금액을 계산하시오.

2. <공무원 퇴직연금 사례>에 대하여 다음 질문에 답하시오.
   (1) 최씨의 실제 수명이 80세라면 연금공단은 흑자를 볼 수 있을까?
   (2) 향후 연금공단의 투자수익률이 11%라면, 연금공단은 흑자를 볼 수 있을까? (최씨의 수명은 77세라고 가정한다.)

3. <공무원 퇴직연금 사례>에서 과거에 지출한 적립금의 미래가치(20년 말 기준)를 계산하는 과정을 다시 살펴보자. 만일 식 (3-5), (3-6)을 이용하려면 상수의 정수승을 계산할 수 있는 계산기 또는 다른 도구가 필요하다. 현재 당신은 이러한 계산기나 다른 도구를 사용할 수 없다고 가정하자. 다만 이용할 수 있는 것은 <표 2-1>과 '재무분석'을 다룬 장의 <표 3-1>, 그리고 사칙연산만 가능한 계산기뿐이다. 이 경우 총적립금의 미래가치를 구할 수 있는 방법을 고안하여 구하시오.

참고문헌

김형욱(1993), 경영수학, 법경사.

한국과학기술원 생산경영연구실(1997), 생산관리, 석정.

Hillier, F S. and M. S. Hillier(노형봉 외 5인 번역)(2004), 경영과학, 2nd Ed., 한경사.

Krajewski, L. J. and L. P. Ritzman(2004), Operations Management, 7th Ed., Prentice Hall.

Thuesen, H. G., W. J. Fabrycky and G. J. Thuesen (1977), Engineering Economy, 5th Ed., Prentice-Hall, Inc..

제11장

고급 행렬이론

1. 행렬식

원래 행렬식(determinant)은 행렬과 관계없이 더 일찍 정의되어 사용된 개념이다. 하지만 행렬과 관련하여 그 효용성이 커짐에 따라서 행렬과 함께 사용되게 되었다. 행렬식은 여러 가지 용도로 사용되나 본서에서는 역행렬을 구하는 경우만을 살펴보기로 한다.

행렬식은 정방행렬에 대해서만 정의가 가능한데, 행렬 A의 행렬식은 $|A|$라고 표기하며 스칼라이다. 행렬식의 개념은 본서의 수준을 넘기 때문에 상세한 설명은 생략하기로 한다. 다만 행렬식을 구하는 방법만은 단순히 서술하기로 한다.

우선 2 × 2 행렬 $A = \begin{bmatrix} a_{11} & a_{12} \\ a_{21} & a_{22} \end{bmatrix}$의 행렬식은 다음과 같이 구한다.

$$|A| = a_{11}a_{22} - a_{12}a_{21} \tag{1-1}$$

행렬식이 스칼라임을 확인하자. 식 (1-1)의 계산방법을 그림으로 표현하면 다음과 같다.

$$\begin{bmatrix} a_{11} & a_{12} \\ a_{21} & a_{22} \end{bmatrix}$$

3×3 행렬 $A = \begin{bmatrix} a_{11} & a_{12} & a_{13} \\ a_{21} & a_{22} & a_{23} \\ a_{31} & a_{32} & a_{33} \end{bmatrix}$ 의 행렬식은 다음과 같다.

$$|A| = a_{11}a_{22}a_{33} + a_{12}a_{23}a_{31} + a_{13}a_{21}a_{32} - a_{13}a_{22}a_{31} - a_{11}a_{23}a_{32} - a_{12}a_{21}a_{33} \quad (1\text{-}2)$$

식 (1-2)의 계산방법을 그림으로 표현하면 다음과 같다.

$$\begin{bmatrix} a_{11} & a_{12} & a_{13} \\ a_{21} & a_{22} & a_{23} \\ a_{31} & a_{32} & a_{33} \end{bmatrix} \begin{matrix} a_{11} & a_{12} \\ a_{21} & a_{22} \\ a_{31} & a_{32} \end{matrix}\Bigg]$$

그러나 4×4 이상 행렬의 행렬식은 위와 같은 방법에 의해서는 구할 수 없으며 따라서 일반적인 방법이 필요하다.

행렬식을 일반적으로 구하는 방법은 다음과 같다. 우선 소행렬식을 구하는 방법부터 살펴보기로 한다. 주어진 행렬 A에서 소행렬식 M_{ij}는 행렬 A에서 행 i와 열 j를 제외시킨 나머지 행렬의 행렬식을 말한다(소행렬식도 스칼라이다). 예로써 $A_{3 \times 3}$에서 M_{21}은 2번 행과 1번 열을 제외시킨 행렬의 행렬식이므로,

$$M_{21} = \begin{vmatrix} a_{12} & a_{13} \\ a_{32} & a_{33} \end{vmatrix} = a_{12}a_{33} - a_{13}a_{32}$$

한 행렬의 행렬식은 행렬 내의 임의의 한 행 또는 열을 기준으로 구한다. 만일 한 행 b를 기준으로 선정하였다면 행렬식은 다음과 같다.

$$|A| = \sum_{j=1}^{n} a_{bj}(-1)^{b+j}M_{bj} \quad (1\text{-}3)$$

예를 들어 행렬 $A = \begin{bmatrix} 1 & 2 & 3 \\ 4 & 5 & 6 \\ 7 & 8 & 10 \end{bmatrix}$이고, $b = 1$이라면(1번 행을 기준으로 한다면),

$$|A| = a_{11}(-1)^{1+1}M_{11} + a_{12}(-1)^{1+2}M_{12} + a_{13}(-1)^{1+3}M_{13}$$

$$= 1 \times \begin{vmatrix} 5 & 6 \\ 8 & 10 \end{vmatrix} - 2\begin{vmatrix} 4 & 6 \\ 7 & 10 \end{vmatrix} + 3\begin{vmatrix} 4 & 5 \\ 7 & 8 \end{vmatrix}$$

$$= (50 - 48) - 2(40 - 42) + 3(32 - 35) = 2 + 4 - 9 = -3$$

만일 열 k를 기준으로 구한다면

$$|A| = \sum_{i=1}^{n} a_{ik}(-1)^{i+k}M_{ik} \tag{1-4}$$

예를 들어서 행렬 $A = \begin{bmatrix} 1 & 2 & 3 & 0 \\ 0 & 4 & 5 & 6 \\ 1 & 0 & 2 & 3 \\ 4 & 0 & 2 & 3 \end{bmatrix}$이고, $k = 2$이라면(2번 열을 기준으로 한다면),

$$|A| = a_{12}(-1)^{1+2}M_{12} + a_{22}(-1)^{2+2}M_{22} + a_{32}(-1)^{3+2}M_{32} + a_{42}(-1)^{4+2}M_{42}$$

$$= -2\begin{vmatrix} 0 & 5 & 6 \\ 1 & 2 & 3 \\ 4 & 2 & 3 \end{vmatrix} + 4\begin{vmatrix} 1 & 3 & 0 \\ 1 & 2 & 3 \\ 4 & 2 & 3 \end{vmatrix}$$

$$= (-2)\left[-1\begin{vmatrix} 5 & 6 \\ 2 & 3 \end{vmatrix} + 4\begin{vmatrix} 5 & 6 \\ 2 & 3 \end{vmatrix}\right] + 4\left[1 \times \begin{vmatrix} 2 & 3 \\ 2 & 3 \end{vmatrix} - 3\begin{vmatrix} 1 & 3 \\ 4 & 3 \end{vmatrix}\right]$$

$$= (-2) \times [(-3) + 12] + 4[0 + 3(3 - 12)] = -18 + 108 = 90$$

이 예제를 푸는 과정을 살펴보면, 행렬식은 0을 많이 포함하는 행이나 열을 기준으로 구하는 것이 계산 과정을 간단히 할 수 있다는 것을 보여준다.

행렬식은 몇 가지 흥미로운 성질을 가지고 있다. 따라서 이를 잘 이용하면 주어진 행렬식을 보다 쉽게 구할 수 있으며, 기존에 이미 구해 놓은 행렬식을 활용하여 새로운 행렬식을 쉽게 구할 수도 있다. 행렬식의 특성은 다음과 같다.

(1) 전치행렬 A^T의 행렬식은 원행렬 A의 행렬식과 같다.

$$|A^T| = |A| \tag{1-5}$$

예를 들면, $A = \begin{bmatrix} a & b \\ c & d \end{bmatrix}$일 때,

$$|A^T| = \begin{vmatrix} a & c \\ b & d \end{vmatrix} = \begin{vmatrix} a & b \\ c & d \end{vmatrix} = |A|$$

그러므로 전치행렬의 행렬식은 원행렬의 행렬식을 알고 있으면 별도로 구할 필요가 없다.

(2) 한 행렬 A에서 임의의 두 행을 선택하여 그 위치를 바꾸거나 임의의 두 열을 선택하여 위치를 바꾼 행렬 A'의 행렬식은 다음과 같다. 여기서 k는 자리를 바꾼 회수이다.

$$|A'| = (-1)^k |A| \tag{1-6}$$

예를 들면 행렬 A에서 두 행의 위치만을 바꾼 경우,

$$|A'| = \begin{vmatrix} c & d \\ a & b \end{vmatrix} = (-1)^1 \begin{vmatrix} a & b \\ c & d \end{vmatrix} = -|A|$$

그러므로 한 행렬에서 두 열 또는 두 행의 위치를 여러 번 바꾼 행렬의 행렬식은 별도로 구할 필요가 없이 부호만 반영해주면 된다.

(3) 한 행렬 A의 행(또는 열)에 상수 k를 곱한 행렬 A'의 행렬식은 다음과 같다. 여기서 n은 k를 곱한 행 또는 열의 수이다.

$$|A'| = k^n |A| \tag{1-7}$$

예를 들면 첫째 행에만 k를 곱한 행렬 A'의 행렬식은

$$|A'| = \begin{vmatrix} ka & kb \\ c & d \end{vmatrix} = k \begin{vmatrix} a & b \\ c & d \end{vmatrix} = k|A|$$

또한 두 행 모두에 k를 곱한 행렬 A''의 행렬식은

$$|A''| = \begin{vmatrix} ka & kb \\ kc & kd \end{vmatrix} = k^2 \begin{vmatrix} a & b \\ c & d \end{vmatrix} = k^2|A|$$

따라서 상수를 곱해준 행렬의 행렬식은 별도로 구할 필요가 없다.

(4) 한 행(또는 열)의 k배를 다른 행(또는 열)에 더한 행렬 A'의 행렬식은 다음과 같다.

$$|A'| = |A| \tag{1-8}$$

예를 들어서 첫째 행의 k배를 둘째 행에 더해준 행렬을 A'이라면,

$$|A''| = \begin{vmatrix} a & b \\ ka + c & kb + d \end{vmatrix} = \begin{vmatrix} a & b \\ c & d \end{vmatrix} = |A|$$

따라서 이와 같은 연산을 해준 행렬의 행렬식은 원행렬식과 항상 같다. 이 특성은 매우 유용한 것으로 여러 부문에서 활용되고 있다.

(5) 두 행렬 내에 동일 위치에 있는 두 행(또는 열)의 합을 그 위치의 행으로 갖는 새로운 행렬의 행렬식은 두 행렬식의 합과 같다.

$$|A'| = \begin{vmatrix} a & b + e \\ c & d + f \end{vmatrix} = \begin{vmatrix} a & b \\ c & d \end{vmatrix} + \begin{vmatrix} a & e \\ c & f \end{vmatrix} \tag{1-9}$$

이를 달리 표현하면, 한 행(또는 열)의 원소가 두 수의 합인 경우 그 행렬식은, 각 수를 행(또는 열)으로 갖는 행렬의 행렬식의 합과 같다.

이를 응용하면 두 행렬의 합의 행렬식은 각 행렬의 행렬식의 합과 일반적으로 같지 않음을 의미한다. 즉, 일반적으로

$$|A + B| \neq |A| + |B| \tag{1-10}$$

(6) 두 행렬의 곱의 행렬식은 각 행렬의 행렬식의 곱과 같다.

$$|AB| = |A||B| = |BA| \tag{1-11}$$

예를 들면 $|A| = \begin{vmatrix} a & b \\ c & d \end{vmatrix}$, $|B| = \begin{vmatrix} e & f \\ g & h \end{vmatrix}$일 때,

$$|AB| = \begin{vmatrix} ae + bg & af + bh \\ ce + dg & cf + dh \end{vmatrix} = |A||B|$$

2. 역행렬

역행렬의 개념은 본서에서 이미 다룬 바 있다. 그러나 논의의 편의상 다시 기술하면 다음과 같다. 임의의 정방행렬 $A_{n \times n}$에 대하여 다음 식을 만족시키는 정방행렬 $B_{n \times n}$가 존재하면, B는 A의 역행렬이라고 하고 A^{-1}로 표기한다.

$$AB = BA = I_{n \times n} \tag{2-1}$$

즉

$$A \cdot A^{-1} = A^{-1} \cdot A = I_{n \times n} \tag{2-2}$$

역행렬을 구하는 방법에 대해서도 이미 제1부에서 소개한 바 있다. 비록 2 × 2 행렬이지만 미지의 역행렬을 구하는 연립방정식을 식 (2-2)를 이용하여 작성하고 이를 풀어서 구한 바 있다. 행렬의 크기가 일반적인 $n \times n$인 경우에도 이 방법으로 역행렬을 구할 수 있다. 그러나 이 방법은 일반화하기 어렵기 때문에 일반적으로 구할 수 있는 방법들이 고안되어 있다.

$A_{n \times n}$의 역행렬을 일반적인 방법에 의하여 구하기 위해서는 **여인수행렬**을 정의해야 한다. 여인수 행렬 C는 여인수들로 구성되는데, **여인수** c_{ij}는 다음과 같이 정의한다.

$$c_{ij} = (-1)^{i+j} M_{ij} \tag{2-3}$$

여기서 M_{ij}는 $A_{n \times n}$의 한 소행렬식이다.

그러므로 $A_{n \times n}$의 여인수행렬 C는

$$C = \begin{bmatrix} M_{11} & -M_{12} & M_{13} & \cdots \\ -M_{21} & M_{22} & -M_{23} & \cdots \\ \vdots & \vdots & \vdots & \vdots \\ \vdots & \vdots & \vdots & \vdots \end{bmatrix} \tag{2-4}$$

그러면 행렬 A의 **역행렬**은 다음과 같다.

$$A^{-1} = \frac{1}{|A|} C^T \tag{2-5}$$

여기서 행렬식 $|A|$는 스칼라이므로 역행렬이 존재하려면 $|A| \neq 0$이어야 한다(이럴 때 행렬 A는 정칙행렬이라고 한다). 따라서 역행렬 A^{-1}은 여인수행렬의 전치행렬 C^T에 스칼라 $1/|A|$을 곱한 것과 같다.

역행렬을 구하는 예를 들기로 한다. 우선 일반적인 2×2 행렬 $A = \begin{pmatrix} a_{11} & a_{12} \\ a_{21} & a_{22} \end{pmatrix}$을 살펴보자. 그러면 $M_{11} = a_{22}$, $M_{12} = a_{21}$, $M_{21} = a_{12}$, $M_{22} = a_{11}$이므로, 여인수행렬 C는

$$C = \begin{pmatrix} a_{22} & -a_{21} \\ -a_{12} & a_{11} \end{pmatrix}$$

이고, 전치행렬 C^T는

$$C^T = \begin{pmatrix} a_{22} & -a_{12} \\ -a_{21} & a_{11} \end{pmatrix}$$

그리고 행렬식 $|A|$는

$$|A| = a_{11}a_{22} - a_{12}a_{21}$$

그러므로

$$A^{-1} = \frac{1}{a_{11}a_{22} - a_{12}a_{21}} \begin{bmatrix} a_{22} & -a_{12} \\ -a_{21} & a_{11} \end{bmatrix} \tag{2-6}$$

다음에는 특정 3×3 행렬 $A = \begin{bmatrix} 1 & 2 & 1 \\ 3 & 2 & 1 \\ 2 & 1 & 1 \end{bmatrix}$의 역행렬을 구해보자. 여인수행렬과 이의 전치행렬은 다음과 같다(독자들은 직접 구하여 확인해본다).

$$C = \begin{bmatrix} 1 & -1 & -1 \\ -1 & -1 & 3 \\ 0 & 2 & -4 \end{bmatrix}$$

$$C^T = \begin{bmatrix} 1 & -1 & 0 \\ -1 & -1 & 2 \\ -1 & 3 & -4 \end{bmatrix}$$

그리고 행렬식은 첫째 행을 기준으로 구한다.

$$|A| = 1 \times (1) - 2(1) + 1 \times (-1) = -2$$

역행렬은

$$A^{-1} = -\frac{1}{2}C^T = \begin{bmatrix} -\frac{1}{2} & \frac{1}{2} & 0 \\ \frac{1}{2} & \frac{1}{2} & -1 \\ \frac{1}{2} & -\frac{3}{2} & 2 \end{bmatrix}$$

3. 역행렬의 활용 : 연립방정식

역행렬은 다양한 분야에서 응용되고 있다. 이 절에서는 연립방정식의 해를 구하는 것에 활용되는 예를 소개하기로 한다.

변수가 n 개이고, 식이 m 개인 다음의 연립방정식을 살펴보자.

$$\begin{aligned} a_{11}x_1 + a_{12}x_2 + \cdots + a_{1n}x_n &= b_1 \\ a_{21}x_1 + a_{22}x_2 + \cdots + a_{2n}x_n &= b_2 \\ &\cdots \\ a_{m1}x_1 + a_{m2}x_2 + \cdots + a_{mn}x_n &= b_m \end{aligned} \qquad (3\text{-}1)$$

변수의 수 n이 식의 수 m보다 크면 이 연립방정식은 해가 여러 개 존재한다 (해가 존재하지 않을 수도 있다. 그러나 여기서는 해가 존재하는 경우만을 다루기로 한다).

첫 번째 식을 벡터 내적의 개념을 도입하여 표기하면 다음과 같다.

$$(a_{11},\ a_{12},\ \cdots,\ a_{1n})\begin{bmatrix} x_1 \\ x_2 \\ \vdots \\ x_n \end{bmatrix} = a^1x = b_1 \tag{3-2}$$

여기서 a_1은 행벡터 $(a_{11},\ a_{12},\ \cdots,\ a_{1n})$, x는 벡터 $[x_1,\ x_2,\ \cdots,\ x_n]^T$이다. 마찬가지 방법으로 (3-1)의 i 번째 식을 표현하면,

$$(a_{i1},\ a_{i2},\ \cdots,\ a_{in})\begin{bmatrix} x_1 \\ x_2 \\ \vdots \\ x_n \end{bmatrix} = a^ix = b_i \tag{3-3}$$

따라서 (3-1)의 모든 식을, 행벡터 a^i들로 구성된 행렬로 표현하면 다음과 같다.

$$\begin{bmatrix} a_{11},\ a_{12},\ \cdots,\ a_{1n} \\ a_{21},\ a_{22},\ \cdots,\ a_{2n} \\ \vdots \\ a_{m1},\ a_{m2},\ \cdots,\ a_{mn} \end{bmatrix}\begin{bmatrix} x_1 \\ x_2 \\ \vdots \\ x_n \end{bmatrix} = \begin{bmatrix} b_1 \\ b_2 \\ \vdots \\ b_m \end{bmatrix} \tag{3-4}$$

이를 간단히 표현하면

$$Ax = b \tag{3-5}$$

여기서 행렬 $A = \begin{bmatrix} a_{11},\ a_{12},\ \cdots,\ a_{1n} \\ a_{21},\ a_{22},\ \cdots,\ a_{2n} \\ \vdots \\ a_{m1},\ a_{m2},\ \cdots,\ a_{mn} \end{bmatrix}$이고, 벡터 $b = \begin{bmatrix} b_1 \\ b_2 \\ \vdots \\ b_m \end{bmatrix}$이다.

만일 $m = n$이며 행렬 A의 역행렬 A^{-1}가 존재한다고 가정하고($m \neq n$이면 역행렬이 존재하지 않음), 식 (3-5)의 좌우변의 앞에 A^{-1}를 곱해주면,

$$A^{-1}Ax = A^{-1}b$$

$$Ix = x = A^{-1}b$$

그러므로 연립방정식 (3-1)의 해 x는

$$x = A^{-1}b \tag{3-6}$$

따라서 연립방정식 (3-1)의 해는 계수행렬 A의 역행렬 A^{-1}를 구하여 우변상수 벡터 b와 곱한 것과 같다. 예를 하나 들면 다음과 같다.

예

$$2x_1 + 5x_2 = 10$$
$$2x_1 + x_2 = 20$$

이를 식 (3-4)와 같은 형태로 변환시키면

$$\begin{bmatrix} 2 & 5 \\ 2 & 1 \end{bmatrix} \begin{bmatrix} x_1 \\ x_2 \end{bmatrix} = \begin{bmatrix} 10 \\ 20 \end{bmatrix} \tag{3-7}$$

이를 식 (3-5)와 같이 표현하면

$$Ax = b \tag{3-8}$$

A의 역행렬 A^{-1}를 우선 연립방정식을 이용하여 구해보자.

$$\begin{bmatrix} 2 & 5 \\ 2 & 1 \end{bmatrix} \begin{bmatrix} a & b \\ c & d \end{bmatrix} = \begin{bmatrix} 1 & 0 \\ 0 & 1 \end{bmatrix} \tag{3-9}$$

이를 항등행렬의 요소별로 표현하면,

$$2a + 5c = 1$$
$$2b + 5d = 0$$
$$2a + c = 0$$
$$2b + d = 1$$

이는 변수가 4개이고 식이 4개인 연립방정식이므로, 해를 구하면

$$a = -1/8, \quad b = 5/8, \quad c = 1/4, \quad d = -1/4$$

$$A^{-1} = \begin{bmatrix} -\frac{1}{8} & \frac{5}{8} \\ \frac{1}{4} & -\frac{1}{4} \end{bmatrix} \tag{3-10}$$

다음에는 A의 역행렬 A^{-1}를 식 (2-6)을 사용하여 구해보자. 그러면

$$A^{-1} = \frac{1}{a_{11},\ a_{22} - a_{12}a_{21}} \begin{bmatrix} a_{22} & -a_{12} \\ -a_{21} & a_{11} \end{bmatrix} \tag{3-11}$$

식 (3-10)에서 구한 것과 동일함을 알 수 있다. 그러면 연립방정식의 해 x는 (3-6)에 의해

$$x = A^{-1}b = \begin{bmatrix} -\frac{1}{8} & \frac{5}{8} \\ \frac{1}{4} & -\frac{1}{4} \end{bmatrix} \begin{bmatrix} 10 \\ 20 \end{bmatrix} = \begin{bmatrix} \frac{45}{4} \\ -\frac{5}{2} \end{bmatrix} \tag{3-12}$$

$x_1 = 45/4,\ x_2 = -5/2$ □

토론문제

1. 다음의 이원 연립방정식이 있다.

$$\begin{aligned} 2x_1 + 3x_2 &= 13 \\ -x_1 + 6x_2 &= 16 \end{aligned} \tag{E-1}$$

(1) 연립방정식 (E-1)은 식 (E-2)와 같이 세 벡터 a^1, a^2, b의 관계식으로 표현할 수 있다. 이 경우 세 벡터 a^1, a^2, b을 구하시오(x_1, x_2는 스칼라 변수임).

$$x_1a^1 + x_2a^2 = b \tag{E-2}$$

(2) 연립방정식 (E-1)을 푸는 것은 세 벡터 a^1, a^2, b의 관계식 (E-2)에서 두 계수 x_1, x_2를 찾는 것과 동일함을 확인하시오.

2. 연립방정식 (E-1)에서 해가 존재할 때, 그 해를 행렬식으로 표현하면 다음과 같다고 한다. 이 사실이 성립하는지를 각 행렬식을 구하여 보이시오.

$$x_1 = \frac{\begin{vmatrix} b_1 & a_{12} \\ b_2 & a_{22} \end{vmatrix}}{\begin{vmatrix} a_{11} & a_{12} \\ a_{21} & a_{22} \end{vmatrix}}, \; x_2 = \frac{\begin{vmatrix} a_{11} & b_1 \\ a_{21} & b_2 \end{vmatrix}}{\begin{vmatrix} a_{11} & a_{12} \\ a_{21} & a_{22} \end{vmatrix}}$$

3. 다음 등식을 만족하는 미지행렬 A를 구하시오.

$$\begin{bmatrix} 1 & 0 & 0 \\ 0 & 2 & 0 \\ 0 & 0 & -3 \end{bmatrix} A \begin{bmatrix} 1 & 0 & 0 \\ 0 & 0 & 1 \\ 0 & 1 & 0 \end{bmatrix} = \begin{bmatrix} 1 & 2 & 3 \\ 4 & 5 & 4 \\ 3 & 2 & 1 \end{bmatrix}$$

4. 다음의 행렬에 대하여 답하시오.

$$A = \begin{bmatrix} 1 & t & 0 \\ 0 & 1 & -1 \\ t & 0 & 1 \end{bmatrix}$$

(1) 행렬 A의 역행렬이 존재하도록 실수 t의 값을 정하시오.

(2) 이때 역행렬 A^{-1}을 구하시오.

연습문제

1. 다음 질문에 답하시오.

(1) 행렬 $A = \begin{bmatrix} 2 & -1 & 2 \\ 1 & 1 & -1 \\ 2 & 3 & 0 \end{bmatrix}$의 행렬식을 3행을 기준으로 구하시오.

(2) 행렬 A의 행렬식을 2열을 기준으로 구하시오.

(3) 행렬 $B = \begin{bmatrix} 1 & 2 & 3 \\ 4 & 5 & 6 \\ 7 & 8 & 10 \end{bmatrix}$의 행렬식을 구하시오.

(4) $\begin{bmatrix} 1 & 2 & 0 & 9 \\ 2 & 3 & 4 & 6 \\ 1 & 6 & 0 & -1 \\ 0 & -5 & 0 & 8 \end{bmatrix}$ 의 행렬식을 구하시오

(5) $\begin{bmatrix} 2 & 7 & 0 & 1 \\ 5 & 6 & 4 & 8 \\ 0 & 0 & 9 & 0 \\ 1 & -3 & 1 & 4 \end{bmatrix}$ 의 행렬식을 구하시오

2. 다음 연립방정식의 해를 계수행렬 A의 역행렬을 이용하여 구하시오.

$$2x_1 + 3x_2 = 13$$
$$-x_1 + 6x_2 = 16$$

3. 다음 연립방정식의 해를 계수행렬 A의 역행렬을 이용하여 구하시오.

$$6x_1 + 6x_2 + x_3 = -1$$
$$x_1 + x_2 + x_3 = 0$$
$$-x_1 + x_2 + 2x_3 = 3$$

4. 행렬 $A = \begin{bmatrix} a & b & c \\ d & e & f \\ g & h & i \end{bmatrix}$의 행렬식(Determinant)이 $|A| = 100$이고,

행렬 $B = \begin{bmatrix} a & b & c \\ l & m & n \\ g & h & i \end{bmatrix}$의 행렬식 $|B| = 50$일 때, 다음 행렬식의 값을 구하시오.

(1) $\begin{vmatrix} 2a & 2b & 2c \\ 3d & 3e & 3f \\ g & h & i \end{vmatrix}$

(2) $\begin{vmatrix} a & b & c \\ d+l & e+m & f+n \\ g & h & i \end{vmatrix}$

【부록 11A】 연립방정식의 해법

A-1 유일한 해를 가지는 경우

연립방정식 $Ax = b$에서 계수행렬 A가 n × n 정방행렬이고, 즉 변수의 수와 식의 수가 같고, 정칙행렬, 즉 행렬식 $|A| \neq 0$이면, 이 연립방정식은 유일한 해 x를 갖는다. 이 경우 유일한 해 x를 역행렬을 이용하여 구할 수도 있지만, 다음과 같은 **Cramer 공식**을 이용하면 쉽게 해를 얻을 수 있다.

$$x_j = \frac{1}{|A|}\begin{vmatrix} a_{11} & a_{12} & \cdot & b_1 & \cdot & a_{1n} \\ a_{21} & a_{21} & \cdot & b_2 & \cdot & a_{2n} \\ \cdot & \cdot & \cdot & \cdot & \cdot & \cdot \\ a_{n1} & a_{n2} & \cdot & b_n & \cdot & a_{nn} \end{vmatrix} \quad (\text{단, } |A| \neq 0) \qquad \text{(A-1)}$$

예 다음 연립방정식의 해가 하나만 존재한다고 할 때,

$$\begin{aligned} -x+y+z&=a \\ x-y+z&=b \\ x+y-z&=c \end{aligned}$$

그 해를 Cramer 공식을 이용하여 구할 수 있다.

$$\begin{bmatrix} -1 & 1 & 1 \\ 1 & -1 & 1 \\ 1 & 1 & -1 \end{bmatrix}\begin{bmatrix} x \\ y \\ z \end{bmatrix} = \begin{bmatrix} a \\ b \\ c \end{bmatrix} \text{ 가 되므로,}$$

$$x = \frac{1}{4}\begin{vmatrix} a & 1 & 1 \\ b & -1 & 1 \\ c & 1 & -1 \end{vmatrix} = \frac{b+c}{2},$$

$$y = \frac{1}{4}\begin{vmatrix} -1 & a & 1 \\ 1 & b & 1 \\ 1 & c & -1 \end{vmatrix} = \frac{a+c}{2},$$

$$z = \frac{1}{4}\begin{vmatrix} -1 & 1 & a \\ 1 & -1 & b \\ 1 & 1 & c \end{vmatrix} = \frac{a+b}{2}$$

□

만약 연립방정식 $Ax=b$를 행렬의 연산방법을 이용하여 $Ix=g$(여기서, I는 항등행렬)로 바꾸면, 연립방정식의 해는 $x=Ix=g$가 되는데, 이를 **Gauss-Jordan 소거법**이라고 한다. 즉 $[A|\ b]$를 $[I\ |\ g]$로 바꾸면 $x=g$가 된다.

또한 A와 I를 결합한 행렬 $[A|\ I]$를 행렬의 연산방법을 이용하여 좌측의 A를 항등행렬 I로 바꾸면 원행렬 $[A|\ I]$는 $[I\ |\ A^{-1}]$가 되는데, 이렇게 A^{-1}를 구하면 연립방정식의 해 $x=A^{-1}b$를 구할 수 있다. 즉,

$$
\begin{array}{ccc}
Ax=b & & x=A^{-1}b \\
Ax=Ib & \xleftrightarrow{\text{행렬연산}} & Ix=A^{-1}b
\end{array}
\qquad \text{(A-2)}
$$

이를 **Pivot법**이라고 하는데, Gauss-Jordan 소거법보다 복잡하여 연립방정식의 해법보다는 역행렬을 구하는 방법으로 많이 쓰인다.

예 다음 연립방정식의 해를 Gauss-Jordan 소거법과 Pivot법을 이용하여 구하고, 두 방법의 결과가 같은지를 확인하시오.

$$
\begin{aligned}
3x+2y-z&=-2\\
x-y+2z&=3\\
4x+y+3z&=0
\end{aligned}
$$

먼저 Gauss-Jordan 소거법을 이용하여 해를 구하면,

$$
\left[\begin{array}{ccc|c} 1 & -1 & 2 & 3 \\ 3 & 2 & -1 & -2 \\ 4 & 1 & 3 & 0 \end{array}\right]
\rightarrow
\left[\begin{array}{ccc|c} 1 & -1 & 2 & 3 \\ 0 & 5 & -7 & -11 \\ 0 & 5 & -5 & -12 \end{array}\right]
\rightarrow
\left[\begin{array}{ccc|c} 1 & 0 & 0 & 11/10 \\ 0 & 1 & 0 & -29/10 \\ 0 & 0 & 1 & -1/2 \end{array}\right]
$$

$x=\dfrac{11}{10},\ y=-\dfrac{29}{10},\ z=-\dfrac{1}{2}$이다.

그리고 Pivot 법을 이용하면,

$$
\left[\begin{array}{ccc|ccc} 3 & 2 & -1 & 1 & 0 & 0 \\ 1 & -1 & 2 & 0 & 1 & 0 \\ 4 & 1 & 3 & 0 & 0 & 1 \end{array}\right]
\rightarrow
\left[\begin{array}{ccc|ccc} 1 & 2/3 & -1/3 & 1/3 & 0 & 0 \\ 0 & -5/3 & 7/3 & -1/3 & 1 & 0 \\ 0 & -5/3 & 13/3 & -4/3 & 0 & 1 \end{array}\right]
$$

$$
\rightarrow
\left[\begin{array}{ccc|ccc} 1 & 0 & 9/15 & 3/15 & -6/15 & 0 \\ 0 & 1 & -7/5 & 1/5 & -3/5 & 0 \\ 0 & 0 & 2 & -1 & -1 & 1 \end{array}\right]
\rightarrow
\left[\begin{array}{ccc|ccc} 1 & 0 & 0 & 1/2 & 7/10 & -3/10 \\ 0 & 1 & 0 & -1/2 & -13/10 & 7/10 \\ 0 & 0 & 1 & -1/2 & -1/2 & 1/2 \end{array}\right]
$$
이고,

$$\begin{bmatrix} 1/2 & 7/10 & -3/10 \\ -1/2 & -13/10 & 7/10 \\ -1/2 & -1/2 & 1/2 \end{bmatrix} \begin{bmatrix} -2 \\ 3 \\ 0 \end{bmatrix} = \begin{bmatrix} 11/10 \\ -29/10 \\ -1/2 \end{bmatrix}$$

그러므로 Gauss-Jordan 소거법을 이용하여 구한 해와 같다. □

【부록 11A】 연습문제

1. 다음 연립방정식에 대하여 답하시오.

$$\begin{aligned} x_1 + x_2 + 2x_3 &= 6 \\ x_1 + 2x_2 - x_3 &= 2 \\ x_2 + x_3 &= 2 \end{aligned}$$

(1) 이 연립방정식을 $Ax = b$의 형태로 표시하는 경우 행렬 A는 정칙행렬인가?

(2) Pivot 법을 이용하여 A^{-1}를 구하고, 이를 사용하여 연립방정식의 해를 구하시오.

2. 다음 연립방정식에 대하여 답하시오.

$$\begin{aligned} 2x_1 + 2x_2 - x_3 &= 2 \\ -3x_1 - x_2 + 3x_3 &= -2 \\ 4x_1 + 2x_2 - 3x_3 &= 0 \end{aligned}$$

(1) Gauss-Jordan 소거법을 이용하여 연립방정식의 해를 구하시오.

(2) Cramer 공식을 이용하여 연립방정식의 해를 구하시오.

3. 다음 연립방정식에 대하여 답하시오.

$$\begin{aligned} x_1 - x_2 - 3x_3 &= -3 \\ x_1 + 2x_2 + 3x_3 &= 3 \\ x_1 + 2x_2 + 6x_3 &= 7 \end{aligned}$$

(1) Gauss-Jordan 소거법을 이용하여 연립방정식의 해를 구하시오.

(2) Pivot법을 이용하여 연립방정식의 해를 구하시오.

4. 다음 연립방정식에 대하여 답하시오.

$$2x_1 + x_2 + 4x_3 = 26$$
$$3x_1 + 2x_2 + x_3 = 13$$
$$x_1 + 3x_2 + 3x_3 = 26$$

(1) Gauss-Jordan 소거법을 이용하여 연립방정식의 해를 구하시오.

(2) Pivot법을 이용하여 연립방정식의 해를 구하시오.

참고문헌

김형욱(1993), 경영수학, 법경사.

Hillier, F S. and M. S. Hillier(노형봉 외 5인 번역)(2004), 경영과학, 2nd Ed., 한경사.

제12장

선형계획법

선형계획법(Linear programming : LP)은 수많은 의사결정기법 중 가장 많이 사용되는 기법 중 하나이다. 그 이유는 현실문제를 표현하기 용이할 뿐만 아니라 정립 모형의 해를 구하기 쉽기 때문이다.

선형계획법은 현실의 의사결정문제를 수리모형의 일종인 선형계획모형으로 표현하고, 이 모형이 제시하는 의사결정대안 중 최적 대안을 발견하려는 기법이다. 선형계획모형으로 표현 가능한 의사결정문제는 대안이 무한하고 의사결정 성과가 확정적인 경우이다.

이 장에서는 우선 선형계획법이 적용가능한 문제의 유형을 설명한다. 그리고 의사결정문제를 선형계획모형으로 정립하는 방법, 정립한 모형의 최적해를 찾는 방법을 설명하기로 한다. 마지막으로 선형계획법이 얼마나 다양한 경영문제에 적용 가능한지를 몇 가지 예제들을 통해 살펴보기로 한다.

1. 선형계획모형

이 절에서는 선형계획모형의 정의와 구성요소들에 대하여 설명한다. 다음으로 현실의 의사결정문제를 선형계획모형으로 표현하는 방법과 절차에 대하여 설명하기로 한다.

〈CompTech(주) 사례〉 제품별 생산량 결정을 위한 선형계획모형

CompTech(주)는 대당 이익이 35만 원인 노트북형 컴퓨터(NC)와 30만 원인 데스크톱형 컴퓨터(DC)를 생산 · 판매하고 있다. 현재 수요가 많아서 생산하는 제품은 모두 팔리고 있다.

두 제품의 조립에는 여러 가지 중간부품이 사용되는데, 이 중 자체적으로 생산 가능한 핵심부품에는 C, N, D가 있다. C는 두 제품 모두에 사용되지만, N은 NC에만, D는 DC에만 사용된다. 작업인력이 한정되어 있어서 부품을 무한정 생산할 수는 없다. 월별 최대 생산량을 산정해보면, C는 350개, N은 400개, D는 500개라고 한다. 이 외의 부품들은 전부 외부에서 구입하며 구입가능량은 충분하다.

자체생산 또는 구입한 부품들은 4개의 조립라인에서 조립되는데, 각 라인은 월 180시간 가동되며 두 제품 모두를 생산할 수 있다. NC는 C부품 1개와 N부품 2개로 조립되는데, 대당 2시간이 소요된다. DC는 C부품 1개와 D부품 2개로 조립되는데, 대당 조립시간이 1.5시간이다.

CompTech사의 생산계획 담당자 조과장은 현재 다음 달 생산계획을 수립하고자 한다. 제품 생산은 이익을 창출하고자 하는 것이므로 기왕이면 이익이 많이 발생하는 생산계획을 수립하려고 한다. 생산계획의 핵심은 두 제품의 월 생산량을 결정하는 것이다. 조과장은 우선 이 의사결정문제를 선형계획모형으로 정립하고 차후에 최선의 제품별 생산량을 구하려고 한다.

풀이 이 의사결정문제는 NC와 DC를 다음 달에 각각 몇 대씩 생산해야 하는가를 결정하는 문제이다. 생산하는 제품은 모두 팔 수 있으므로 이익을 최대로 하는 생산량을 결정해야 한다. 그렇다고 무한정 생산할 수는 없는데, 월간 부품 가용량과 라인 가동시간의 제약이 있기 때문이다.

의사결정자가 현재 원하는 것은 NC와 DC의 생산량이므로, 의사결정변수(variable)는 다음과 같이 정의한다.

$$x_1 = \text{NC 월간 생산대수}$$

$$x_2 = \text{DC 월간 생산대수}$$

현재 두 제품을 충분히 생산하지 못하게 하는 첫째 제약요인은 부품 가용량이다. C부품의 경우, NC와 DC 조립에 각각 1개씩이 필요하다. 따라서 C부품의 월간 총소요량은 생산되는 NC와 DC의 합과 같다. 그리고 C부품은 월간 최대 생산가능량인 350개를 초과하여 사용할 수 없으므로, 이 제약조건(constraint)은 다음과 같은 부등식으로 표현할 수 있다.

$$x_1 + x_2 \leq 350 \text{ (C부품)} \qquad (1\text{-}1)$$

N부품은 NC 조립에만 필요하고 NC 1대당 2개씩 사용되므로 총사용량은 NC 생산량 x_1의 2배이다. 그리고 N 부품의 월간 최대 생산가능량은 400개이므로, 둘째 제약조건은

$$2x_1 \leq 400 \text{ (N부품)} \qquad (1\text{-}2)$$

D부품도 DC 조립에만 필요하고 DC 1대당 2개씩 사용되므로 총사용량은 DC 생산량인 x_2의 2배이다. 그리고 D 부품의 월간 최대 생산가능량은 500개이므로, 셋째 제약조건은

$$2x_2 \leq 500 \text{ (D부품)} \qquad (1\text{-}3)$$

두 제품을 충분히 생산하지 못하게 하는 또 다른 제약요인은 라인 가동시간이 충분하지 못하다는 것이다. 즉, 라인당 월 180시간이 가동 가능하며 라인은 4개이므로, 월 최대 조립가능시간은 720시간(= 180시간/라인 × 4라인)이다. NC 한 대 조립하는 데 필요한 시간은 2시간이고, DC는 대당 1.5시간이 필요하다. 따라서 두 제품 조립에 사용되는 시간 각각의 합은 최대 조립가능시간 720시간보다 작아야 한다. 이를 제약조건식으로 표현하면

$$2x_1 + 1.5x_2 \leq 720 \text{ (라인 가동시간)} \qquad (1\text{-}4)$$

마지막으로 의사결정변수는 음수가 아니므로 이를 제약조건식으로 표현해주어야 한다. 이를 **비음 제약조건**이라고 부른다.

$$x_1,\ x_2 \geq 0 \qquad (1\text{-}5)$$

이 의사결정문제는 식 (1-1)~(1-5)를 모두 만족하는 의사결정변수값을 찾는

문제이다. 그런데 의사결정변수값들의 하나의 조합인 해(solution) (x_1, x_2) 중에서 모든 제약조건을 만족하는 것들은 대개 무한히 많이 존재한다. (이 사실은 다음 절에서 확인하기로 한다.) 따라서 생산계획 담당자는 무수히 많은 해 중에서 어느 한 가지를 선택해야 한다. 사례에서 기술한 바와 같이 이 담당자는 되도록 수익이 많이 발생하게 하는 생산계획을 수립하려고 한다.

수익은 두 제품을 생산 및 판매함으로써 발생한다. 따라서 총수익(Z)은 각 제품별 수익의 합과 같고, 각 제품별 수익은 단위당 수익과 생산량(=판매량)의 곱과 같다. 이를 수식으로 표현하면

$$\text{최대화} \quad Z = 35x_1 + 30x_2 \text{ (단위 : 만 원)} \qquad (1\text{-}6)$$

이를 선형계획모형에서는 **목적함수**(objective function)라고 칭한다. 따라서 이 의사결정문제는 모든 제약조건식 (1-1)~(1-5)를 만족하는 해 중 식 (1-6)의 목적함수값 Z를 최대로 하는 해 (x_1, x_2)를 찾는 문제이다.

앞에서 도출한 모든 식을 종합하면 CompTech(주)의 제품별 생산량을 결정하는 문제는 다음과 같은 선형계획모형이 된다.

$$\begin{aligned} \text{최대화} \quad & Z = 35x_1 + 30x_2 \\ \text{제약조건} \quad & x_1 + x_2 \leq 350 \\ & 2x_1 \leq 400 \\ & 2x_2 \leq 500 \\ & 2x_1 + 1.5x_2 \leq 720 \\ & x_1,\ x_2 \geq 0 \end{aligned} \qquad (1\text{-}7)$$

이와 같이 가용자원이 제한되어 있는 경우에 제품별 최적 생산량을 결정하는 문제를 통상 **제품믹스문제**(product mix problem)라고 부른다.

이 모형을 **선형계획모형**(linear programming model)이라고 부르는 이유는 목적함수와 제약조건이 모두 의사결정변수들의 **선형식**이기 때문이다. 선형식은 각 항이 한 변수의 1승으로만 구성되어 있는 식을 말한다. 이를 보다 정확히 이해하기 위하여 2개의 **비선형식**을 예로 들어보자.

$$2x_1^2 - 3x_2^{0.5} \quad (1\text{-}8)$$

$$-3x_1 + 4x_1x_2 \quad (1\text{-}9)$$

식 (1-8)은 각 항에 한 변수만이 있기는 하지만 그 승수가 1이 아니며, 식 (1-9)는 모든 변수의 승수가 1이지만 한 항이 두 변수의 곱으로 되어 있어서 선형이 아니다. 이와 같이 목적함수나 제약조건식이 비선형인 수리모형을 다루기 위해서는 **비선형계획법**(nonlinear programming)이 사용된다. 이 기법은 본 교재의 범위를 벗어나므로 자세한 설명은 생략하기로 한다.

이제 선형계획모형을 정립하는 일반적인 절차를 기술하기로 한다.

1단계 : 의사결정변수를 정한다.

의사결정변수는 의사결정자가 문제분석을 통하여 최종적으로 알고자 하는 값을 나타내는 변수이다. 위 문제에서는 다음 달 생산계획을 수립하려고 하지만 이 계획은 두 제품의 생산량으로 결정되므로 이것들을 의사결정변수로 정한 것이다.

2단계 : 제약조건식을 구한다.

의사결정에는 고려해야 할 많은 사항들이 있다. 또한 무한정 좋은 대안을 선택하지 못하도록 하는 환경상의 제약도 존재한다. 바로 이러한 사항과 제약들이 제약조건식으로서 표현되어야 한다. 앞의 사례에서는 부품 생산가능량과 라인 가동시간의 제약이 조건식으로 고려되었다.

현실의 의사결정에서는 고려해야 할 제약조건이 너무나 많다. 그러나 이 제약조건 모두를 모형에서 고려할 필요는 없다. 왜냐하면 현재의 의사결정의 입장에서 보면 그다지 중요하지도 않으며 또한 의사결정에 영향도 미치지 못할 것이기 때문이다. 앞 사례에서 모든 부품이 아닌 C, N, D의 생산가능량 또는 구입가능량만을 고려한 것도 이러한 연유에서이다.

3단계 : 목적함수를 정한다.

모든 의사결정에는 추구하는 바가 있다. 앞 사례에서는 이익을 최대로 하는 생산계획을 수립하는 것이다. 경우에 따라서는 비용을 최소화하는 경우도 있다. (이에 대해서는 제3절에서 다루기로 한다.) 목적함수 역시 의사결정변수로 표현한다.

2. 선형계획모형의 해법

선형계획모형의 최적해를 찾는 해법에는 여러 가지가 개발되어 있다. 이 중 가장 많이 활용되는 것은 **심플렉스법**(simplex method)이다. 이 기법은 식 (1-1)−(1-4)의 제약조건식을 이와 동등한 연립방정식으로 변환시키고, 이 연립방정식의 여러 해 중에서 목적함수를 최대로 하는 해를 찾는 수학적 기법이다. 본서에서는 이에 대한 설명은 생략하기로 한다. 대신 그래프를 이용하여 최선의 해를 찾는 **도해법**(graphical method)을 소개하기로 한다.

2.1 일반적인 경우

CompTech(주) 사례의 선형계획모형을 이용하여 도해법을 설명하기로 한다.

〈CompTech(주) 사례 II〉 선형계획모형의 최적해 도출

CompTech(주)의 선형계획모형을 기술하면 다음과 같다.

$$\text{최대화} \quad Z = 35x_1 + 30x_2 \qquad (1\text{-}6)$$

$$\text{제약조건} \quad x_1 + x_2 \le 350 \qquad (1\text{-}1)$$

$$2x_1 \le 400 \qquad (1\text{-}2)$$

$$2x_2 \le 500 \qquad (1\text{-}3)$$

$$2x_1 + 1.5x_2 \le 720 \qquad (1\text{-}4)$$

$$x_1,\ x_2 \ge 0 \qquad (1\text{-}5)$$

풀이 도해법에서는 우선 모든 제약조건을 충족시키는 해 $(x_1,\ x_2)$를 2차원 평면상에 표현한다. 왜냐하면 찾고자 하는 해 $(x_1,\ x_2)$는 2차원 평면의 한 점의 좌표로 볼 수 있기 때문이다. 여기서 횡축을 x_1, 종축을 x_2의 축으로 한다. (1-5)로부터 두 변수는 모두 음수를 가지지 못하므로 $(x_1,\ x_2)$이 위치하는 지역은 2차원 평면 중 1사분면에 한한다.

다음에는 첫째 제약조건 (1-1)을 만족하는 $(x_1,\ x_2)$의 영역을 찾아보기로 한다.

첫째 제약조건을 등식으로 만들고 x_2에 대하여 정리하면, x_2 절편이 350이고 기울기가 −1인 직선의 식이 된다.

$$x_2 = 350 - x_1 \tag{2-1}$$

x_1과 x_2의 값을 모두 0으로 놓으면(즉, (0, 0)을 식 (1-1)에 대입하면) 첫째 제약조건을 충족하므로, 첫째 제약조건을 만족하는 (x_1, x_2)의 영역은 이 직선의 아래쪽이라고 볼 수 있다(<그림 2-1> 참조).

둘째 제약조건을 등식으로 만들고 정리하면, (200, 0)을 지나면서 x_2축과 평행인 직선의 식이 된다.

$$x_1 = 200 \tag{2-2}$$

여기서도 (0, 0)은 두 번째 제약조건을 만족하므로, 이 제약조건을 만족하는 (x_1, x_2)의 영역은 이 직선의 왼쪽이라고 볼 수 있다. 같은 방법으로 셋째 제약조건을 만족하는 (x_1, x_2)의 영역을 구하면 다음 식의 아래쪽에 위치한다.

$$x_2 = 250 \tag{2-3}$$

넷째 제약조건 (1-4)를 등식으로 만들고 x_2에 대하여 정리하면, x_2 절편이 480이고 기울기가 −4/3인 직선의 식이 된다.

$$x_2 = 480 - 4/3\ x_1 \tag{2-4}$$

(0, 0)은 식 (1-4)를 만족하므로 제약조건을 만족하는 (x_1, x_2)의 영역은 이 직선의 아래쪽이다.

전술한 5가지 제약조건을 모두 만족하는 해 (x_1, x_2)가 위치하는 영역은 각 제약조건을 만족하는 영역들의 공통집합이다. 모든 제약조건을 만족하는 하나의 해를 **가능해**(feasible solution)라고 한다. 모든 가능해를 그림으로 그려보면 <그림 2-1>에서 음영으로 표시된 오각형과 같다. 이처럼 모든 제약조건을 만족하는 (x_1, x_2)가 위치하는 영역을 **가능해 영역**(feasible region)이라고 한다.

가능해 영역에서 선분 *AE*는 제약조건 $x_1 \geq 0$, 선분 *AB*는 $x_2 \geq 0$에 의해서 형성된 경계선이다. 또한 *DE*는 식 (1-3), *CD*는 식 (1-1), *BC*는 식 (1-2)에 의하여

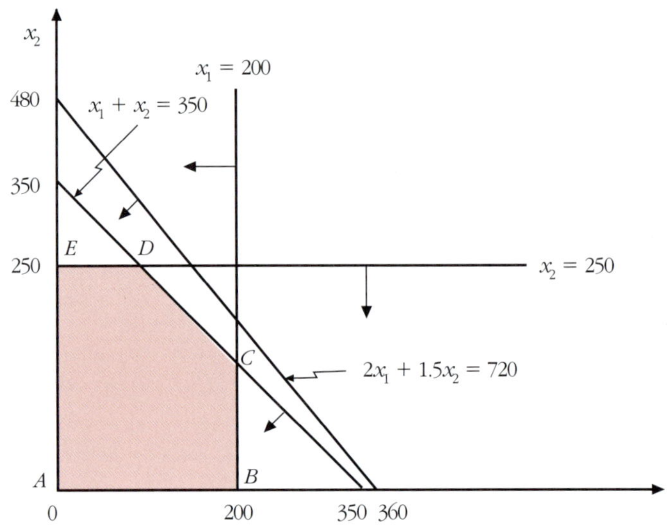

〈그림 2-1〉 가능해 영역

형성된 것인데, 여기서 유의할 사항은 제약조건 (1-4)는 가능해 영역을 형성하는 데 아무런 기여를 하지 못하였다는 점이다(<그림 2-1> 참조). 즉, 식 (1-4)를 없애도 가능해 영역은 변하지 않는다. 이처럼 모든 제약조건이 가능해 영역을 형성하는 데 기여하지는 않는다.

다음으로는 모형의 목적함수를 그래프로 표기해야 한다. 목적함수는

$$Z = 35x_1 + 30x_2 \qquad (2\text{-}5)$$

목적함수에서 x_1과 x_2의 값이 주어지면 목적함수값 Z도 상수값으로 정해진다. 따라서 Z는 상수라고 보아도 무방하므로, 식 (2-5)를 x_2에 대하여 정리하면,

$$\begin{aligned} x_2 &= Z/30 - 35/30x_1 \\ &= k - 35/30\ x_1 \qquad (2\text{-}6) \end{aligned}$$

이 식은 x_2 절편이 k이고 기울기가 −35/30인 직선의 식이 된다. 이를 **목적함수 직선**이라고 한다. 여기서 절편 k는 x_1, x_2에 따라서 변하는 값이므로, 식 (2-6)은 하나의 직선만을 표현하는 식이 아니라는 점에 유의해야 한다. 만일 $(x_1, x_2) = (120, 0)$이라면, $Z = 4{,}200$이고 $k = 140$이다(식 (2-5), (2-6)에 대입하여 구할 수 있다). 만일 $(x_1, x_2) = (0, 140)$이라면 $Z = 4{,}200$이므로, 역시 $k = 140$이다

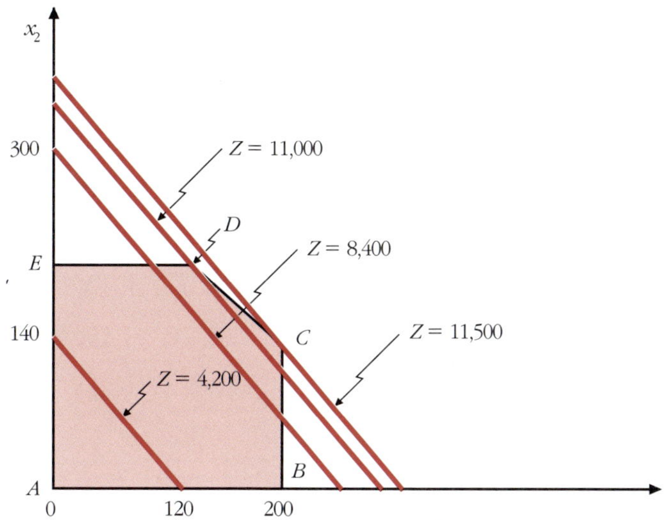

〈그림 2-2〉 목적함수

(<그림 2-2> 참조). 따라서 이 두 점은 동일 목적함수 직선 위에 존재하며 같은 x_2 절편(k = 140)과 목적함수값(Z = 4200)을 가진다. 이와 같은 의미에서 목적함수 직선을 **등이익직선**이라고도 부른다. 이는 하나의 목적함수직선 상의 모든 점들은 같은 목적함수값을 가진다는 점을 강조한 호칭이다.

<그림 2-2>에서 Z = 4,200의 등이익직선을 x_2 축을 따라서 점 D를 지날 때까지 위쪽으로 평행이동시켜보자. D 점은 직선 (2-1)과 (2-3)이 만나는 점이다. 이를 구해보면 (100, 250)이다. 이 점을 식 (2-5)와 (2-6)에 대입하면

$$Z = 11,000$$
$$k = 366.7$$

즉, 목적함수값 Z가 증가하였고, 이에 따라 x_2 절편인 k가 증가하였다는 것을 알 수 있다. 이는 (0, 140)보다 (100, 250)이 더 좋은 해임을 보여준다.

따라서 목적함수값을 가장 크게 하는 해는 x_2 절편인 k가 가장 큰 해이고, 이를 찾기 위해서는 등이익직선을 되도록 위로 가능한 많이 평행이동시켜야 한다. 그러나 무한히 평행이동시키는 것은 불가능하다. 왜냐하면 우리가 찾고자 하는 해는 가능해 중 하나이고, 이는 등이익직선이 가능해 영역과 겹치는 부분이 존재해야 함을 의미한다. 만일 등이익직선이 가능해 영역을 벗어나면 등이익직선 상의 어느 점도 가능해가 아니므로 x_2 절편이 높더라도 의미가 없다.

<그림 2-2>에서 가능해 영역과 교차되는 부분이 존재하면서 x_2 절편을 가장 많이 증가시키는 경우는 등이익직선이 C 점을 지나는 경우이다. C 점은 직선 (2-1)과 (2-2)가 만나는 점이다. 이를 구해보면, $(x_1, x_2) = (200, 150)$이다. 이처럼 목적함수값을 최대로 하는 해를 **최적해**(optimal solution)라고 부른다.

따라서 다음 달 최적생산계획은 *NC*를 200대, *DC*를 150대 생산하는 것이다. 이때 월 판매수익 Z 값은 목적함수에 $x_1 = 200$, $x_2 = 150$을 대입하여 구할 수 있는데, $Z = 35 \times 200 + 30 \times 150 = 11{,}500$(만 원)이다. ■

<CompTech 사례 II>에서 궁극적으로 알고자 하는 것은 두 제품의 생산량이다. 그러나 생산계획 수립자는 이 외에도 궁금한 것이 많을 수 있다. 예를 들면 최적해에 해당하는 생산계획을 집행하는 경우 현재 보유하고 있는 자원을 얼마나 소비하는가를 들 수 있다. 이를 위해서는 최적해 $x_1 = 200$, $x_2 = 150$을 각 제약조건식의 좌변에 대입해보아야 한다. 계산 결과는 <표 2-1>과 같은데, 여기서 실제사용량이란 두 제품 생산에 실제로 투입된 자원량을 나타내고(각 제약조건식의 좌변값), 총가용량이란 월별로 사용할 수 있는 최대량(각 제약조건식의 우변 상수값)을 의미한다. 따라서 실제사용량은 총가용량보다 작거나 같아야 하며, 총가용량 중 사용하지 않은 자원량을 미사용량으로 표기하였다. 예로써 제약조건 (1-1)의 미사용량을 수식으로 표현하면,

$$C \text{ 부품 미사용량} = 350 - (x_1 + x_2) \qquad (2\text{-}7)$$

〈표 2-1〉 자원의 실제사용량과 미사용량

	NC	DC	실제사용량	총가용량	미사용량
제품생산량	200대	150대	-	-	-
C부품	200개	150개	350개	350개	0
N부품	400개	-	400개	400개	0
D부품	-	300개	300개	500개	200개
라인가동시간	400시간	225시간	625시간	720시간	95시간
최대이익	11,500(만 원)				

부품 C와 N은 총가용량을 모두 사용했으나, D 부품과 라인가동시간은 모두 사용하지 않았다. 미사용량은 각각 200개, 95시간이다.

지금까지 소개한 도해법은 변수가 2개 이하인 모형에만 적용가능하다. 따라서 변수가 3개 이상인 일반적인 모형에는 다른 해법이 필요한데, 심플렉스법이 많이 활용되고 있다. 심플렉스법은 최적해를 찾기 위하여 많은 연산 과정이 필요하며 큰 규모의 문제에서는 수작업으로 수행하기 불가능하기 때문에 컴퓨터 프로그램을 사용해야만 한다. 현재 상용화된 소프트웨어 패키지들이 많이 있는데, PC용으로는 LINDO, K-LP, WinQSB, STORM, MICRO MANAGER 등이 있다. LINDO 경우 변수 4,000개, 제약식 2,000개인 문제도 풀 수 있다. 최근에는 마이크로소프트사의 Excel 프로그램이 이를 지원하게 되어 많이 활용되고 있다.

2.2 특이한 경우

선형계획모형을 풀다보면 몇 가지 특이한 경우가 발생한다. 이 절에서는 세 가지 경우를 다루기로 한다.

(1) 최적해가 복수 개인 경우

일반적으로 선형계획모형의 최적해는 가능해영역의 한 꼭지점에서 발견된다. CompTech사 사례에서도 최적해는 <그림 2-2>에서 보는 바와 같이 꼭지점 C에 위치한다. 그러나 모든 선형계획모형에서 최적해가 한 꼭지점에만 위치하는 것은 아니다. 한 예를 들어보자.

만일 CompTech사 사례에서 목적함수가 다음과 같다고 가정하자. 즉, 두 제품의 대당 이익이 모두 30만 원이라고 가정하면,

$$Z = 30x_1 + 30x_2 \qquad (2\text{-}8)$$

이를 x_2에 대하여 정리하면

$$\begin{aligned} x_2 &= Z/30 - 30/30x_1 \\ &= k - x_1 \qquad (2\text{-}9) \end{aligned}$$

목적함수의 기울기가 −1이므로, 가능해 영역의 선분 CD와 같은 기울기를 가진

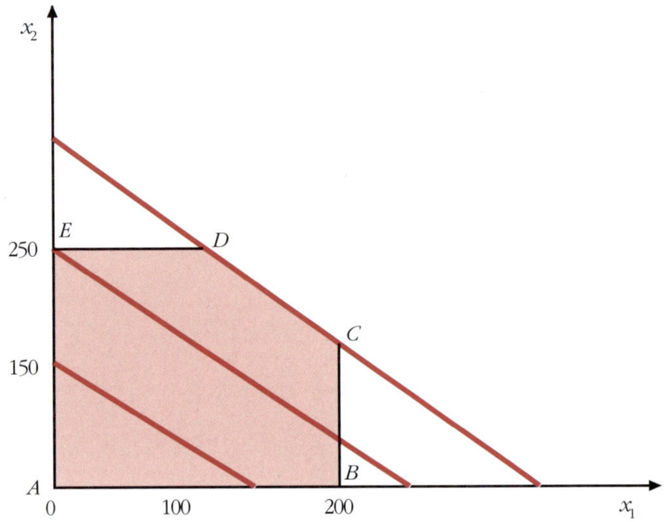

〈그림 2-3〉 복수 최적해의 경우

다(<그림 2-3> 참조). 목적함수직선(그림의 점선)을 x_2 절편이 커지도록 상향 평행 이동시키면 결국 선분 *CD*와 만나게 된다. 이때 목적함수 직선을 더 이상 증가시킬 수 없으므로 현재가 최적해이다.

그런데 목적함수 직선이 가능해 영역(빗금친 부분)과 교차하는 부분은 한 꼭지점이 아니라 선분 *CD* 전체이다. 따라서 최적해는 선분 *CD* 상의 모든 점이 된다. 즉, 두 꼭지점 *C*, *D*도 최적해이지만, 선분 *CD* 상의 다른 점들도 모두 최적해이므로 최적해는 무한히 많다고 볼 수 있다. 그러므로 최적해는 복수 개가 존재할 수도 있으며, 이 경우는 목적함수 직선이 가능해 영역의 한 경계선과 모두 겹치는 경우이다.

(2) 가능해가 없는 경우

선형계획모형의 가능해 영역은 각 제약조건식을 만족하는 개별영역들의 공통집합이다. 그런데 경우에 따라서는 이 공통집합이 존재하지 않을 수 있다. 이 경우에는 가능해가 존재하지 않으므로 최적해도 존재하지 않는다. 이에 대한 사례는 3.2절에 소개되어 있으므로 참조하길 바란다.

(3) 무한해가 존재하는 경우

어느 선형계획모형의 가능해 영역이 다음 <그림 2-4>와 같다고 가정하자. 가능해

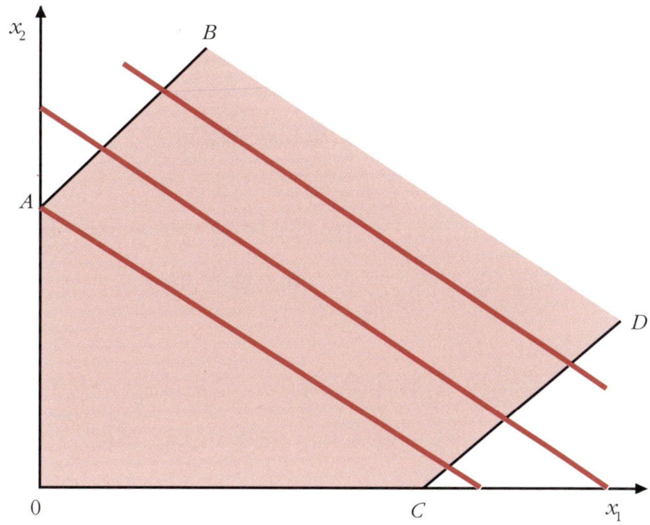

〈그림 2-4〉 무한해의 경우

영역은 반직선 *AB*와 *CD*의 사이이다(음영처리된 부분). 이 경우에는 목적함수 직선을 무한히 증가시킬 수 있다. 왜냐하면 가능해 영역이 무한하기 때문이다. 이러한 경우에는 무한최적해가 존재한다고 하거나, 또는 최적해가 존재하지 않는다고 말한다.

3. 선형계획모형의 응용

3.1 최소화문제

앞에서 다룬 CompTech사 사례는 목적함수를 최대화하는 문제였다. 그러나 현실에서는 비용을 최소화하는 문제도 많이 발견된다. 다음 사례를 살펴보기로 한다.

〈영남정유 사례〉 원유 배합량의 결정

영남정유는 두 지역, 동남아시아와 중동에서 원유를 수입하고 있다. 수입한 원유는 적절히 배합된 후 정제과정을 거쳐서 세 가지 석유제품, 즉 휘발유, 등유, 디젤이 된다. 이 외에도 다른 석유제품이 생산되지만 여기서는 고려하지 않기로 한다.

그런데 원유는 산유지에 따라서 그 성분이 상이하여 정제 결과로써 얻어지는 석유제품의 비율이 다르다. 동남아시아산 원유 1배럴을 정제하면 휘발유, 등유, 디젤이 각각 0.5, 0.2, 0.05배럴이 생산된다. 반면에 중동산 원유 1배럴을 정제하면 각각

0.25, 0.2, 0.1배럴만이 얻어진다. 이렇게 생산제품의 비율이 다르기 때문에 원유가격도 다르다. (석유제품 가격은 휘발유, 등유, 디젤 순으로 비싸다.) 동남아시아산 원유는 1배럴에 30달러이지만, 중동산 원유는 20달러이다.

현재 영남정유는 재고를 감안할 때 최소한 휘발유 10만 배럴, 등유 6만 배럴, 디젤 2만 배럴이 필요하다. 그렇다면 동남아시아산 원유와 중동산 원유를 각각 몇 배럴씩 배합하여 정제하는 것이 원유 비용을 최소화할 수 있을까?

풀이 이 의사결정문제를 선형계획모형으로 정립하는 과정은 다음과 같다. 우선 의사결정변수를 정한다. 이 사례에서는 결정하고자 하는 것이 두 원유의 사용량이므로, 의사결정변수는 다음과 같이 정해야 한다.

$$x_1 = \text{동남아시아산 원유의 배합량}$$
$$x_2 = \text{중동산 원유의 배합량}$$

다음으로는 목적함수를 구한다. 의사결정의 목표는 원유 비용을 최소화하는 것이므로, 목적함수는 원유비용을 최소화하는 것으로 정하기로 한다. 원유비용은 두 산지별 원유사용량에 의하여 결정되므로

$$\text{최소화} \quad Z = 30x_1 + 20x_2 \tag{3-1}$$

다음으로는 제약조건을 기술해야 한다. 고려해야 할 제약조건으로는 세 가지가 있는데, 반드시 세 가지 석유제품별 최소 필요량을 생산해야 한다는 것이다. 예로써 휘발유를 들어보자. 휘발유는 최소한 10만 배럴이 필요한데, 이는 두 원유의 정제를 통하여 생산 가능하다. 휘발유는 동남아시아산 원유 1배럴을 정제하면 0.5배럴, 중동산 원유 1배럴을 정제하면 0.25배럴이 생산되고, 실제 총생산량은 최소 필요량보다는 크거나 같아야 할 것이다. 이를 수식으로 표현하면,

$$0.5x_1 + 0.25x_2 \geq 100{,}000 \tag{3-2}$$

마찬가지 방법으로 나머지 두 제품에 대한 제약조건을 표현하면,

$$0.2x_1 + 0.2x_2 \geq 60{,}000 \tag{3-3}$$

$$0.05x_1 + 0.1x_2 \geq 20{,}000 \quad (3\text{-}4)$$

원유 배합량은 음수가 아니므로 이를 비음제약으로 표현하면,

$$x_1, x_2 \geq 0 \quad (3\text{-}5)$$

이제는 정립된 선형계획모형을 도해법으로 풀어서 최적해를 구해야 한다. 우선 모든 제약조건식을 만족하는 가능해 영역을 구해보면 다음 <그림 3-1>의 음영처리된 부분과 같다. 가능해 영역은 CompTech사의 경우와 달리 무한하다. 그러나 비용 최소화문제이기 때문에 최적해를 발견할 수 있다.

목적함수를 x_2에 대하여 정리해보면,

$$x_2 = Z/20 - 1.5x_1 \quad (3\text{-}6)$$

<그림 3-1>에는 여러 가지 Z 값에 대한 목적함수 직선이 그려져 있다(점선으로 표현되어 있다). 여기서 목적함수는 비용을 나타내므로, 목적함수 직선은 등비용직선이라고 부른다. 이는 한 직선상에 존재하는 모든 해 (x_1, x_2)는 동일한 비용을 초래하기 때문이다.

<그림 3-1>을 살펴보면 x_2 절편이 가장 작은 등비용직선(점선으로 표기됨)은 C

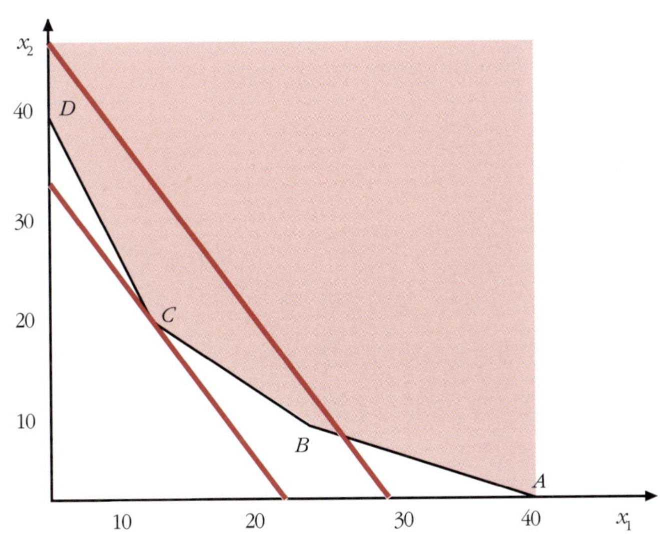

〈그림 3-1〉 단일 최적해의 경우(단위 : 만 배럴)

〈표 3-1〉 제품별 실제생산량과 추가생산량(만 배럴)

	동남아시아산	중동산	실제생산량	최소필요량	추가생산량(재고량)
원유 배합량	10	20	-	-	-
휘발유	5	5	10	10	0
등유	2	4	6	6	0
디젤	0.5	2	2.5	2	0.5
최소비용	700(만 달러)				

점을 지나는 경우이므로, 최적해는 C 점, 즉 (10, 20)이다. 이는 동남아시아산 원유 10만 배럴, 중동산 원유 20만 배럴을 배합하여 정제하는 것이 비용이 가장 적게 소요된다는 것을 의미한다. 이때 원유비용 Z 값은 목적함수에 $x_1 = 10$, $x_2 = 20$을 대입하면 $Z = 30 \times 10 + 20 \times 20 = 700$(만 달러)이 된다.

이 경우 각 석유제품의 실제 생산량은 역시 최적해 $x_1 = 10$, $x_2 = 20$을 각 제약조건식의 좌변에 대입하면 알 수 있다. 계산 결과는 <표 3-1>과 같다. 여기서 추가 생산량(또는 재고량)이란 최소 필요량보다 실제 생산량이 커서 남은 생산량을 의미한다. 예로써 제약조건 (3-2)의 휘발유의 추가생산량을 수식으로 표현하면,

$$\text{휘발유의 추가 생산량} = (0.5x_1 + 0.25x_2) - 100{,}000$$

휘발유와 등유는 실제 생산량이 최소 필요량과 같지만, 디젤은 추가 생산량이 0.5만 배럴이다. ■

3.2 등식제약조건

선형계획모형의 제약조건식을 살펴보면 항상 부등식으로 구성되어 있지는 않다. 경우에 따라서는 일부 또는 전체 제약조건식이 등식인 경우도 있기 때문이다. 다음 사례는 전술한 영남정유 사례에서 일부 사항이 변경된 경우이다.

〈영남정유 사례 II〉 등식제약조건 하의 원유 배합량의 결정

현재 영남정유는 디젤 제품의 재고가 너무 많아서 고민하고 있다. 그래서 두 원유의 배합량을 결정하는 의사결정에서 디젤 제품의 생산량만은 정확히 2만 배럴로 확정하고자 한다. 그렇다면 동남아시아산 원유와 중동산 원유를 각각 얼마씩 배합하여 정제하는 것이 비용을 최소화할 수 있을까?

풀이 이 사례에 대한 선형계획모형을 정립하면 다음과 같다.

$$\text{최소화} \quad Z = 30x_1 + 20x_2 \tag{3-7}$$

$$\text{제약조건} \quad 0.5x_1 + 0.25x_2 \geq 100{,}000 \tag{3-8}$$

$$0.2x_1 + 0.2x_2 \geq 60{,}000 \tag{3-9}$$

$$0.05x_1 + 0.1x_2 = 20{,}000 \tag{3-10}$$

$$x_1, x_2 \geq 0 \tag{3-11}$$

즉, 모든 식이 이전 모형과 동일한데, 다만 식 (3-10)이 부등식이 아닌 등식이 되었다는 점만이 다르다. 따라서 이 모형의 가능해 영역을 그려보면 다음 <그림 3-2>와 같다.

즉, 가능해 영역은 단지 한 선분 AB에 불과하다. 따라서 최적해는 목적함수 직선의 x_2 절편이 가장 작게 되는 점 B이다. 당초 최적해가 C점이었다는 점을 상기하길 바란다.

만일 식 (3-9)도 등식이라고 가정하면 어떻게 될까? 식 (3-9)에 해당하는 직선은 선분 BC를 포함한다. 따라서 2개의 제약조건을 모두 만족하는 가능해 영역은 점 B뿐이다. 따라서 최적해도 B 점이 될 것이다.

만일 나머지 식 (3-8)도 등식이라면 어떻게 될까? (3-8)에 해당하는 직선은 선분 CD를 포함하는데, 선분 AB, 선분 BC, 선분 CD를 포함하는 직선들의 공통집합은 존재하지 않는다. 따라서 가능해영역은 존재하지 않으며 (선형계획모형의 모든 제약조건을 만족하는 해가 존재하지 않으며), 최적해도 존재하지 않는다고 볼 수 있다. ■

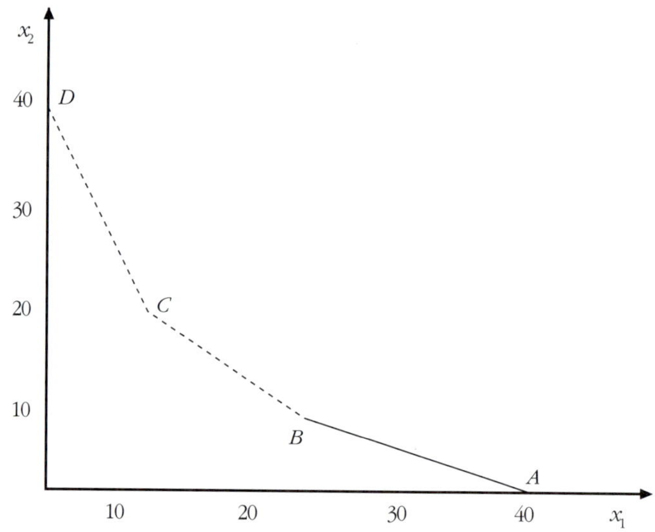

〈그림 3-2〉 등식제약조건이 있는 경우(단위 : 만 배럴)

3.3 변수가 3개 이상인 경우 I : 판매전략 의사결정

현실에서 발생하는 의사결정문제들은 대개 변수들이 수백 개 또는 수천 개, 제약조건식은 수백 개 또는 수천 개인 선형계획모형이 된다. 이러한 경우에는 도해법으로 풀 수 없기 때문에 수학적 기법인 심플렉스법에 의하여 풀어야 한다. 심플렉스법은 엑셀에 의하여 실행할 수 있다. 따라서 의사결정자가 갖추어야 하는 능력은 현실문제를 선형계획모형으로 정립할 수 있는 능력뿐이다. (물론 엑셀을 실행시킬 수 있는 능력도 필요한데, 이는 간단히 배울 수 있다. 참고문헌에 있는 "Hillier, F S. and M. S. Hillier(노형봉 외 5인 번역)(2004), 경영과학, 2nd Ed., 한경사"을 참조하기 바란다.) 이에 본 절에서는 현실문제를 선형계획모형으로 정립하는 과정과 소프트웨어가 계산한 결과를 해석하는 과정만을 소개하기로 한다.

〈(주)휴리텔 사례〉 지역별 판매전략의 결정

(주)휴리텔은 최근 새로운 휴대전화기 모델을 자체 개발하여 판매하려고 한다. 현재 이 회사는 판매시장을 한국, 아시아, 미국, 유럽의 4개 지역으로 분할하여 관리하고 있다. 과거 유사모델의 판매 경험과 최근에 실시한 지역별 시장조사 결과에 의하면, 신제품의 단위당 이익, 광고비 및 판매활동 소요시간은 지역별로 상당한 차이를 보이며, 구체적으로는 다음 표와 같을 것으로 예상된다.

〈표 3-2〉 시장조사 결과

판매시장	단위당 이익	단위당 광고비	단위당 판매활동 소요시간
한국	7만 원	1.0만 원	1.5시간
아시아	5	0.8	2.0
미국	9	1.5	2.5
유럽	8	1.2	3.0

(주)휴리텔의 이사회에서는 신모델 판매를 위해 연간 2,000만 원의 광고비 예산과 4,800시간(人日)의 판매활동시간을 할당하였다. 그리고 유럽시장은 전략적 시장이기 때문에 계속해서 유지하기를 원하고 있다. 이에 유럽에서의 연간판매량은 최소 500대 이상으로 유지하려고 한다. 한편 (주)휴리텔의 생산설비는 신모델을 연간 2,400대까지 생산할 수 있으며, 전량 주문생산이어서 제품 재고는 발생하지 않는다고 한다. 그렇다면 판매이익을 최대로 하는 (주)휴리텔의 판매전략(지역별 판매량의 결정)은 무엇일까? 이 경우 지역별로 배분되는 광고비와 판매활동시간(즉, 인력)은 얼마인가?

풀이 이 의사결정문제는 궁극적으로 지역별 판매량을 결정하는 문제이다. 지역별 판매량이 결정되면, 지역별 광고비와 판매활동시간이 부수적으로 결정되기 때문이다. 따라서 의사결정변수는 지역별 판매량으로 정의해야 한다.

x_1 = 한국 시장에서의 연간판매량

x_2 = 아시아 시장에서의 연간판매량

x_3 = 미국 시장에서의 연간판매량

$$x_4 = \text{유럽 시장에서의 연간판매량}$$

의사결정의 목표는 연간 총판매이익을 최대화하는 것이므로 목적함수는 다음과 같다.

$$\text{최대화} \quad Z = 7x_1 + 5x_2 + 9x_3 + 8x_4 \tag{3-12}$$

주어진 여러 가지 제약조건을 제약조건식으로 표현하면 다음과 같다. 우선 지역별 광고비와 판매활동시간의 합은 각각 총광고비 예산과 총가용 판매활동시간보다 작아야 하므로

$$x_1 + 0.8x_2 + 1.5x_3 + 1.2x_4 \leq 2{,}000 \tag{3-13}$$

$$1.5x_1 + 2x_2 + 2.5x_3 + 3x_4 \leq 4{,}800 \tag{3-14}$$

그리고 유럽의 판매량은 최소 500대를 넘어야 하므로,

$$x_4 \geq 500 \tag{3-15}$$

또한 네 지역에 판매하는 판매량의 합은 생산능력보다 작아야 한다.

$$x_1 + x_2 + x_3 + x_4 \leq 2{,}400 \tag{3-16}$$

마지막으로 네 지역별 판매량은 음수가 되어서는 안 된다.

$$x_1, x_2, x_3, x_4 \geq 0 \tag{3-17}$$

이제 선형계획모형이 완성되었다. 이 모형은 변수가 4개이므로 도해법으로 풀 수 없다. 따라서 선형계획모형의 일반적인 해법으로 풀어야 하는데, 본 교재의 범위를 넘어서므로 설명은 생략하기로 한다. 일반 해법을 적용하여 최적해를 구하면 다음과 같다.

<표 3-3>을 살펴보면 지역별 판매량은 한국이 1,400대, 유럽이 500대이다. 따라서 광고비와 판매활동시간도 이 두 지역에 판매량에 비례하여 배분되었다.

여기서 유의하여 관찰할 사항은 판매활동시간이 모두 활용되지 않았다는 점이다. 또한 실제생산량이 최대 생산가능량 2,400대보다 작다. 이는 광고비 예산의

〈표 3-3〉 (주)휴리텔 판매전략 의사결정문제의 최적해

판매시장	판매량	이익	광고비	판매활동시간
한국	1,400	9,800	1,400	2,100
아시아	0	0	0	0
미국	0	0	0	0
유럽	500	4,000	600	1,500
합계	1,900대	13,800만 원	2,000만 원	3,600시간
가용자원	2,400대		2,000만 원	4,800시간

제약 때문이다. 따라서 앞으로 판매이익을 증가시키려면 광고예산을 증가시키는 것이 시급하다고 볼 수 있다. 판매활동시간은 증가시켜주어도 판매이익을 개선시키지 못한다.

그리고 아시아와 미국 시장에 이 신제품을 판매하는 것이 현재 여건에서는 부적합하다는 결과가 나왔다. 이는 광고비, 판매활동시간 및 이익 측면에서 국내시장보다 불리하기 때문이다. ■

3.4 변수가 3개 이상인 경우 II : 증권투자 포트폴리오 의사결정

변수가 3개 이상인 또 다른 사례를 살펴보기로 한다.

〈경동투자조합 사례〉 증권투자 포트폴리오의 결정

한 대학의 경영학과 동창생 10명이 동창회 운영기금을 마련하기 위하여 경동투자조합을 결성하였다. 조합원들은 각기 1,000만 원을 출자하여 1억 원의 기금을 조성하였는데, 이 기금을 각종 유가증권에 투자하여 그 수익 중 일부는 조합원들에게 분배하고 그 나머지는 동창회 기금으로 사용할 예정이다. 현재 동창회 운영비는 연 2,000만 원이 소요되고, 은행 정기예금 금리는 연 10%라고 한다.

구체적인 투자사항은 조합원 중 금융기관에 근무하는 세 사람이 협의하여 결정할 예정이다. 이들은 일단 소수의 투자대상종목을 선정한 후, 이들 종목에 실제 투자금액을 배분할 예정이다. 현재 선정된 투자종목과 연 기대수익률은 다음 <표 3-4>와 같다.

〈표 3-4〉 투자대상 유가증권과 기대수익률

투자종목	H전자	S전기	M은행	L보험	통화안정증권
연 기대수익률(%)	20	25	30	40	12

한편 투자조합 전체회의에서는 투자위험을 줄이기 위하여 다음과 같은 기금 운용 원칙을 결의한 바 있다.

(1) 제조업과 금융업에 대한 각 투자액은 전체 기금의 50% 이하로 한다.
(2) 통화안정증권 투자액은 전체 기금의 10% 이상으로 한다.
(3) 기업별 투자액은 해당 업종 투자액의 20% 이상으로 한다.

경동투자조합이 이 투자지침을 따르면서 연 기대수익률을 최대로 하기 위해서는 포트폴리오를 어떻게 구성해야 하는가? (즉, 증권별 투자금액은 얼마인가?) 또 이렇게 구성된 포트폴리오의 연 기대수익률은 몇 %인가? 그리고 조합원에 대한 배당률은 은행 금리보다 높은가?

풀이 이 문제를 선형계획모형으로 정립하기 위해서는 우선 의사결정변수를 정의해야 한다. 투자내용을 결정한다는 것은 각 증권별 투자금액을 선정하는 것과 동일하다. 따라서 의사결정변수는 증권별 투자금액으로 정한다.

x_1 = H 전자 투자액(만 원)
x_2 = S 전기 투자액(만 원)
x_3 = M 은행 투자액(만 원)
x_4 = L 보험 투자액(만 원)
x_5 = 통화안정증권 투자액(만 원)

의사결정의 목표는 연 기대수익을 최대화하는 것이므로 목적함수는 각 증권별 투자수익의 합과 같다.

$$\text{최대화} \quad Z = 0.2x_1 + 0.25x_2 + 0.3x_3 + 0.4x_4 + 0.12x_5 \qquad (3\text{-}18)$$

첫 번째 제약조건은 해당 업종 투자금액이 전체 기금의 50% 이하라는 것이다. 업종에는 제조업과 금융업이 있으므로,

$$x_1 + x_2 \leq 5{,}000 \text{ (제조업)} \tag{3-19}$$

$$x_3 + x_4 \leq 5{,}000 \text{ (금융업)} \tag{3-20}$$

다음에는 통화안정증권에 대한 투자 하한 제약조건을 고려해야 한다.

$$x_5 \geq 1{,}000 \tag{3-21}$$

세 번째 제약조건은 기업별 투자액은 해당 업종 투자액의 20% 이상이라는 것이다. 예로써 H전자의 경우를 살펴보자. H전자의 투자액 x_1은 제조업 투자금액 $(x_1 + x_2)$의 20% 이상이어야 한다. 이를 수식으로 표현하면

$$x_1 \geq 0.2(x_1 + x_2)$$

이를 일반적인 선형계획모형의 형태로 변환시키면

$$-0.8x_1 + 0.2x_2 \leq 0 \text{ (H전자)} \tag{3-22}$$

마찬가지 방법으로 S전기, M은행, L보험에 대한 제약조건을 도출하면

$$0.2x_1 - 0.8x_2 \leq 0 \text{ (S전기)} \tag{3-23}$$

$$-0.8x_3 + 0.2x_4 \leq 0 \text{ (M은행)} \tag{3-24}$$

$$0.2x_3 - 0.8x_4 \leq 0 \text{ (L보험)} \tag{3-25}$$

마지막으로 총 투자금액이 1억 원이라는 것을 나타내야 한다.

$$x_1 + x_2 + x_3 + x_4 + x_5 \leq 10{,}000 \tag{3-26}$$

비음제약조건은 당연히 추가되어야 한다.

$$x_1, x_2, x_3, x_4, x_5 \geq 0 \tag{3-27}$$

정립된 모형을 심플렉스법으로 풀면 결과는 <표 3-5>와 같다.

〈표 3-5〉 최적 투자안

투자대상종목	H전자	S전기	M은행	L보험	통화안정증권	합 계
투자할당(만 원)	800	3,200	1,000	4,000	1,000	10,000
연 기대수익률(%)	20	25	30	40	12	29.8
연 기대수익액(만 원)	160	800	300	1,600	120	2,980

투자결과를 살펴보면, 우선 수익률이 낮지만 반드시 투자해야 하는 통화안정증권에는 최소한의 금액만 배정되었다. 나머지 금액은 제조업과 금융업 중 평균적으로 기대수익률이 높은 금융업에 우선 배정되었는데, 전체 기금의 50%까지 배정되었다. 금융업에서는 상대적으로 수익률이 낮은 M은행에 최소한의 투자, 즉 5천만 원의 20%만 배정되었음을 알 수 있다. 제조업에서도 마찬가지 현상이 발견된다. 결과적으로 연 기대투자수익은 2,980만 원이고 이를 수익률로 환산하면 29.8%이다.

현재 동창회 연 운영비가 2,000만 원이므로 이를 제외하면 조합원들에게 배당할 수 있는 총금액은 980만 원이다. 따라서 조합원 개인은 98만 원씩 배당을 받을 수 있고, 연 수익률로 환산하면 9.8%에 해당된다. 은행의 정기예금 금리가 10%이므로, 조합원 개인은 은행에 저축하는 것보다 수익률이 낮다. 하지만 동창회 운영기금을 마련한다는 당초 취지를 생각해볼 때, 이 정도의 손실은 충분히 감당할 수 있으리라 본다. ■

토론문제

1. 다음 선형계획모형에 대하여 각 질문에 답하시오.

$$
\begin{aligned}
\text{최대화} \quad & Z = x_1 + 3x_2 \\
\text{제약조건} \quad & 2x_1 + 3x_2 \le 180 \\
& x_1 \le 50 \\
& x_2 \le 40 \\
& -x_1 + 6x_2 \le 210 \\
& x_1, x_2 \ge 0
\end{aligned}
$$

(1) 가능해 영역을 구하시오.

(2) 각 꼭지점에 해당하는 변수값, 목적함수값을 구하고, 이들을 비교하여 최적해를 구하시오.

(3) 최적해에서 각 제약조건의 좌변값과 우변 상수값과의 차이를 구하시오. 차이가 없다는 사실은 해당 제약조건이 최적해를 결정하는 데 지대한 영향을 미쳤다는 것을 의미하는가? 아니면 전혀 영향을 미치지 못했다는 것을 의미하는가? 아니면 현 자료로서는 알 수 없는가?

2. CompTech사 사례에서 도해법을 사용하여 다음 질문에 답하시오.

(1) NC의 대당 이익이 25만 원으로 감소하면 최적 생산계획은 변경되는가?

(2) NC형의 대당 이익이 30만 원으로 감소하면 최적생산계획은 변경되는가?

(3) 부품 C의 월간 사용가능량이 400개로 증가하면 최적생산계획은 변경되는가?

(4) 부품 D의 월간 사용가능량이 400개로 감소하면 최적생산계획은 변경되는가?

(5) 이 회사에서는 라인 생산능력의 증설을 고려하고 있는데, 바람직한가?

3.

$$\begin{aligned} \text{최대화 } Z &= 72x_1 + 65x_2 \\ \text{제약조건 } \quad 2x_1 + x_2 &\le 180 \\ 5x_1 + 6x_2 &\le 900 \\ x_1 &\ge 30 \\ x_2 &\le 70 \\ x_1, x_2 &\ge 0 \end{aligned}$$

(1) 이 선형계획모형의 최적해를 찾고 목적함수값을 구하시오(도해법 사용).

(2) 제약조건식 중에서 불필요한 것이 있는가?

(3) 각 제약조건식에서 우변상수가 10만큼 증가되어도 최적해가 변하지 않는 것은 무엇인가?

(4) 두 변수의 목적함수계수가 증가하면 최적해가 변경될 수도 있고 그렇지 않을 수도 있다. 각 변수에 대하여 목적함수계수가 얼마나 증가해야 최적해가 변하는지를 밝히시오. 목적함수계수를 무한히 증가시켜도 최적해가 변하지 않는 변수가 존재하는가?

4. (투자 의사결정) 최근 경영학과 4학년 학생인 조성모 씨는 1억 원의 복권에 당첨되어, 세금을 공제하고 친지들과 회식한 후 남은 돈 6천만 원을 다른 곳에 투자하기로 작정하였다. 이 소식을 들은 친구 2명이 각자 자기가 운영하는 벤처기업에 투자할 것을 제안해왔다. 두 사람 모두 현금 투자뿐만 아니라 여름방학 때 근무할 것을 요구했다. 첫째 친구는 5,000만 원을 투자하고 400시간을 근무하면 배당금으로 4,500만 원을 줄 수 있다고 한다. 둘째 친구는 4,000만 원의 투자, 500시간의 근무, 4,200만 원의 배당금을 제안해왔다.

그런데 두 친구는 이러한 완벽한 투자가 불가능하면 부분적으로라도 투자가 가능하다고 말했다. 즉, 만일 50%를 투자하면 근무시간도 50%, 배당금도 50%를 가져갈 수 있다는 것이다. 조성모 씨는 어차피 여름방학에 최대 600시간 정도 아르바이트를 할 계획을 가지고 있었기 때문에, 한 친구의 회사이든 두 친구 모두의 회사이든지 상관없이 총배당금을 최대로 하는 투자비율만큼 투자하고 근무할 계획이다. 따라서 조성모 씨는 각 회사별로 가장 좋은 투자비율을 결정해야 한다.

(1) 이 의사결정문제를 선형계획모형으로 정립하시오.

(2) 도해법으로 최적해를 구하시오.

(3) 여름방학 때 근무시간은 얼마인가? 당초계획보다 줄었는가?

(4) 보유하고 있는 6,000만 원 모두를 투자해야 하는가?

5. (원료 배합 의사결정) CG사의 식품사업부는 소시지 제품을 생산하고 있는데, 원재료는 소고기, 돼지고기, 닭고기이다. 회사의 식품연구소에서 설계한 제품 규격에 따르면 돼지고기의 함유량은 적어도 30% 이상이어야 한다. 또한 소시지제품의 지방질 성분은 20% 이하, 수분은 65% 이하이어야 하고, 단백질은 18% 이상이어야 한다고 한다. CG사에서 구입하고 있는 쇠고기, 돼지고기, 닭고기의 성분과 kg당 구입가격은 다음 <표 E-1>과 같다. 현재 소시지제품을 1,000kg 생산하려고 하는데, 제품규격을 충족시키면서 원료 구입비를 최소로 하는 각 원료의 구입량을 알고자 한다. 이 문제를 선형계획모형으로 정립하시오.

〈표 E-1〉 원료별 구입가격과 구성성분

	소고기	돼지고기	닭고기
구입가격(원/kg)	10,000	5,000	3,500
지방질(%)	18	22	15
수분(%)	60	57	65
단백질(%)	20	18	17

6. (인력 스케줄링 의사결정) K 신용카드사는 콜센터를 24시간 운영하고 있다. 콜센터로 전화를 하는 고객들의 수는 시간대에 따라 큰 차이를 보이기 때문에, 필요한 직원의 수도 시간대에 따라 달라져야 한다. 콜센터 인력관리자는 과거 경험으로부터 각 시간대별로 필요한 직원의 수를 추정한 결과 다음 <표 E-2>와 같다. 여기서 각 시간대는 4시간으로 구성된다.

한편 직원들은 출근시각에 따라 임금이 다르기를 원하는 바, 출근시각별 1일 임금표는 <표 E-3>과 같다. 직원들의 출근시각은 각기 다를 수 있지만, 일단 출근을 하면 8시간을 계속해서 근무를 한다.

현재 콜센터 관리자는 지불해야 하는 총임금을 최소로 하는 직원 교대근무계획을 수립하고자 한다. 이 계획은 각 시각별로 출근하는 직원의 수를 결정하는 것이다. 이 계획이 수립되면, 아마도 각 시간대별로 근무하는 직원들의 수도 알 수 있을 것으로 생각한다. 이 의사결정문제를 선형계획모형으로 정립하시오.

〈표 E-2〉 시간대별 소요직원수

시간대 소요	종업원수
2 - 6	5
6 - 10	20
10 - 14	30
14 - 18	25
18 - 22	50
22 - 2	15

〈표 E-3〉 출근시각별 1일 임금

시각	임금(만 원)
2	5
6	3.2
10	2.7
14	3.4
18	4.1
22	4.5

참고문헌

곽노균, 최태성(1994), 계량경영학, 다산출판사.

김세헌(1993), 현대경영과학, 무역경영사.

김형욱(1993), 경영수학, 법경사.

신준용(1996), 경제학과 경영학을 위한 수학, 학현사.

안상형(1990), 경영수학, 법문사.

안상형 외 2인(1994), 현대 경영과학, 학현사.

Hillier, F S. and M. S. Hillier(노형봉 외 5인 번역)(2004), 경영과학, 2nd Ed., 한경사.

제13장

최적화 분석

선형계획모형과 같이 목적함수와 제약조건식으로 구성된 수리모형에서, 목적함수나 제약조건식 중 어느 하나라도 비선형인 경우는 **비선형계획모형**(nonlinear programming model)이라고 한다. 비선형계획모형의 해법에는 여러 가지가 있다. 그런데 모형의 목적함수와 제약조건식이 모두 **미분가능**한 경우에는 **미분**을 응용한 해법들이 적용된다.

미분을 응용한 해법은 두 가지 유형으로 대별된다. 하나는 **탐색적 방법**으로 최적해를 찾는 방법이고, 다른 하나는 최적해가 되기 위한 **필요충분조건**만을 사용하는 것이다. 이 장에서는 후자에 해당하는 해법만을 다루기로 한다.

그리고 비선형계획 문제는 제약조건이 없는 경우의 최적화 문제와 제약조건이 있는 경우의 최적화 문제로 구분되는데, 제약조건이 있는 최적화 문제는 다소 어려우므로 부록에서 다루기로 한다.

1. 최적화 문제의 예

이제 다음의 문제를 생각해보자(손익분기점분석의 GT통신서비스사 사례).

〈GT 통신서비스사 사례 III〉 마케팅 활동의 최적수준의 결정

GT 통신서비스사는 새로운 서비스를 시작하면서 대대적인 마케팅 활동을 벌이기로 하였다. 이 서비스는 매우 독특한 것으로서 서비스 가입자에게는 이용량에 관계없이 월 3만 원을 받으려고 한다. 현재 예측한 평균 서비스이용량에 따른 원가를 감안하여 산출한 가입자 1인당 월 이익은 2만 원으로 예상하고 있다.

이 회사는 마케팅 활동을 통신서비스 부문에 특화된 마케팅 전문기업에 일괄적으로 의뢰하기로 하였다. 이 마케팅 기업이 예측한 바에 의하면 월 마케팅 비용은 서비스 가입자의 수에 의해 결정되며, 구체적으로는 다음과 같은 함수로 표현된다고 한다. 여기서 Q는 가입자 수를 나타낸다.

$$\text{월 마케팅비용} = 0.004Q^2(\text{원})$$

앞에서 가입자 1인당 월이익을 예측할 때 이 마케팅 비용은 고려되지 않았으므로, 순이익을 계산하려면 마케팅 비용을 차감해주어야 한다.

그렇다면 마케팅 활동을 어느 정도 수행하여야 월 순이익을 최대로 할 수 있을까?

풀이 이 문제를 그래프로 그리면 다음 그림과 같다.

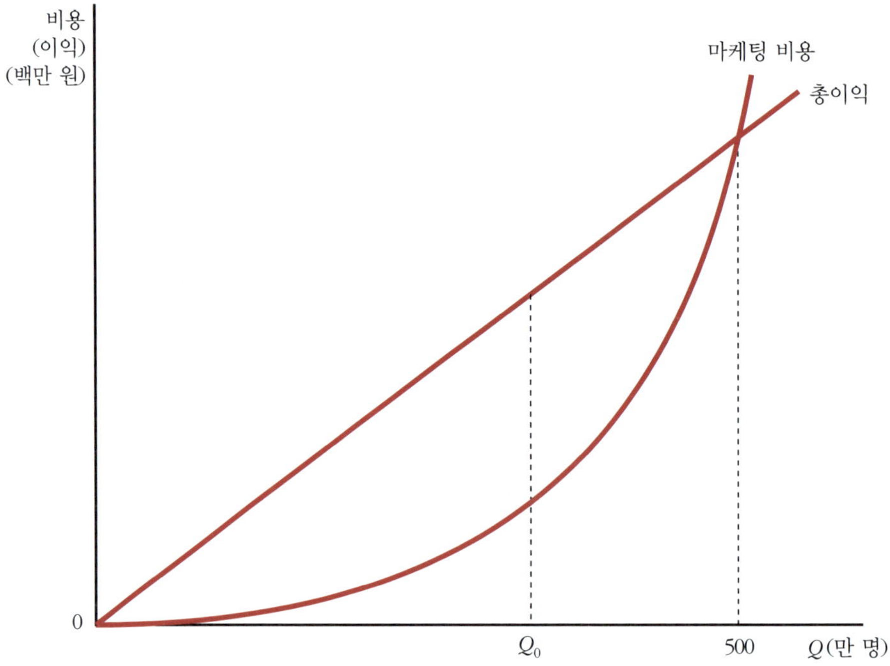

〈그림 1-1〉 총이익과 마케팅 비용

월 순이익은 월 총이익에서 마케팅 비용을 차감한 액수이다. 따라서 최대 순이익은 가입자 수가 Q_0명일 때 발생한다고 볼 수 있다. 순이익을 함수 $f(Q)$로 표현하면,

$$\text{순이익} = f(Q) = 20{,}000Q - 0.004Q^2 \ (\text{원}) \tag{1-1}$$

따라서 이 의사결정문제를 수리모형으로 표현하면

$$\text{최대화} \quad f(Q) = 20{,}000Q - 0.004Q^2 \tag{1-2}$$

$$Q \geq 0 \tag{1-3}$$

곧 비선형계획모형이 된다. ■

2. 일변수함수의 최적화

위에 설명된 의사결정 문제를 일반적인 수식으로 표현해보면 다음과 같다. 즉,

$$\begin{array}{ll} \text{maximize} & f(x) \\ \text{(or minimize)} & x \geq 0 \end{array}$$

이는 곧 일변수함수의 최적화 문제가 된다.

여기서 변수가 하나인 일변수함수 $f(x)$의 일반적인 형태를 그래프로 나타내면

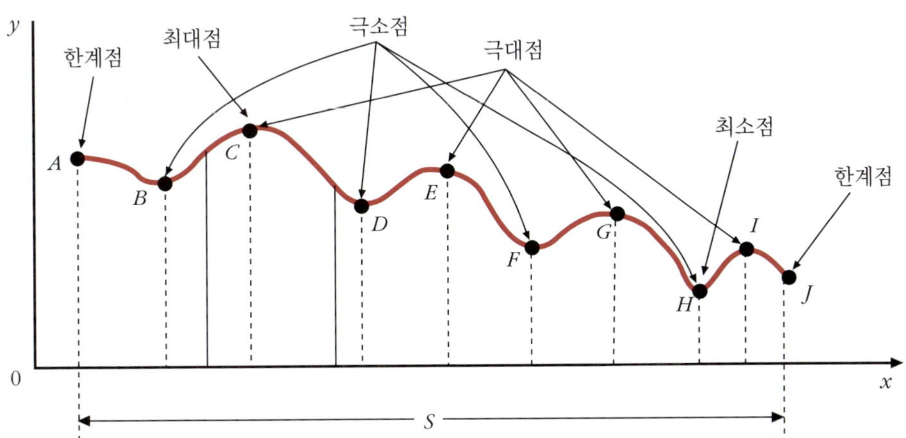

〈그림 2-1〉 일변수함수의 그래프

<그림 2-1>과 같다.

이 함수는 영역 S에 속한 x에 대해서만 정의한다. 따라서 S 영역에서만 함수의 그래프가 존재하며, 이러한 영역을 **정의역**이라고 한다.

그림에서 **극대점**은 점 주위의 좁은 영역에서는 어떠한 점보다 큰 함수값을 가진다. 마찬가지로 **극소점**은 점 주위의 좁은 영역에서 어떠한 점보다 작은 함수값을 가지는 점이다. 이처럼 주위의 어떤 점보다 크거나 작은 함수값(**극치**라고 부른다)을 가지는 점들을 **국부 최적점**(local optimum)이라고 부른다.

한계점은 정의역 S의 경계에 해당하는 점이다. 따라서 영역 S에서 함수값을 가장 크게 하는 **최대점**은 극대점들과 한계점에서의 함수값 중 가장 큰 값을 가지는 점이 될 것이다. 마찬가지로 영역 S에서 함수값을 가장 작게 하는 **최소점**은 극소점들과 한계점에서의 함수값 중 가장 작은 값을 가지는 점이다. 이처럼 정의역 S에서 함수값을 가장 크게 하거나 가장 작게 하는 점을 **전체 최적점**(global optimum)이라고 한다.

미분이 가능한 일변수함수가 극치(극대 또는 극소)를 가지는 점에서는 접선의 기울기가 0이다. 즉, 미분계수가 0인 것이다. 이를 공식적으로 표현하면 다음과 같다.

정리 2-1 일변수함수가 극치를 가질 필요조건

$f(x)$가 점 c에서 극치를 가지면 미분계수는

$$f'(c) = 0 \tag{2-1}$$

이 조건이 충분조건이 되지 못하는 이유는 점 c에서의 미분계수 $f'(c) = 0$이어도 극치를 가지지 않는 경우가 있기 때문이다. 이런 예를 들어보자.

예 $f(x) = x^3$에서 미분계수가 0이 되는 점을 찾아보자.

$$f'(x) = 3x^2 = 0$$

이를 만족하는 점은 $x = 0$이다. 그런데 $f(x) = x^3$은 $x = 0$에서 극치를 가지지 않는다. □

그렇다면 필요조건을 만족하는 점들 중에서 극치를 가지는 점을 찾는 방법은 무엇일까? 이는 극치를 가질 충분조건을 만족하는지를 살펴보아야 한다.

정리 2-2 일변수함수가 극치를 가질 충분조건

$f(x)$가 점 c에서 필요조건을 충족할 때 (즉, 미분계수 $f'(c) = 0$),

(1) $f''(c) > 0$이면, 점 c에서 극소치를 가지고, (2-2)

(2) $f''(c) < 0$ 이면, 점 c에서 극대치를 가지지만, (2-3)

(3) $f''(c) = 0$이면 극치일 수도 있고 아닐 수도 있다(즉, 변곡점일 수도 있다).

예

① $f(x) = x^2$에서 $f'(0)=0$ 이므로 $x = 0$은 극치를 가질 필요조건을 만족한다. 그리고 충분조건에서 $f''(0) > 0$이므로, $x = 0$에서 극소값을 가진다. 극소값은 $f(0) = 0$이다.

② $f(x) = x^3$에서 $f'(0) = 0$이므로 $x = 0$은 필요조건을 만족한다. 그런데 충분조건에서 $f''(0) = 0$이므로, $x = 0$에서 극치를 가질 수도 있고 아닐 수도 있다. 실제로는 $x = 0$은 변곡점이므로 극치를 가지지 않는다. □

예 < GT 통신서비스사 사례 III>

다시 GT 통신서비스사 사례 III으로 돌아가자. 목적함수 (1-2)를 다시 표기하면

$$\text{최대화} \quad f(Q) = 20{,}000Q - 0.004Q^2$$

따라서 함수 $f(Q)$의 최대점을 찾는 문제이다. 우선 필요조건을 충족하는 점을 찾아야 하므로,

$$f'(Q) = 20{,}000 - 0.008Q = 0$$

이를 풀면 $Q = 250$만이다. 이 경우 충분조건은

$$f''(250만) = -0.008 < 0$$

따라서 Q = 250만에서 유일한 극대값을 가진다. 그리고 Q = 250만은 이전에 무시한 비음제약조건식 (1-3)을 만족한다.

한편 한계점 Q = 0에서의 함수값 $f(0)$ = 0이고, f(250만) = 250억이므로, Q = 250만에서 최대값을 가진다. □

일변수함수의 최적화분석 사례를 하나 더 들어보자. 이 사례는 전형적인 재고관리 의사결정문제이다.

〈Worldnet사 사례〉 부품의 1회 주문량의 결정

Worldnet사는 대략 5만 가지의 부품을 구입하여 제품 조립에 사용하고 있다. 현재 부품의 재고관리비용이 너무 많이 지출되고 있어서 고민이다. 이 회사의 자재관리 부장인 박태우 씨는 이 문제가 각 부품의 주문량이 너무 많아서 발생했다고 생각한다. 그래서 연간사용량이 10만 개인 대표적인 부품 *CX*를 표본으로 분석하여 보고, 이를 통하여 관리비용을 줄일 수 있으면 다른 부품에도 확산시켜 적용하기로 하였다.

재고관리비용은 크게 두 가지로 구성된다. 하나는 주문비용으로써 매 주문량에 관계없이 주문횟수에 비례해서 발생하는 비용이다. *CX*의 1회 주문비용은 5만 원이다. 또 하나는 연간 재고유지비용으로서 *CX* 부품 1단위를 1년간 재고로 유지할 때 소요되는 비용인데 60원이라고 한다. 연간 재고관리비용을 최소로 하는 부품 *CX*의 1회 주문량은 얼마인가? 현재 *CX*에 투입되는 연간 재고관리비용이 100만 원이라고 하면, 재고관리비용을 줄일 수 있는가?

풀이 우선 연간 총주문비용을 구해보자. 여기서 1회 주문량을 Q, 연간 부품수요를 D, 1회 주문비용을 C_o라고 하자. 그러면 연간 주문횟수는 D/Q이다. 따라서

$$\text{연간 주문비용} = C_o \times \frac{D}{Q} \tag{2-4}$$

다음에는 연간 총재고유지비용을 구해보자. 여기서 부품 단위당 연간 재고유

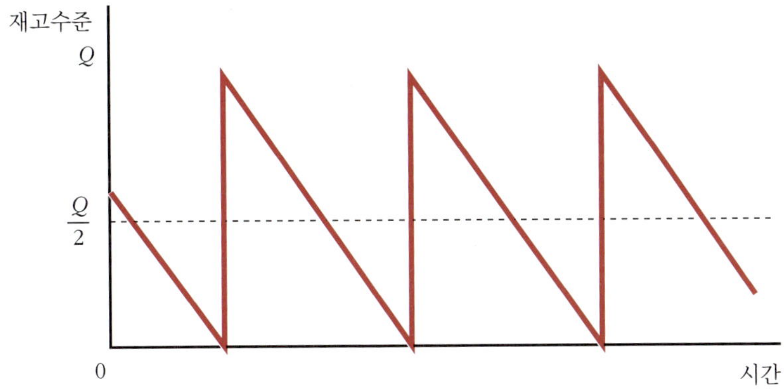

〈그림 2-2〉 재고수준의 변화

지비용을 C_h라고 하자. 1회 주문량은 Q이고 매번 일정하며, 이는 일시에 도착한다. 그리고 입고된 재고는 일정한 속도로 사용되므로 재고수준의 변화는 선형으로 감소한다. 이와 같은 상황을 가정하면 연간 평균재고는 $Q/2$라고 볼 수 있다.(〈그림 2-2〉참조)

그렇다면 연간 총재고유지비용은 단위당 재고유지비용과 평균재고량의 곱이다. 즉,

$$\text{연간 총재고유지비용} = C_h \times \frac{Q}{2} \tag{2-5}$$

따라서 현 재고관리시스템에서 발생하는 연간 비용의 총합계(TC)는 다음과 같다.

$$TC = C_h \cdot \frac{Q}{2} + C_0 \cdot \frac{D}{Q} \tag{2-6}$$

본 의사결정문제는 TC를 최소로 하는 1회 주문량 Q를 구하려는 것이다. 이를 수리모형으로 표현하면 다음과 같다.

$$\text{최소화} \quad TC = C_h \frac{Q}{2} + C_0 \frac{D}{Q} \tag{2-7}$$

식 (2-7)에 관련 자료를 입력하면

$$\text{최소화} \quad TC = 60\frac{Q}{2} + 50{,}000\frac{100{,}000}{Q} \qquad (2\text{-}8)$$

TC를 최소화하는 Q를 구하려면 우선 필요조건을 만족하는 Q 값을 구해야 한다. 이를 위하여 식 (2-7)을 Q에 대하여 미분한 후 0으로 놓고 풀면,

$$TC' = C_h \cdot \frac{1}{2} - \frac{C_0 D}{Q^2} = 0 \qquad (2\text{-}9)$$

$$Q^* = \sqrt{\frac{2DC_0}{C_h}} \qquad (2\text{-}10)$$

이렇게 얻은 Q^*가 극치인가를 판단하기 위해서 충분조건을 적용해보면,

$$TC'' = 2\frac{C_0 D}{(Q^*)^3} > 0 \qquad (2\text{-}11)$$

따라서 Q^*에서 극소를 가진다. 식 (2-10)에 관련 자료를 입력해보면

$$Q^* = \sqrt{\frac{2 \times 100{,}000 \times 50{,}000}{60}} = 12{,}910$$

즉 최적의 1회 주문량은 12,910개이다. 이는 연간 7.75회(= 100,000 ÷ 12,910) 정도 주문하는 것을 의미하며, 또한 대략 1.5개월마다 주문하는 것을 의미한다.

다음은 Q^*를 1회 주문량으로 하는 경우의 연간 총비용을 구해보자.

$$\begin{aligned} TC &= 60 \times 12{,}910/2 + 50{,}000 \times 100{,}000/12{,}910 \\ &= 387{,}300 + 387{,}300 = 774{,}600(\text{원}) \end{aligned}$$

그런데 현재 연간 비용이 100만 원이므로

$$\text{절감액} = 1{,}000{,}000 - 774{,}600 = 225{,}400(\text{원})$$

이 된다. □

앞의 사례에서 수립한 수리모형(식 (2-8))은 재고관리 분야에서 가장 흔히 사용되는 **경제적 주문량모형**(Economic Order Quantity Model)이다. 이때 식 (2-10)에서 구한 최적 주문량을 **경제적 주문량**이라고 한다. 이를 영문 약자로 **EOQ**라고 표기한다.

3. 다변수함수의 최적화

변수가 여러 개인 비선형계획모형은 일반적으로 다음과 같이 표현할 수 있다.

$$\text{최대화(또는 최소화) } y = f(x_1, x_2, \cdots, x_n) \tag{3-1}$$

이 경우에도 극치를 가질 필요조건과 충분조건을 유도할 수 있다. 이는 변수가 하나인 경우의 필요충분조건을 변수가 n 개인 경우로 확장하면 된다.

정리 3-1 n변수함수가 극치를 가질 필요조건

$f(x_1, x_2, \cdots, x_n)$가 극치를 가지려면 모든 편미분계수가

$$f_1 = f_2 = \cdots, = f_n = 0 \tag{3-2}$$

극치를 가질 필요조건을 만족하는 점은 보통 임계점이라고 부른다. 그런데 임계점이면서도 극치를 가지지 않는 경우가 존재한다. 다음 <그림 3-1>이 그 예를 보인다.

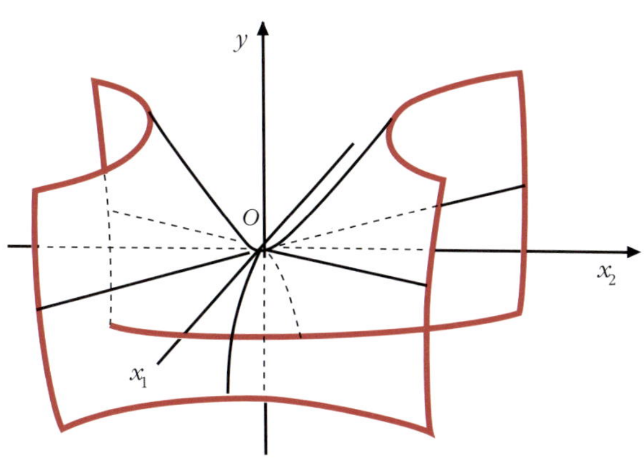

〈그림 3-1〉 안장점

이 그림은 변수가 2개인 함수의 그래프이다. 이 그래프를 x_1 축으로 단면을 취하면 단면에 나타난 2차원 그래프는 원점 O에서 극대를 가진다. 하지만 x_2 축으로 단면을 취하면 단면에 나타난 2차원 그래프는 원점 O에서 극소를 가진다. (이러한 함수의 그래프는 말 안장과 같이 생겼으므로, 원점 O를 **안장점**(saddle point)이라고 부른다.) 따라서 원점 O는 x_1과 x_2에 대한 편미분계수가 모두 0이므로 임계점이다. 그러나 전체적으로 보면 극대도 아니고 극소도 아님을 알 수 있다.

이제 다음의 예를 보자.

예 두 종류의 제품 사용에 따른 효용을 나타내는 함수 $f(x_1, x_2) = 1 - x_1^2 - (x_2 - 1)^2$에서 효용을 최대로 하는 각 제품의 사용량을 구해보자. 두 변수는 각 제품의 사용량(단위 : 10,000개)을 나타낸다.

우선 필요조건을 충족하는 임계점을 찾아보면,

$$f_1 = -2x_1 = 0$$
$$f_2 = -2(x_2 - 1) = 0$$

가 된다. 즉, $x_1=0$, $x_2=1$되는 점 (0, 1)에서 극대 또는 극소가 됨을 알 수 있다.

이제 문제는 n변수함수가 극치를 가질 충분조건을 구하는 것인 바, 이 문제는 다소 복잡하므로 부록으로 돌리기로 한다. □

다른 사례 하나를 살펴보자.

〈Jagarkorea사 사례〉 광고매체별 투자액의 결정문제

Jagarkorea사는 상당히 고가의 세단형 스포츠카를 수입 및 판매하는 회사이다. 따라서 광고 및 판촉도 고소득 고객에 부합되는 채널을 통하여 수행해야 하며, 비용도 상당히 많이 소요된다. 예로써 프로 골프시합의 지원, 기존 고객들의 클럽활동 전액 지원, 자동차 경주대회 지원 등을 들 수 있다. 과거 경험에 의하면 광고나 홍보를 잘못한 경우에는 전혀 효과도 없이 비용만 든 경우도 허다했다. 또한 잠재고객이 노출되는 광고 채널이 중복되는 경우도 많았다.

이에 이 회사 홍보이사인 노두환 씨는 현재 고려하고 있는 세 가지 광고채널을 대상으로 광고액수에 따른 순이익 효과를 측정한 바 다음과 같은 식을 얻었다. 이는 광고효과의 비선형성, 광고채널의 중복 노출 등을 감안한 결과이다.

$$\text{순이익효과 } y = f(x_1, x_2, x_3) = -x_1^3 + 3x_1x_3 + 2x_2 - x_2^2 - 3x_3^2 \qquad (3\text{-}3)$$

여기서 x_1, x_2, x_3은 세 가지 채널에 대한 지출비용이다(단위 : 억 원). 노두환 씨는 순이익효과를 최대로 하는 세 가지 광고매체에 대한 투자액을 알고자 한다. 또한 현재 고려하고 있는 광고채널이 바람직한가도 판단하고 싶어 한다.

풀이 이 의사결정문제는 전형적인 비선형계획문제이다. 제약조건식은 모든 변수가 비음이라는 것뿐이어서, 일단 이를 무시하고 풀기로 한다. 우선 극치를 가질 필요조건을 만족하는 대안을 도출해야 한다. 따라서 세 변수에 대한 편도함수를 0으로 놓고 푼다.

$$\begin{aligned} f_1 &= -3x_1^2 + 3x_3 = 0 \\ f_2 &= 2 - 2x_2 = 0 \\ f_3 &= 3x_1 - 6x_3 = 0 \end{aligned}$$

이를 만족하는 임계점은 (0, 1, 0)과 (1/2, 1, 1/4) 2개이다. 이 임계점들에서 극치를 가지는지를 판정하는 것은 부록으로 넘긴다. ■

연습문제

1. 다음에 주어진 함수들의 최대값과 최소값을 구하시오.

(1) $f(x) = x^2 - 2x + 1$ (단, $0 \le x \le 3$)

(2) $g(x) = 4x + \dfrac{16}{x^2}$ (단, $1 \le x \le 4$)

2. 다음에 주어진 단변수 및 다변수 함수들의 극값(극치)을 구하고, 극대 또는 극소를 판정하시오.

(1) $f(x) = x^3 \ln x$

(2) $f(x, y) = x^3 - 6xy + y^2$

(3) $f(x, y) = xy + \frac{27}{x} + \frac{27}{y}$

(4) $f(x, y) = e^{x^2 + y^2}$

(5) $f(x, y) = x^2 + y\ln y + y$

(6) $f(x, y, z) = -2x^2 - 2y^2 - z^2 - 3xy + y + z$

(7) $f(x, y, z) = 2x^2 + y^2 + 3z^2 + 2xz + 3yz - x$

(8) $f(x_1, x_2, x_3) = x_1^2 + x_2^2 + x_3^2 + 2x_1 - 6x_2 + 4x_3$

3. 어느 섬유회사는 새로 개발된 합성섬유를 이용하여 거실용 카펫을 독점적으로 생산 · 판매하고 있는데, 1주일간의 수요량(Q)을 $Q = D(P) = 231 - \frac{P}{2}$로 추정하고 있다(여기서, 가격($P$)의 단위는 10만 원임). 총생산비용함수가 $C(Q) = \frac{1}{6}Q^3 - 8Q^2 + 142Q + 200$으로 주어져 있을 때, 다음의 질문에 답하시오.

(1) 이 회사가 순이익을 최대화할 수 있는 생산량(Q^*)을 구하시오.

(여기서, 순이익 = 매출액 − 비용, 매출액 = 수요량 × 가격)

(2) 문제 (1)에 따른 이때의 가격(P^*)을 구하시오.

4. 대한산업에서 생산하는 특정 상품의 생산량(Q)에 따른 한계수입(marginal revenue)함수는 $150 - Q$이고, 한계비용(marginal cost)함수는 $\frac{1}{10}Q^2 - 4Q + 110$이라고 할 때, 다음의 질문에 답하시오. 단, 생산량이 30개일 때 소요되는 총생산비용이 3,000만 원이라고 가정한다.

(1) $Q = 0$일 때, 생산비용(즉, 고정비용)을 구하시오.

(2) 대한산업의 이익(profit, = 수입 − 비용)을 Q의 함수로 표현하시오.

(3) 대한산업이 이익을 최대화할 수 있는 생산량수준(Q^*)을 구하시오.

【부록 13A】 n변수함수 최적화의 충분조건

이제 n변수함수가 극치를 가질 충분조건을 도출하기로 한다. 이를 위해서는 우선 Hesse 행렬식 $|H|$를 정의해야 한다.

$$|H| = \begin{vmatrix} f_{11} & \cdots & f_{1n} \\ f_{21} & \cdots & f_{2n} \\ & \vdots & \\ f_{n1} & \cdots & f_{nn} \end{vmatrix} \tag{A-1}$$

여기서 $|H|$의 **주소행렬식**(主小行列式 : principal minor determinant)은 n개가 존재하는데 다음과 같다.

$$|H_1| = |f_{11}|, \quad |H_2| = \begin{vmatrix} f_{11} & f_{12} \\ f_{21} & f_{22} \end{vmatrix}, \quad |H_3| = \begin{vmatrix} f_{11} & f_{12} & f_{13} \\ f_{11} & f_{12} & f_{13} \\ f_{11} & f_{12} & f_{13} \end{vmatrix}, \quad \cdots, |H_n| = |H| \tag{A-2}$$

정리 A-1 n변수함수가 극치를 가질 충분조건

$f(x_1, x_2, \cdots, x_n)$가 한 점 $(c_1, c_2, \cdots, c_n)$에서 필요조건을 충족한다고 가정한다. 이때,

(1) 점 $(c_1, c_2, \cdots, c_n)$에서 극소를 가지려면 $|H|$의 주소행렬식이 모두 양수이어야 한다. 즉

$$|H_1| > 0, \cdots, |H_n| > 0. \tag{A-3}$$

(2) 점 $(c_1, c_2, \cdots, c_n)$에서 극대를 가지려면, $|H|$의 주소행렬식이

$$|H_1| < 0, |H_2| > 0, |H_3| < 0 \cdots \tag{A-4}$$

(3) 앞의 두 경우가 아닌 경우는 극치 판정 불능.

예 이제 앞 본문의 예에서 임계점(0, 1)의 충분조건을 살펴보자. 우선 Hesse 행렬식 $|H|$와 주소행렬식을 구해보면

$$|H| = \begin{vmatrix} -2 & 0 \\ 0 & -2 \end{vmatrix}$$

$$|H_1| = -2, \ |H_2| = 4.$$

그러므로 충분조건 (A-4)를 만족시키므로 (0, 1)에서 극대를 가진다. 그리고 극대값은

$$f(0, 1) = 1$$

제품사용량은 음수가 아니어야 하는데 이를 충족하므로 (0, 1)에서 최대값을 가진다.

이 함수를 그래프로 그려보면 다음 〈그림 A-1〉과 같다. (0, 1)에서 극대값을 가짐을 확인할 수 있다. □

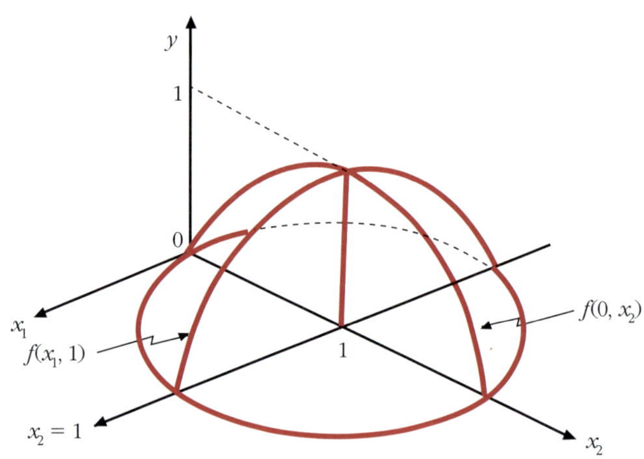

〈그림 A-1〉 2변수함수의 그래프

예 한편 Jagarkorea사 사례의 임계점에 대해서도 충분조건을 도출해보자. 이제 이 문제의 Hesse 행렬식을 구하면

$$|H| = \begin{vmatrix} -6x_1 & 0 & 3 \\ 0 & -2 & 0 \\ 3 & 0 & -6 \end{vmatrix}$$

(i) (0, 1, 0)의 경우

$|H_1| = 0$이므로 (0, 1, 0)은 안장점이다.

(ii) (1/2, 1, 1/4)의 경우

$|H_1| = -3 < 0$, $|H_2| = 6 > 0$, $|H_3| = -6x_1(12) + 3 \times 6 = -18 < 0$

충분조건 중 극대값을 가지는 조건을 충족시킨다. 그러므로 채널 1에 대하여는 0.5억 원, 채널 2에 대하여는 1억 원, 채널 3에 대하여는 0.25억 원을 투자하는 것이 가장 좋다. 이때 총광고비용은 1.75억 원이고, 순이익효과는 1.0625억 원이다. 따라서 지출비용에 비하여 순이익 효과가 상대적으로 작다고 볼 수 있으므로 현재 고려하고 있는 광고채널을 재검토하는 것이 바람직하다고 볼 수 있다. □

[부록 13B] 등식제약조건이 있는 경우의 최적화 : 라그랑지 승수법

변수가 n개이고 m개의 **등식제약조건**만이 있는 비선형계획문제는 다음과 같이 표현할 수 있다.

$$\begin{aligned} &\max(\text{또는 } \min)\ f(x_1, \cdots, x_n) \\ &s.\ t. \quad g^1(x_1, \cdots, x_n) = 0 \\ &\qquad\quad g^2(x_1, \cdots, x_n) = 0 \\ &\qquad\qquad \vdots \\ &\qquad\quad g^m(x_1, \cdots, x_n) = 0 \end{aligned} \tag{B-1}$$

Lagrange 승수법을 적용하려면 우선 목적함수 f와 m개의 제약식으로 다음의 **Lagrange 함수**를 만들어야 한다. 여기에서 각 제약조건식에 곱하여진 λ_i를 **라그랑지 승수**라고 한다.

$$L(x_1, \cdots, x_n ; \lambda_1, \lambda_2, \cdots, \lambda_m) = f(x_1, \cdots, x_n) + \sum_{i=1}^{m} \lambda_i g^i(x_1, \cdots, x_n) \quad \text{(B-2)}$$

이로부터 극대 또는 극소를 가질 필요충분조건을 도출하면 다음과 같다.

정리 B-1 등식제약조건을 갖는 최적화 문제 (B-1)의 극치를 가질 필요조건은

$$L_1 = L_2 = \cdots = L_n = L_{\lambda_1} = \cdots = L_{\lambda_m} = 0 \quad \text{(B-3)}$$

다음으로 충분조건은 다음과 같다.

우선 유계 Hesse 행렬식 $|H^\lambda|$를 구한다.

즉,

$$|H^\lambda| = \begin{vmatrix} 0 & \cdots & 0 & g_1^1 & g_2^1 & \cdots & g_n^1 \\ \vdots & \vdots & \vdots & \vdots & \vdots & \vdots & \vdots \\ 0 & \cdots & 0 & g_1^m & g_2^m & \cdots & g_n^m \\ g_1^1 & \cdots & g_1^m & L_{11} & L_{12} & \cdots & L_{1n} \\ \vdots & \vdots & \vdots & \vdots & \vdots & \vdots & \vdots \\ g_n^1 & \cdots & g_n^m & L_{n1} & L_{n2} & \cdots & L_{nn} \end{vmatrix} \quad \text{(B-4)}$$

그리고 $|H^\lambda_{2m+i}|$를 $|H^\lambda|$의 $(m + m + i)$ 번째 주소행렬식이라고 정의하자.
그러면

극소조건 : $(-1)^m \ |H^\lambda_{2m+1}| > 0, (-1)^m|H^\lambda_{2m+2}| > 0, \cdots, (-1)^m|H^\lambda_n| > 0$
극대조건 : $(-1)^m \ |H^\lambda_{2m+1}| < 0, (-1)^m|H^\lambda_{2m+2}| > 0, (-1)^m|H^\lambda_{2m+3}| < 0, \cdots$

예 두 자원(인력, 기계)을 사용하여 생산하는 경우의 총이익은 다음에 주어진 함수 f와 같다. 그런데 인력과 기계에 투입되는 비용은 반드시 1억 원이어야 한다고 한다. 그렇다면 두 자원을 어떻게 배분하여 사용하는 것이 가장 바람직하겠는가?

$$\max \quad y = f(x_1, x_2) = -x_1^2 + 2x_1 - x_2^2 + 4x_2 + 6$$

$$s.t \qquad g(x_1, x_2) = x_1 + x_2 - 1 = 0$$

Lagrange 함수 $L(x_1, x_2, \lambda_1) = f(x_1, x_2) + \lambda_1 g(x_1, x_2)$

$$= -x_1^2 + 2x_1 - x_2^2 + 4x_2 + 6 + \lambda_1(x_1 + x_2 - 1)$$

$$L_1 = -2x_1 + 2 + \lambda_1 = 0 \qquad x_1 = \frac{2 + \lambda_2}{2}$$

$$L_2 = -2x_2 + 4 + \lambda_1 = 0 \qquad x_2 = \frac{4 + \lambda_1}{2}$$

$$L_{\lambda 1} = x_1 + x_2 - 1 = 0 \qquad \frac{6 + 2\lambda_1}{2} - 1 = 0$$

$\therefore \lambda_1 = -2$

$\therefore x_1 = 0,\ x_2 = 1$

$x_1 = 0,\ x_2 = 1$에서

$$|H^\lambda| = \begin{vmatrix} 0 & 1 & 1 \\ 1 & -2 & 0 \\ 1 & 0 & -2 \end{vmatrix}$$ 이고 $(-1)^1 |H^\lambda_{2\times 1+1}| = -|H^\lambda| = -(2+2) = -4 < 0$

$\therefore$ (0,1)에서 극대를 가짐 □

예 함수 f는 세 가지 제품을 생산하며 발생하는 공해물질 총발생량이다. 세 가지 제품생산량 x_1, x_2, x_3 사이에는 두 가지 제약조건이 있다. 그렇다면 최적의 제품생산량은 얼마인가?

$$\begin{aligned} \min \quad & f(x_1, x_2, x_3) = x_1^2 + x_2^2 + x_3^2 \\ s.t \quad & g^1(x_1, x_2, x_3) = x_1 + x_2 + 3x_3 - 2 = 0 \\ & g^2(x_1, x_2, x_3) = 5x_1 + 2x_2 + x_3 - 5 = 0 \end{aligned}$$

$$L(x_1, x_2, x_3 ; \lambda_1, \lambda_2) = x_1^2 + x_2^2 + x_3^2 + \lambda_1(x_1 + x_2 + 3x_3 - 2) + \lambda_2(5x_1 + 2x_2 + x_3 - 5)$$

$$L_1 = -2x_1 + \lambda_1 + 5\lambda_2 = 0, \quad x_1 = -\frac{\lambda_1 + 5\lambda_2}{2}$$

$$L_2 = 2x_2 + \lambda_1 + 2\lambda_2 = 0, \qquad x_2 = -\frac{\lambda_1 + 2\lambda_2}{2}$$

$$L_3 = 2x_3 + 3\lambda_1 + \lambda_2 = 0, \qquad x_3 = -\frac{3\lambda_1 + \lambda_2}{2}$$

$$L_{\lambda_1} = x_1 + x_2 + 3x_3 - 2 = 0, \frac{\lambda_1 + 5\lambda_2}{2} + \frac{\lambda_1 + 2\lambda_2}{2} + \frac{9\lambda_1 + 3\lambda_2}{2} + 2 = 0$$

$$L_{\lambda_2} = 5x_1 + 2x_2 + x_3 - 5 = 0, \frac{5\lambda_1 + 25\lambda_2}{2} + \frac{2\lambda_1 + 4\lambda_2}{2} + \frac{3\lambda_1 + \lambda_2}{2}$$
$+5 = 0$

$$11\lambda_1 + 10\lambda_2 = -4 ,$$
$$\lambda_1 + 3\lambda_2 = -1 \quad \lambda_1 = -3\lambda_2 - 1$$
$$\therefore -23\lambda_2 = 7,\ \lambda_2 = -\frac{7}{23},\ \lambda_1 = -\frac{2}{23}$$

$$x_1 = \frac{1}{2}\left(\frac{37}{23}\right) = \frac{37}{46},\ x_2 = \frac{1}{2}\left(\frac{16}{23}\right) = \frac{8}{23},\ x_3 = \frac{13}{46}$$

$$|H_5^{\lambda}| = \begin{vmatrix} 0 & 0 & 1 & 1 & 3 \\ 0 & 0 & 5 & 2 & 1 \\ 1 & 5 & 2 & 0 & 0 \\ 1 & 2 & 0 & 2 & 0 \\ 3 & 1 & 0 & 0 & 2 \end{vmatrix} = 460 > 0$$

$\therefore \left(\frac{37}{46}, \frac{8}{23}, \frac{13}{46}\right)$에서 극소를 가짐 □

【부록 13C】 부등식제약조건이 있는 경우의 최적화 : Kuhn-Tucker 조건

부등식제약조건만이 있는 비선형계획모형을 일반적으로 표현하면 다음과 같다.

$$
\begin{aligned}
&\max f(x_1 \cdots x_n) \\
s.t\ \ & g^1(x_1 \cdots x_n) \le 0 \\
&\vdots \\
& g^m(x_1 \cdots x_n) \le 0
\end{aligned}
\qquad \text{(C-1)}
$$

만일 실제 문제가 모형 (C-1)과 다른 형태를 가지더라도 모형 (C-1)과 같은 형태로 변형이 가능하다. 몇 가지 예를 들어보자.

(1) 최소화 $h(x_1 \cdots x_n)$인 경우

최소화 $h(x_1 \cdots x_n) \Leftrightarrow$ 최대화 $-h(x_1 \cdots x_n) = f(x_1, x_2, \cdots, x_n)$

(2) $h^i(x_1 \cdots x_n) \le c$인 경우

$g^i(x_1, \cdots, x_n) = h^i(x_1, \cdots, x_n) - c \le 0$

(3) $h^i(x_1 \cdots x_n) \ge 0$인 경우

$g^i(x_1, \cdots, x_n) = -h^i(x_1, \cdots, x_n) \le 0$

(4) $h^i(x_1 \cdots x_n) = 0$인 경우

$h^i(x_1, \cdots, x_n) = 0 \Leftrightarrow -h^i(x_1, \cdots, x_n) \le 0,\ h^i(x_1, \cdots, x_n) \le 0$

(5) $x_j \ge 0$인 경우

$g^i(x_1, \cdots, x_n) = -x_j \le 0$

이를 종합해보면 모든 형태의 문제를 모형 (C-1)과 같은 일반적 모형으로 전환시킬 수 있음을 알 수 있다.

모형 (C-1)에서 극치를 가질 필요조건은 다음과 같다. 이를 **Kuhn-Tucker 조건(K-T 조건)**이라고 한다. 이 Kuhn-Tucker 조건은 모형 (C-1)의 형태에만 적용 가능하며, 만일 일반모형의 형태를 달리 정의하면 Kuhn-Tucker 조건도 변경되어야 한다.

정리 C-1 부등식제약조건이 있는 다변수함수가 극치를 가질 필요조건(K-T 조건)

(a)
$$\begin{aligned}
&\frac{\partial f}{\partial x_1} + \lambda_1 \frac{\partial g^1}{\partial x_1} + \lambda_2 \frac{\partial g^2}{\partial x_1} + \cdots + \lambda_m \frac{\partial g^m}{\partial x_1} = 0 \\
&\frac{\partial f}{\partial x_2} + \lambda_1 \frac{\partial g^1}{\partial x_2} + \lambda_2 \frac{\partial g^2}{\partial x_2} + \cdots + \lambda_m \frac{\partial g^m}{\partial x_2} = 0 \\
&\qquad\vdots \\
&\frac{\partial f}{\partial x_n} + \lambda_1 \frac{\partial g^1}{\partial x_n} + \lambda_2 \frac{\partial g^2}{\partial x_n} + \cdots + \lambda_m \frac{\partial g^m}{\partial x_n} = 0
\end{aligned} \tag{C-2}$$

(b) $\lambda_i g^i(x_1, \cdots, x_n) = 0,\ i = 1 \cdots m$ (C-3)

(c) $g_i(x_1, \cdots, x_n) \leq 0,\ i = 1 \cdots m$ (C-4)

(d) $\lambda_i \leq 0,\ i = 1 \cdots m$ (C-5)

다음 사례를 살펴보자.

〈K 금속공업(주) 사례〉 기계가동시간 결정문제

K 금속공업주식회사는 제품의 광택을 내는 공정에서 2대의 기계를 사용하고 있는데, 2대의 기계는 성능은 동일하지만 유지비가 각각 다르다. 기계를 가동하고 유지하는 데 소요되는 총비용은 기계가동시간의 함수인데 다음과 같다.

$$f(x_1, x_2) = 60 - x_1 - 1.2x_2 + 0.05x_1^2 + 0.1x_1x_2 + 0.07x_2^2 \text{ (단위 : 천 원)}$$

여기서 x_1은 기계 1의 가동시간, x_2는 기계 2의 가동시간이다.

과거의 경험에 비추어 볼 때 원만한 작업수행을 위해서는 두 기계가 최소한 하루 25시간은 가동을 해야 한다. 그러나 기계 2의 수리비가 기계 1보다 더 많이 소요되는 관계로 기계 1을 2보다 하루 6시간 이상을 더 가동시키고자 한다. 이러한 조건에서 총유지비용을 최소화하고자 한다.

풀이 이 사례문제를 모형화하면 다음과 같다.

최소화 $f(x_1, x_2) = 60 - x_1 - 1.2x_2 + 0.05x_1^2 + 0.1x_1x_2 + 0.07x_2^2$

제약조건 $x_1 + x_2 \geq 25$ (C-6)

$x_1 - x_2 \geq 6$

$x_1, x_2 \quad \geq 0$

이 모형을 K-T 조건을 적용할 수 있도록 변형시키면 다음과 같다.

최대화 $f(x_1, x_2) = -60 + x_1 + 1.2x_2 - 0.05x_1^2 - 0.1x_1x_2 - 0.07x_2^2$

제약조건 $g^1(x_1, x_2) = -x_1 - x_2 + 25 \leq 0$

$g^2(x_1, x_2) = -x_1 + x_2 + 6 \leq 0$ (C-7)

두 변수의 비음조건도 제약조건으로 간주해야 하나 여기서는 편의상 묵시적으로만 고려하기로 한다. 구체적인 K-T 조건 (C-2)~(C-5)를 (a)~(d)에 열거하면 다음과 같다.

(a) $f_1 + \lambda_1 g_1^{\ 1} + \lambda_2 g_1^{\ 2} = 0 \Rightarrow 1 - 0.1x_1 - 0.1x_2 - \lambda_1 - \lambda_2 = 0$ ①

$f_2 + \lambda_1 g_2^{\ 1} + \lambda_2 g^2{}_2 = 0 \Rightarrow 1.2 - 0.1x_1 - 0.14x_2 - \lambda_1 + \lambda_2 = 0$ ②

(b) $\lambda_1(-x_1 - x_2 + 25) = 0$ ③

$\lambda_2(-x_1 + x_2 + 6) = 0$ ④

(c) $-x_1 - x_2 + 25 \leq 0$ ⑤

$-x_1 + x_2 + 6 \leq 0$ ⑥

(d) $\lambda_1 \leq 0$ ⑦

$\lambda_2 \leq 0$ ⑧

(e) 여기에 추가하여 $x_1, x_2 \geq 0$ ⑨

식 ③, ④로부터 네 가지 경우를 도출할 수 있다. 우선

(i) $\lambda_1 = 0, \lambda_2 = 0$인 경우

①, ②를 풀면 $x_1 = 5, x_2 = 5$. 그런데 이 해는 ⑥을 불만족하므로 고려하지 않는다.

(ii) $\lambda_1 = 0$, $-x_1 + x_2 + 6 = 0$인 경우

①, ②와 $-x_1 + x_2 + 6 = 0$를 풀면 $x_1 = 91/11$, $x_2 = 25/11$, $\lambda_2 = -3/55$

이는 ⑤을 불만족하므로 고려하지 않는다.

(iii) $-x_1 - x_2 + 25 = 0$, $\lambda_2 = 0$인 경우

①, ②와 $-x_1 - x_2 + 25 = 0$를 풀면 $x_1 = 20$, $x_2 = 5$, $\lambda_1 = -1.5$

(c), (d), (e)를 모두 만족하므로 필요조건을 충족하는 해이다.

(iv) $-x_1 - x_2 + 25 = 0$, $-x_1 + x_2 + 6 = 0$인 경우

이를 연립하여 풀면 $x_1 = 15.5$, $x_2 = 9.5$, $\lambda_1 = -1.68$, $\lambda_2 = 0.09$

이는 ⑧을 불만족하므로 고려하지 않는다.

(i)~(iv)로부터 $(x_1, x_2) = (20, 5)$에서 극치를 가질 가능성이 있다. 그런데 목적함수가 2차함수이며 또한 이차항의 계수가 모두 음수이므로(위로 볼록 또는 오목함수의 형태를 가짐) 극대점을 가진다. 따라서 (20, 5)는 극대점이며, 원문제 (3-6)의 최소점이 된다. ■

예 다음 비선형계획모형의 최적해를 찾아보자.

$$\begin{aligned} \max \quad & f(x_1, x_2) = -x_1^2 + 2x_1 - x_2^2 + 4x_2 + 6 \\ s.t \quad & g^1(x_1, x_2) = x_1 + x_2 - 1 \le 0 \\ & g^2(x_1, x_2) = x_1 + 2x_2 - 2 \le 0 \end{aligned} \tag{C-8}$$

K-T 조건을 구해보면 다음과 같다.

(a) $f_1 + \lambda_1 g_1^1 + \lambda_2 g_1^2 = 0 \Rightarrow -2x_1 + 2 + \lambda_1 + \lambda_2 = 0$ ①

$f_2 + \lambda_1 g_2^1 + \lambda_2 g_2^2 = 0 \Rightarrow -2x_2 + 4 + \lambda_1 + 2\lambda_2 = 0$ ②

(b) $\lambda_1(x_1 + x_2 - 1) = 0$ ③

$\lambda_2(x_1 + 2x_2 - 2) = 0$ ④

(c) $x_1 + x_2 - 1 \le 0$ ⑤

$x_1 + 2x_2 - 2 \le 0$ ⑥

(d) $\lambda_1 \le 0$ ⑦

$\lambda_2 \le 0$ ⑧

③, ④로부터 네 가지 경우를 도출할 수 있다.

(i) $\lambda_1 = 0$, $\lambda_2 = 0$인 경우

①에서 $x_1 = 1$, ②에서 $x_2 = 2$임을 알 수 있다. 그런데 이 해는 ⑤를 불만족한다.

(ii) $\lambda_1 = 0$, $x_1 + 2x_2 - 2 = 0$인 경우

① $-2x_1 + 2 + \lambda_2 = 0$이므로 $x_1 = \dfrac{2 + \lambda_2}{2}$

② $-2x_2 + 4 + 2\lambda_2 = 0$이므로 $x_2 = \dfrac{4 + 2\lambda_2}{2}$

$x_1 + 2x_2 - 2 = 0$에 대입하면 $2 + \lambda_2 + 8 + 4\lambda_2 - 4 = 0$. $\lambda_2 = -\dfrac{5}{6}$

따라서 $x_1 = \dfrac{2}{5}$, $x_2 = \dfrac{4}{5}$인데, 이는 ⑤를 불만족한다.

(iii) $x_1 + x_2 - 1 = 0$, $\lambda_2 = 0$인 경우

$-2x_1 + 2 + \lambda_1 = 0$, $x_1 = \dfrac{2 + \lambda_2}{2}$

$-2x_2 + 4 + \lambda_1 = 0$, $x_2 = \dfrac{4 + \lambda_1}{2}$

$\dfrac{2 + \lambda_1}{2} + \dfrac{4 + \lambda_1}{2} - 1 = 0$, $6 + 2\lambda_1 = 2$

$\lambda_1 = -2$, $x_1 = 0$, $x_2 = 1$

이 해는 (c), (d)를 모두 만족함.

(iv) $x_1 + x_2 - 1 = 0$, $x_1 + 2x_2 - 2 = 0$인 경우

$x_1 = 0$, $x_2 = 1$, $\lambda_1 = -2$, $\lambda_2 = 0$

이 해는 (c), (d)를 모두 만족함.

(i)~(iv)를 종합하면 $(x_1, x_2) = (0, 1)$에서 극치를 가질 수 있는데, 앞 사례와 같은 이유로 최대값을 가진다고 볼 수 있다. □

【부록 13A】 연습문제

1. Worldnet사 사례에서 다른 부품 CXA를 고려해보자. 이 부품의 연간 사용량은 2만 개라고 한다. 또한 1회 주문비용은 3만 원, 단위당 연간 재고유지비용은 100원이라고 한다. 그렇다면 경제적 주문량은 얼마인가?

2. 다음에 주어진 다변수함수들의 극값(극치)을 구하고, 극대 또는 극소를 판정하시오.

$$f(x,\ y,\ z) = -4x^3 + 4xy - y^2 - 8z^2 + 4x + 2z$$

3. 다음 함수의 임계점을 모두 구하고, 각 점에서의 극대, 극소를 판정하시오.

$$f(x_1,\ x_2) = 8x_1^3 + 2x_1x_2 - 3x_1^2 + x_2^2 + 1$$

4. 이익함수 $y = f(x_1,\ x_2) = -x_1^2 + 2x_1 - x_2^2 + 4x_2 + 6$을 최대로 하는 두 제품의 생산량 x_1, x_2을 구하시오(생산단위는 10,000개임).

5. 세 가지 품목을 독점적으로 생산하는 대한산업의 수익 및 비용 함수가 다음과 같다고 하자(주의 : 여기서 Q_1, Q_2, Q_3는 각 품목의 생산량이다).

$$(\text{수익})\ R = R_1(Q_1) + R_2(Q_2) + R_3(Q_3)$$
$$(\text{비용})\ C = C_1(Q_1 + Q_2 + Q_3)$$

$R_1(Q_1) = 6Q_1 - Q_1^2$, $R_2(Q_2) = 12Q_2 - 2Q_2^2$, $R_3(Q_3) = 22Q_3 - 3Q_3^2$이고, $C = 5 + 4(Q_1 + Q_2 + Q_3)$라고 할 때, 이익(= 수익 − 비용)을 최대화할 수 있는 각 품목의 생산량수준 Q_1^*, Q_2^*, Q_3^*을 구하시오.

6. 다음 모형에 대하여 답하시오.

$$\begin{aligned} \max \quad & f(x_1,\ x_2) = +x_1^2 + x_2^2 \\ s.t \quad & x_1 + 2x_2 \le 6 \\ & -x_1 + x_2 \le 4 \end{aligned}$$

(1) 이 모형에서 K-T 조건을 충족하는 점을 모두 구하시오.

(2) 이 모형의 최적해는 무엇인가?

7. 함수 $f(x_1, x_2) = x_1^2 - x_1x_2 + 1.5x_2^2$가 제약조건 $x_1 + 2x_2 = 3$을 충족하면서 극점을 가지는지 알아보고, 존재하는 경우에는 극대, 극소를 판정하시오.

8. 다음 모형의 최적해를 구하시오.

$$\begin{aligned}
\text{최대화}\quad & f(x_1, x_2) = 3x_1 + 4x_2 - 2x_1^2 + x_1x_2 - x_2^2 \\
\text{제약조건}\quad & x_1 + x_2 \le 2 \\
& x_1 + 2x_2 \ge 4 \\
& x_1,\ x_2 \ge 0
\end{aligned}$$

9. 다음 모형의 최적해를 구하시오.

$$\begin{aligned}
\text{최대화}\quad & f(x_1, x_2) = -17 + 8x_1 + 6x_2 - 2x_1^2 - x_2^2 \\
\text{제약조건}\quad & 6x_1 + 3x_2 \le 20 \\
& x_1 + 3x_2 \le 15 \\
& x_1 + x_2 \ge 2 \\
& x_1,\ x_2 \ge 0
\end{aligned}$$

참고문헌

곽노균, 최태성(1994), 계량경영학, 다산출판사

김형욱(1993), 경영수학, 법경사.

신준용(1996), 경제학과 경영학을 위한 수학, 학현사.

안상형(1990), 경영수학, 법문사.

Hillier, F S. and M. S. Hillier(노형봉 외 5인 번역)(2004), 경영과학, 2nd Ed., 한경사.

찾아보기

ㅊ

ㅌ

ㅍ

ㅎ

기타

저자 소개

- **노형봉**은 서울공대 자원공학과를 졸업하고 한국과학기술원에서 산업공학 석사, 경영과학 박사학위를 취득하였다. 이후 1985년부터 홍익대학교 경영학과에 근무하면서 경영수학, 생산전략, 기술경영 등을 가르치고 있다. 한국경영과학회, 한국생산관리학회, 한국품질경영학회, 한국PL학회 등을 비롯한 학회활동과 함께 많은 대기업에 대하여 경영혁신, 생산전략, 정보시스템 분야의 경영자문을 행하고 있다.

- **김형욱**은 서울공대 화학공학과를 졸업하고 이어 한국과학기술원(KAIST)에서 산업공학으로 석사학위 과정을, 경영과학으로 박사학위 과정을 마쳤다. 이후 한국과학기술연구원(KIST) 경제분석실, 국제경제연구원(현, 산업연구원) 책임연구원을 거쳐 1980년부터 홍익대학교 경영대학에 근무하면서 경영경제수학, 생산경영, 품질경영 등을 가르치고 있다. 한국품질경영학회 회장, 한국생산관리학회 회장, 한국방위산업학회 회장 등을 비롯한 학회활동과 함께 품질경영, 생산경영, 기술경영 등 관련분야의 자문과 강의, 컨설팅 등을 행하고 있다. 특히 품질경영분야에 있어 20여 년간 국가품질상 심사와 100여 개 업체의 강의를 담당한 바 있다.

- **이정호**는 홍익대 기계공학과를 졸업하고 동대학교 대학원에서 경영학 석사, 경영과학 박사학위를 취득하였다. 이후 (주)바닐라커뮤니케이션즈 이사, 한국소비자안전협회 연구실장, 부산대학교 경영대학을 거쳐 2012년부터 건국대학교 경영대학에 근무하면서 경영과학, 생산관리, 윤리경영 등을 가르치고 있다. 한국경영학회, 한국경영과학회, 한국품질경영학회, 한국소비자안전학회 등 학회활동과 함께 중소기업기술정보진흥원 평가위원 및 (주)나이스R&C 전문위원으로서 관련 분야의 자문과 컨설팅을 행하고 있다.